Andreas Dörpinghaus, Andreas Poenitsch, Lothar Wigger
Einführung in die Theorie der Bildung

Grundwissen Erziehungswissenschaft

Die Reihe „Grundwissen Erziehungswissenschaft" stellt Studierenden, Lehrenden und pädagogisch Interessierten den disziplinären Wissensbestand der Erziehungswissenschaft für Studium, Selbststudium und Lehre bereit. In klarer Orientierung am Kerncurriculum der Erziehungswissenschaft der DGfE bilden die Themen der Einzelbände zusammen, systematisch gegliedert, das theoretische Wissen, über das Studierende als Basis für ihr weiteres Studium verfügen sollten.

Die gut verständlichen Texte sind auf neuestem Stand der Forschung und wurden in Lehrveranstaltungen praktisch eingesetzt und gemeinsam mit Studierenden auf ihre Studientauglichkeit hin geprüft. Ein übersichtliches Layout mit leitenden Begriffen in der Randspalte erleichtert den Zugang. Jedes Kapitel enthält am Ende kommentierte Literaturhinweise sowie einen kurzen Überblick über das, was der Leser gelernt haben sollte.

Herausgeber:

Lothar Wigger, Universität Dortmund

Peter Vogel, Universität Dortmund

Andreas Dörpinghaus, Andreas Poenitsch,
Lothar Wigger

Einführung in die Theorie der Bildung

Die Deutsche Bibliothek verzeichnet diese Publikation
in der Deutschen Nationalbibliografie;
detaillierte bibliografische Daten sind im Internet über
http://dnb.ddb.de abrufbar.

© 2006 by WBG (Wissenschaftliche Buchgesellschaft), Darmstadt
Die Herausgabe des Werkes wurde durch
die Vereinsmitglieder der WBG ermöglicht.
Redaktion: Katharina Gerwens
Einbandgestaltung: schreiberVIS, Seeheim
Satz: Lichtsatz Michael Glaese GmbH, Hemsbach
Gedruckt auf säurefreiem und alterungsbeständigem Papier
Printed in Germany

Besuchen Sie uns im Internet: www.wbg-darmstadt.de

ISBN-10: 3-534-17519-0
ISBN-13: 978-3-534-17519-2

Inhalt

Einleitung

Allenthalben ist heute von Bildung die Rede, es lohnt sich offensichtlich wieder, über Bildung zu reden und auch in Bildung zu investieren. Doch gerät dabei aus dem Blick, dass mit dem Begriff „Bildung" traditionsreiche und vielschichtige Vorstellungen verbunden sind, die diesen Kernbegriff der Erziehungswissenschaft und Pädagogik markieren. Die vorliegende Einführung in Theorien der Bildung trägt dieser Komplexität durch einen historischen und systematischen Zugriff Rechnung. Sie versucht Differenzierungen und Dimensionen des Begriffs aufzuzeigen, Leitvorstellungen sowie normative Orientierungen transparent zu machen und soll vor allem Anregung für die weitere kritische Beschäftigung mit den erörterten Gegenständen sein.

Der hier gewählte historisch-systematische Zugriff soll zum Ausdruck bringen, dass zwischen Problemlagen von heute und solchen in der Vergangenheit gedankliche Zusammenhänge bestehen. In diesem Sinne sind auch historische Auslegungen, die bis in die Antike zurückreichen, nicht historisierender Selbstzweck, sondern sie werden zu Rate gezogen, weil sie möglicherweise Antworten bereit halten, die sinnvolle Alternativen zu den heutigen Antworten auf gleiche oder ähnliche Fragen sein können. *Historisch-systematischer Zugriff*

Im Studium der Erziehungswissenschaft taucht der Begriff der Bildung aber nicht nur als ein Gegenstand und als ein zentraler Begriff der Disziplin auf, sondern das eigene Studium wird selbst als Teil der eigenen Bildung verstehbar. Daher sind die Erwartungen nicht nur an diese Einführung, sondern insgesamt an das Studium mitunter von dieser Zweischneidigkeit geprägt. Zum einen geht es um die Beschäftigung, das Nachdenken und die Auseinandersetzung mit Fragen und Problemen der erziehungswissenschaftlichen Forschung und der pädagogischen Praxis, zum anderen sollten diese Weisen des Studierens nicht ohne Belang für die Sicht auf die je eigene Lebensführung und -gestaltung sein. Umso wichtiger sind auch aus diesem Grunde die Beschäftigungen mit Vorstellungen von Bildung und dem Verständnis von Bildungsprozessen. *Bildung im Studium*

Max Horkheimer (1895–1973) verdeutlicht diese Ambivalenz in einer Rede, die er anlässlich der Immatrikulation der Studierenden im Wintersemester 1952/1953 als Rektor der Universität Frankfurt hielt: *Bildungsbegriff*

„Diejenigen unter Ihnen, welche heute ihr Studium beginnen, tun gut daran, für einen Augenblick darüber nachzudenken, was sie von diesem Studium sich erwarten. Im Vordergrund steht wohl zumeist der praktische Zweck, sich die Vorkenntnisse für bestimmte Berufe anzueignen, die akademischen und staatlichen Diplome zu erwerben, an deren Nachweis manche, ja allzu viele Laufbahnen heute gebunden sind. Zuweilen mag die Tradition der Familie eine Rolle spielen, der Umstand, daß freie und gelehrte Berufe in ihr heimisch sind, das Vorbild oder der Wille des Vaters, der Druck der Verhältnisse. Zu solchen Momenten tritt jedoch eine Vorstellung, die manche unter Ihnen vielleicht nicht sehr deutlich zu bezeichnen vermochten, von der ich aber glaube, daß sie in verschiedenen Graden des Bewußtseins allen jungen Studenten eigen ist, auch wenn die Härte des Lebens sie davon abhält, sich ihr hinzugeben. Es ist der Gedanke, daß das Studium an der Universität nicht bloß bessere wirtschaftliche und gesellschaftliche Möglichkeiten erschließt, nicht bloß eine Karriere verspricht, sondern zur reicheren Entfaltung der menschlichen Anlagen, zu einer angemessenen Erfüllung der eigenen Bestimmung die Gelegenheit bietet. Der Begriff, der sogleich sich darbietet, wenn diese Vorstellung sich aussprechen will, ist der der Bildung." (HORKHEIMER 1952/1985, S. 409)

Dreifaches Bildungsverständnis

Versucht man anfangs Merkmale zu benennen, die den Redeweisen, Theorien und Konzeptionen, der Erforschung sowie den Konturen von Bildung gemeinsam sind, so stößt man – vielleicht über Umwege, die man erst bei weiterer Lektüre klarer durchschaut – auf ein Bildungsverständnis, das als Folie weiten Teilen des abendländischen Nachdenkens über Bildung unterlegt werden kann und deswegen geeignet scheint, die Einführung in die Bildungstheorie gleichsam als roter Faden zu durchlaufen. Dieses Bildungsverständnis lässt sich dreifach charakterisieren. In Anlehnung an Wilhelm von Humboldt kann man davon ausgehen, dass jedes Verständnis von Bildung, ungeachtet der Gewichtungen und Nuancierungen, die in den einzelnen Kapiteln unterschieden werden, die Beziehungen und Verhältnisse zur Sprache bringt, die – erstens – Menschen zu sich selbst, – zweitens – zu ihren Mitmenschen und – drittens – zum Gesamt der Welt eingehen bzw. eingegangen sind.

Über dieses explizit und implizit leitende und als Arbeitshypothese zu verstehende Bildungsverständnis als Selbst-, Fremd- und Weltverhältnis hinaus ist die Anlage des gesamten Bandes von einem weiteren Merkmal durchgängig bestimmt. Das ist – neben dem oben beschriebenen historisch-systematischen Zugriff – das bestimmende Moment kritischer Reflexivität.

Kritische Reflexivität

Dieses Merkmal soll deutlich machen, dass Bildung als reflexiv und kritisch qualifiziert wird. Das will besagen, dass mit der Rede von Selbst-, Fremd- und Weltverhältnissen keine neutralen Formeln oder beliebigen Relationen gemeint sind, sondern dass diese Verhältnisse überhaupt nur gedanklich und sprachlich – d. h. reflexiv – und differenziert sowie in Frage stellend – d. h. kritisch – zum Thema werden können. Man könnte deshalb das durchgängig leitende Bildungsverständnis zusammenfassen als die differenzierte, gedanklich und sprachlich vermittelte Auseinandersetzung von Menschen mit sich, mit anderen und mit der Welt. Dementsprechend wäre „Bildung", das Thema des Bandes, zu kennzeichnen als ein Nachdenken, Durchdenken und Weiterdenken darüber, dass und wie Menschen sich mit sich, mit anderen und mit der Welt, sprachlich-gedanklich vermittelt, auseinandergesetzt haben, gegenwärtig auseinandersetzen und zukünftig vielleicht auseinandersetzen können.

Aufbau der Einführung

Die Einführung entfaltet den Fragehorizont und die Problemstellungen der Theorien von Bildung in den Dimensionen der Redeweisen über Bildung (A), von Theorien sowie Konzeptionen der Bildung (B), unter Rückgriff auf die empirische Bildungsforschung (C) und in Abgrenzung von den Zugriffen der Nachbardisziplinen sowie von anderen Begriffen (D).

Im ersten Teil wird die Vielfalt und die Heterogenität der Redeweisen und Diskurse über Bildung aufgegriffen und die Pluralität der Umgangsweisen mit Bildung dargestellt. Bildung wird erfahren und erzählt, wird zum Thema der Reflexion und der literarischen Kommunikation. Bildung ist zugleich auch ein Thema der Öffentlichkeit und der Wissenschaft, der gesellschaftlichen Organisation und politischen Steuerung. Der zweite Teil enthält in systematischer Absicht sechs Grundfiguren des Denkens über Bildung und einen Überblick über wichtige Positionen der Bildungstheorie der Gegenwart, ihre Perspektiven und thematischen Schwerpunkte. Der dritte Teil nimmt die empirisch-sozialwissenschaftliche Wende in der Beschäftigung mit Bildung auf und stellt die Bildungsforschung in den zwei Varianten einer quantitativ und qualitativ ausgerichteten Methodologie exemplarisch dar. Der vierte Teil schließlich zeichnet die Konturen des Bildungsbegriffs deutlicher in der Unterscheidung verschiedener disziplinärer Zugriffe und in der Abgrenzung von anderen grundlegenden erziehungswissenschaftlichen, philosophischen und sozialwissenschaftlichen Begriffen nach.

Weiterführung

Natürlich kann eine Einführung nicht das ganze Feld, mit dem sie sich auseinander setzt, bestellen, vielmehr sind Beschränkungen die Bedingung einer Einführung. So wird der bereits kundigere Leser vielleicht das eine oder andere vermissen, das dann aber möglicher Weise in anderen Bänden dieser Reihe, insbesondere in dem komplementären Band „Einführung in die Theorie der Erziehung", zu finden sein wird. Auswahl und Gewichtungen sowie die Konzeption insgesamt begründen sich durch den Charakter der Einführung für die Studienanfängerinnen und die Studienanfänger, müssen aber letztlich von den Autoren verantwortet werden. Es ist unser gemeinsames Werk, auch wenn die einzelnen Kapitel in ihrem ersten Entwurf und ihrer letzten sprachlichen Formulierung jeweils einen Autor haben (A. Dörpinghaus hat die Kapitel 1, 5, 6 und 8, A. Poenitsch die Kapitel 3, 4, 10 und 12, L. Wigger die Kapitel 2, 7, 9 und 11 verfasst). Wir verstehen das Buch als eine Einführung und hoffen darauf, zum Weiterlesen und zur weiteren Auseinandersetzung mit dem Thema anzuregen.

Grundlegende Literatur

Empfehlenswerte Nachschlagewerke
BÖHM, W. (Hrsg.) (2005): **Wörterbuch der Pädagogik**
BENNER, D./OELKERS, J. (Hrsg.) (2004): **Historisches Wörterbuch der Pädagogik**

Empfehlenswerte einführende Literatur zur Geschichte der Bildung
BLANKERTZ, H. (1982): **Die Geschichte der Pädagogik**
TENORTH, H.-E. (2000): **Geschichte der Erziehung**

Weiterführende Grundlagenliteratur zur Sozialgeschichte und zur Theoriegeschichte
BERG u. a. (Hrsg.) (1987 ff.): **Handbuch der deutschen Bildungsgeschichte. 6 Bde.**
BALLAUF/SCHALLER (1969 – 1973): **Pädagogik. 3 Bde.**

Zur Begriffsgeschichte empfehlenswert
VIERHAUS, R. (1972): **Bildung**

A Redeweisen von Bildung

1 Bildungserzählungen

Erzählungen beleuchten auf anschauliche Weise, worauf der Begriff und der Prozess von Bildung abzielen. Sie beschreiben Bildungserfahrungen und werfen Fragen auf, auf die Bildungstheorien antworten. Nachfolgend sollen einige unterschiedliche Beispiele solcher Erzählungen von „Bildung" dargestellt werden. Das erste Beispiel ist ein Auszug aus Johann Wolfgang Goethes (1749–1832) Roman „Wilhelm Meisters Lehrjahre". Eine Stiftsdame erinnert sich an ihre Bildung als Heranwachsende. Es ist die Sicht einer erwachsenen, gebildeten Frau des 18. Jahrhunderts, die ihren Ort in der Gesellschaft gefunden hat. – Von diesem Text hebt sich, nicht nur sprachlich, das zweite Beispiel ab, in dem eine Siebzehnjährige über ihren künftigen Lebensweg nachdenkt. Sie blickt mit Sorge in die Zukunft und bangt um ihre Freiheit; sie fürchtet Einschränkungen und Einförmigkeit. Dieser Text ist eine Tagebuchaufzeichnung der Schriftstellerin Sylvia Plath (1932–1963). – Der dritte Text stammt von Thomas Mann (1875–1955). Er schildert sein Leben als durch Bildungserlebnisse geprägt. – Dagegen beschreibt Werner Heisenberg (1901–1976) in seiner Autobiographie „Das Teil und das Ganze" ein Erlebnis, das den Ausgangspunkt jener Forschungen bildete, die ihm im Jahre 1932 den Nobelpreis für Physik einbrachten. – Das letzte Beispiel schließlich ist ein Gedicht von Bertolt Brecht (1898–1956) mit dem Titel „Lob des Lernens".

1.1 Johann Wolfgang Goethe: Wilhelm Meisters Lehrjahre

Als vielleicht bekannteste Bildungserzählung gilt Johann Wolfgang Goethes „Wilhelm Meisters Lehrjahre" (1795/96). In der folgenden Schlüsselerzählung soll aber nicht der Bildungsgang Wilhelms in den Vordergrund gerückt werden, sondern der einer weiblichen Romanfigur. Die Textpassage versinnbildlicht eine allseitig ausgerichtete Bildungsvorstellung. Die Stiftsdame erinnert ihre Jugend:

„Als ich weiter heranwuchs, las ich, der Himmel weiß was, alles durcheinander […]. Nun fing die Mutter an, über das stete Lesen zu schmälen; der Vater nahm ihr zuliebe mir einen Tag die Bücher aus der Hand und gab sie mir den andern wieder. Sie war klug genug, zu bemerken, daß hier nichts auszurichten war, und drang nur darauf, daß auch die Bibel ebenso fleißig gelesen wurde. Auch dazu ließ ich mich nicht treiben, und ich las die heiligen Bücher mit vielem Anteil. Dabei war meine Mutter immer sorgfältig, daß keine verführerischen Bücher in meine Hände kämen, und ich selbst würde jede schändliche Schrift aus der Hand geworfen haben; denn meine Prinzen und Prinzessinnen waren alle äußerst tugendhaft, und ich wußte übrigens von der natürlichen Geschichte des menschlichen Geschlechts mehr, als ich merken ließ, und hatte es meistens aus der Bibel gelernt. Bedenkliche Stellen hielt ich mit Worten und Dingen, die mir vor Augen kamen, zusammen und brachte bei meiner Wißbegierde und Kombinationsgabe die Wahrheit glücklich heraus. Hätte ich von Hexen gehört, so hätte ich auch mit der Hexerei bekannt werden müssen.

Meiner Mutter und dieser Wißbegierde hatte ich es zu danken, daß ich bei dem heftigen Hang zu Büchern doch kochen lernte; aber dabei war etwas zu sehen. Ein Huhn, ein Ferkel aufzuschneiden, war für mich ein Fest. Dem Vater brachte ich die Eingeweide, und er redete mit mir darüber wie mit einem jungen Studenten und pflegte mich oft mit inniger Freude seinen mißratenen Sohn zu nennen.

Nun war das zwölfte Jahr zurückgelegt. Ich lernte Französisch, Tanzen und Zeichnen und erhielt den gewöhnlichen Religionsunterricht. Bei dem letzten wurden manche Empfindungen und Gedanken rege, aber nichts, was sich auf meinen Zustand bezogen hätte. Ich hörte gern von Gott reden, ich war stolz darauf, besser als meinesgleichen von ihm reden zu können; ich las nun mit Eifer manche Bücher, die mich in den Stand setzten, von Religion zu schwatzen, aber nie fiel es mir ein, zu denken, wie es denn mit mir stehe, ob meine Seele auch so gestaltet sei, ob sie einem Spiegel gleiche, von dem die ewige Sonne widerglänzen könnte; das hatte ich ein für allemal schon vorausgesetzt.

Französisch lernte ich mit vieler Begierde. Mein Sprachmeister war ein wackerer Mann. Er war nicht ein leichtsinniger Empiriker, nicht ein trockner Grammatiker; er hatte Wissenschaften, er hatte die Welt besehen. Zugleich mit dem Sprachunterrichte sättigte er meine Wißbegierde auf mancherlei Weise. Ich liebte ihn so sehr, daß ich seine Ankunft immer mit Herzklopfen erwartete. Das Zeichnen fiel mir nicht schwer, und ich würde es weiter gebracht haben, wenn mein Meister Kopf und Kenntnisse gehabt hätte; er hatte aber nur Hände und Übung.

Tanzen war anfangs nur meine geringste Freude; mein Körper war zu empfindlich, und ich lernte nur in der Gesellschaft meiner Schwester. Durch den Einfall unsers Tanzmeisters, allen seinen Schülern und Schülerinnen einen Ball zu geben, ward aber die Lust zu dieser Übung ganz anders belebt." (GOETHE 1988, Band VII, S. 360 f.)

Erzählt wird von der Begierde einer Heranwachsenden, sich so viel wie möglich der ihr zugänglichen Welt und ihrer Gegenstände anzueignen. Ihr Interesse ist schier unbegrenzt und mannigfaltig. Nahezu jeder Gegenstand gewinnt eine bildende Dimension. Kein Bereich wird ausgespart, es ist eine Ausbildung aller Vermögen. Die Gegenstände entstammen Büchern, dem Schulunterricht und der alltäglichen Lebenswelt. Dabei ist die Art und Weise der Beschäftigung auffällig. Es entspricht der Heranwachsenden keineswegs, sich mit den für sie vorgesehenen praktischen Tätigkeiten abzufinden und sich auf sie zu reduzieren. Als „der missratene Sohn" widmet sie sich Fragen, die ihrem Stand als Frau – zur Freude des Vaters – nicht entsprechen. In allem sucht sie ihr geistiges Interesse zu realisieren, doch von der Vorherbestimmtheit ihrer sozialen Bestimmung kann sie sich nicht befreien. Eine Frau, die sich aus ihrer sozialen Gebundenheit befreit und ihre Neigung zur wissenschaftlichen Betrachtung weiterbildet, passt nicht in das soziale Gefüge der Zeit.

Goethe nimmt den menschlichen Bildungsprozess jedoch auch kritisch in den Blick. Es gibt Hinweise, die den Leser mitunter ins Stocken geraten lassen. Die Heranwachsende gesteht, sie hätte sich – vermutlich mit gleichem Engagement und gleicher Wissbegierde – gleichfalls mit Hexerei beschäftigt, wenn sie zufällig darauf gestoßen wäre. Sie betont, dass sie von Religion schwatzen könne, aber auf ihren „Zustand" ist das Wissen gerade nicht be-

Bildungstrieb

zogen. Vielmehr neigt sie dazu, Wissen begierig aufzunehmen, vergisst aber, es auch kritisch zu hinterfragen.

Tätiges Leben   Krisen gehören zum Lebensweg. Nur im tätigen Leben sieht Goethe die Möglichkeit, Bildung zu realisieren. Es gilt, dass „alles, was uns begegnet", Spuren hinterlässt und „unmerklich zu unserer Bildung" beiträgt (ebd., S. 422). Das trifft für Wilhelm und auch für die Heranwachsende zu. Nur das tätige Tun und die damit verbundenen Irrtümer erlauben eine Bildung des Menschen.

> „Es ist gut, daß der Mensch, der erst in die Welt tritt, viel von sich halte, daß er sich viele Vorzüge zu erwerben denke, daß er alles möglich zu machen suche; aber wenn seine Bildung auf einem gewissen Grade steht, dann ist es vorteilhaft, wenn er sich in einer größeren Masse verlieren lernt, wenn er lernt, um anderer willen zu leben und seiner selbst in einer pflichtmäßigen Tätigkeit zu vergessen. Da lernt er sich selbst kennen [...]." (ebd., S. 493)

Nur im tätigen Leben ist zu erfahren, ob die eigenen Möglichkeiten tatsächlich zu verwirklichen sind. Das Beispiel der Heranwachsenden zeigt allerdings auch, wie problematisch dieser Gedanke ist, wenn die Vielfalt der Möglichkeiten und Tätigkeiten bespielsweise auf einen sozialen und geschlechtsspezifischen Ort beschränkt bleibt.

1.2 Sylvia Plath: Ich bin ich

Die Fragen, wer man ist, wohin das Leben uns führt und welche Möglichkeiten der eigenen Gestaltung wir haben, stehen in der nachfolgenden Tagebuchaufzeichnung Sylvia Plaths im Vordergrund. Die siebzehnjährige Plath reflektiert über ihr Leben, über Vergangenheit, Gegenwart und Zukunft. Im Schreiben möchte sie die Gegenwart und die sich ihr immer mehr entziehende, aber so kostbare Zeit festhalten. Sie blickt angesichts des Älterwerdens und der Entscheidungen, die von ihr erwartet werden, sorgenvoll nach vorne und schreibt am 13. November 1949:

> „Ich kenne mich selber immer noch nicht. Vielleicht werde ich mich nie kennen. Aber ich fühle mich frei – keine Verantwortung bindet mich, ich kann immer noch hinauf in mein Zimmer gehen, es gehört mir allein – meine Zeichnungen hängen an den Wänden … Bilder sind über meine Kommode gepinnt. Das Zimmer passt zu mir – maßgemacht, nicht voll gestopft und ruhig … Ich liebe die ruhigen Linien der Möbel, die Bücherschränke mit den Gedichtbänden und Märchenbüchern, aus der Kindheit geborgen.
> Ich bin sehr glücklich im Moment, sitze am Schreibtisch und schaue hinüber zu den kahlen Bäumen rings um das Haus jenseits der Straße … Immer möchte ich Beobachter sein. Ich möchte, daß das Leben mich stark berührt, aber nie so blind macht, daß ich meinen Anteil am Dasein nicht mehr ironisch und humorvoll betrachten und mich über mich selber lustig machen kann, wie ich es über andere tue.
> Ich habe Angst vor dem Älterwerden. Ich habe Angst vor dem Heiraten. Der Himmel bewahre mich davor, dreimal am Tag zu kochen – bewahre mich vor dem erbarmungslosen Käfig der Eintönigkeit und Routine. Ich möchte frei sein – frei, um Menschen kennenzulernen und ihre Geschichte – frei, um an verschiedenen Enden der Welt zu leben, und auf diese Weise die Erfahrung zu machen, daß es andere Sitten und Normen gibt als die meinen. Ich glaube, ich möchte allwissend sein … Ich glau-

be, ich würde mich gern ‚das Mädchen, das Gott sein wollte' nennen. Doch wäre ich nicht in diesem Körper, wo *wäre* ich dann – vielleicht bin ich dazu *bestimmt*, eingeordnet und abgestempelt zu werden? Nein, dagegen wehre ich mich. Ich bin ich – ich bin mächtig – aber in welchem Maße? Ich bin ich.

Manchmal versuche ich, mich an die Stelle eines anderen zu versetzen und bin erschrocken, wenn ich merke, daß mir das fast gelingt. Wie fürchterlich, jemand anderes als ich zu sein. Mein Egoismus ist schrecklich. Ich liebe mein Fleisch, mein Gesicht, meine Glieder mit überwältigender Hingabe. Ich weiß, daß ich ‚zu groß' bin und eine zu dicke Nase habe, trotzdem putze ich mich auf, posiere vor dem Spiegel und finde mich von Tag zu Tag hübscher … Ich habe mir ein Bild von mir selbst geschaffen – idealistisch und schön. Ist nicht dieses Bild, frei von Makeln, das wahre Selbst – die wahre Vollendung? Ist es denn mein Fehler, wenn dieses Bild sich heimlich zwischen mich und den gnadenlosen Spiegel stellt? (Oh, eben überfliege ich, was ich gerade geschrieben habe – wie albern, wie übertrieben das klingt.)

Nie, nie, nie werde ich die Perfektion erreichen, nach der ich mich mit meiner ganzen Seele sehne – meine Bilder, meine Gedichte, meine Geschichten – alles jämmerliche, dürftige Reflexionen … denn meine Abhängigkeit von den Konventionen dieser Gesellschaft ist viel zu groß … meine Eitelkeit begehrt einen Luxus, der mir unerreichbar ist …

Mehr und mehr wird mir bewußt, welch eine gewaltige Rolle der Zufall in meinem Leben spielt … Es wird der Tag kommen, wo ich mich schließlich stellen muß. In diesem Augenblick graut es mir vor den wichtigen Entscheidungen, die auf mich zukommen – welches College? Was für ein Beruf? Ich habe Angst. Ich bin unsicher. Was ist das Beste für mich? Was will ich? Ich weiß es nicht. Ich liebe die Freiheit. Einengung und Beschränkung sind mir zuwider […] Oh, ich liebe das *Jetzt*, trotz aller meiner Ängste und Vorahnungen, denn *jetzt* bin ich noch nicht endgültig geformt. Mein Leben fängt erst noch an. Ich bin stark. Ich sehne mich nach einer Sache, der ich meine Kräfte widmen kann …" (PLATH 1981, S. 42 ff.)

Die Ungewissheit ihres weiteren Lebensverlaufes ängstigt die Heranwachsende. Auf sie warten Entscheidungen, die sie festlegen, und Verantwortungen, die sie für diese Entscheidungen übernehmen muss. Sie will frei bleiben und sich nicht endgültig formen lassen. Ihre Wissbegierde und ihr Interesse sind ungestillt: Sie will die Vielfalt der Menschen und der Welt kennen lernen, auch sich selbst. Sie sucht zwischen ihrem Entwurf von sich und ihrer leiblich situierten Existenz nach Ihrem Selbst. Gerade in dieser Suche erlebt sie das Gefühl der Freiheit, das Gefühl der Unbestimmtheit, die ironische Brechung des Verhältnisses zu sich. Durch ihren Körper ist sie bestimmt, sie ist eben nicht Gott. Aber diesen Körper hat sie nicht nur, sie ist dieser Körper, sie ist dieser Leib.

Freiheit und Bestimmtheit

Am liebsten möchte sie den Augenblick festhalten, das ihr vertraute Jetzt. Doch sie weiß, dass das nicht geht. Sie wünscht sich, dass sie ihr Leben führen, dass sie sich eine Freiheit bewahren kann, die sich der letzten Bestimmtheit verwehrt. Ihre Sehnsucht nach Freiheit ist gepaart mit ihrer Angst vor gesellschaftlichen Konventionen.

Vergleicht man diese Haltung mit der Heranwachsenden aus Goethes „Wilhelm Meisters Lehrjahre", so zeigt sich bei beiden jungen Frauen eine große Wissbegierde – in Goethes Worten ein Bildungstrieb. Dennoch wird auch der Unterschied sichtbar: Bei Goethe ist das Ziel von Bildung, dass die Heranwachsenden ihren gesellschaftlichen Ort finden und ihn tätig ausfüllen. Das Kochen, dort als durchaus gemäße Tätigkeit empfunden, wird bei Sylvia Plath zum „erbarmungslosen Käfig der Eintönigkeit". Die Siebzehnjährige formuliert gerade die Sorge, an diesem Ort, in diesem „Käfig" zu landen. Mit ihm ist die Gefahr verbunden, eingeordnet und abgestempelt zu sein. Das Leben verliert seinen „Bildungstrieb", verliert die Leichtigkeit, die ironische Brechung und wird eintönig. Der Bildungstrieb von Plath erscheint als Wunsch nach Freiheit und nach selbstbestimmtem Leben.

Allerdings fragt sich die Tagebuchschreiberin auch, ob diese Freiheit bewahrt werden kann: In welchem Maße ist der Mensch mächtig? Bildung als eine „Formung" des Menschen wird zu einer Festlegung des Menschen und zu einer Einschränkung seiner Möglichkeiten, wenn sich Bildung nicht zugleich auf die Bewahrung einer Offenheit des menschlichen Lebens und auf die ohnehin stets bedrohte Freiheit des Menschen ausrichtet. Dieser Offenheit und dieser Unbestimmtheit entspricht das Wagnis, sein Leben führen zu wollen. In einer Tagebuchaufzeichnung aus dem Jahre 1950 schreibt Sylvia Plath: „Warum kann ich nicht verschiedene Leben anprobieren wie Kleider, um zu sehen, was mir am besten steht und zu mir paßt?"

1.3 Thomas Mann: Lebensabriß

In seinem biografisch ausgerichteten „Lebensabriß" unterscheidet Thomas Mann sehr deutlich zwischen dem „unerfreulichen" (MANN 1968, ebd., S. 221) Bildungsgang hin zu einem „Schulbildungsziel" (ebd., S. 222) und biografisch bedeutsamen Bildungserfahrungen. Für ihn sind die Institution und das Milieu „Schule" keine Orte der Bildung, sondern des Zwanges, der Disziplin, der Abrichtung und der Machtausübung.

„Ich verabscheute die Schule und tat ihren Anforderungen bis ans Ende nicht Genüge. Ich verachtete sie als Milieu, kritisierte die Manieren ihrer Machthaber und befand mich früh in einer Art literarischer Opposition gegen ihren Geist, ihre Disziplin, ihre Abrichtungsmethoden. Meine Indolenz, notwendig vielleicht für mein besonderes Wachstum; mein Bedürfnis nach viel freier Zeit für Müßiggang und stille Lektüre; eine wirkliche Trägheit meines Geistes, unter der ich noch heute zu leiden habe, machten mir den Lernzwang verhaßt und bewirkten, daß ich mich trotzig über ihn hinwegsetzte. Es mag sein, daß der humanistische Lehrgang meinen geistigen Bedürfnissen angemessener gewesen wäre. Zum Kaufmann bestimmt – ursprünglich wohl zum Erben der Firma –, besuchte ich die Realgymnasialklassen des ‚Katharineums', brachte es aber nur bis zur Erlangung des Berechtigungsscheines zum einjährig-freiwilligen Militärdienst, das heißt bis zur Versetzung nach Obersekunda." (ebd., S. 221)
(Anmerkung des Autors: Die Obersekunda entspricht der heutigen Jahrgangsstufe 11.)

Bildungserlebnisse Thomas Mann betont die Wichtigkeit seiner Bildungserlebnisse, die sich nicht durch den Besuch einer Schule realisiert haben und sich auch nicht auf den Erwerb von Qualifikationen und Bildungszertifikaten beziehen lassen. Es sind Erfahrungen, die seine Weltsicht und seine Lebensgestaltung verändern. Im Anschluss an einige „äußerliche" Daten seiner Schulbildung erinnert er:

„Ich habe der Bildungserlebnisse meiner Kindheit und ersten Jugend nicht gedacht, nicht des unauslöschlichen Eindrucks, den Andersens Märchen mir machten, noch jener Abende, an denen wir dem Vorlesen unserer Mutter aus Reuters ‚Stromtid' (oder ihrem Liedergesange am Flügel) lauschten, noch auch der Vergötterung Heine's um die Zeit, da ich meine ersten Gedichte schrieb, oder der behaglich-begeisterten Stunden, die ich nach der Schule bei einem Teller voll belegter Butterbrote mit der Lektüre Schillers verbrachte. Hier will ich große und entscheidende Lese-Eindrücke nicht ganz übergehen, die in die Jahre fielen, bis zu denen ich vorgeschritten bin – ich meine das Erlebnis Nietzsche's und Schopenhauers. Zweifellos ist der geistige und stilistische Einfluß Nietzsche's schon in meinen ersten an die Öffentlichkeit gelangten Prosaversuchen kenntlich. Ich habe in den ‚Betrachtungen eines Unpolitischen‘ von meinen Beziehungen zu diesem zaubervollen Komplex gesprochen und sie auf ihre persönlichen Bedingungen und Grenzen zurückgeführt. Die Berührung mit ihm war in hohem Grade bestimmend für meine sich bildende Geistesform; aber unsere Substanz zu verändern, etwas anderes aus uns zu machen, als wir sind, ist keine Bildungsmacht imstande; alle Bildungsmöglichkeit überhaupt hat ein Sein zur Voraussetzung, das den Instinktwillen und die Fähigkeit zur persönlichen Auswahl, Assimilierung, Verarbeitung ins Besondere besitzt. Goethe hat gesagt, daß man etwas sein müsse, um etwas zu machen. Aber schon, um in irgendeinem höheren Sinn etwas *lernen* zu können, muß man etwas sein." (ebd., S. 228)

Jeder Mensch ist beständig in Bildungsprozesse und -erlebnisse verwickelt, die „unauslöschlich" sind. Thomas Mann erinnert sich an familiäre Begebenheiten und in besonderer Weise an „große und entscheidende Lese-Eindrücke", die ihn fesselten, ihn nachdenklich machten und seine „sich bildende Geistesform" mitbestimmten.

1.4 Werner Heisenberg: Das Teil und das Ganze

Der Physiker und Nobelpreisträger Werner Heisenberg berichtet in seinen autobiographischen Schriften von einer Situation, die für seinen weiteren Lebensweg und für die Entwicklung seines Denkens von großer und nachhaltiger Bedeutung war. Im Frühjahr des Jahres 1919 zeichneten sich nach den Kriegswirren erste geordnete Verhältnisse ab, so dass der Schüler Heisenberg mit einem baldigen Wiederbeginn des Schulunterrichts rechnete. Während der Vorbereitung auf den Griechischunterricht geriet er an jene Passage in Platons „Timaios", in der von den kleinsten Teilchen der Materie die Rede ist.

„Um verständlich zu machen, daß mir die Erinnerung an das Studium des ‚Timaios‘ in diesem Moment sehr viel bedeutete, muß wohl auch kurz über die merkwürdigen Umstände berichtet werden, unter denen diese Lektüre stattgefunden hatte. Im Frühjahr 1919 herrschten in München ziemlich chaotische Zustände. Auf den Straßen wurde geschossen, ohne daß man genau wußte, wer die Kämpfenden waren. Die Regierungsgewalt wechselte zwischen Personen und Institutionen, die man kaum dem Namen nach kannte. Plünderungen und Raub, von denen einer mich einmal selbst betroffen hatte, ließen den Ausdruck ‚Räterepublik‘ als Synonym für rechtlose Zustände erscheinen. Als sich dann schließlich außerhalb Münchens eine neue bayerische Regierung gebildet hatte, die ihre Truppen zur Eroberung von München einsetzte, hofften wir auf Wiederherstellung geordneter Verhältnisse. Der Vater des Freundes, dem ich früher bei den Schularbeiten geholfen hatte, übernahm die Führung einer Kompanie von Freiwilligen, die sich an der Eroberung der Stadt beteiligen wollten. Er forderte uns, das heißt die halberwachsenen Freunde seiner Söhne, auf, als stadtkundige Ordonnanzen bei den einrückenden Truppen zu helfen.
Um mich allmählich wieder auf die Schule vorzubereiten, zog ich mich dann mit unserer griechischen Schulausgabe der Platonischen Dialoge auf das Dach des Priesterseminars zurück. Dort konnte ich, in der Dachrinne liegend und von den ersten Sonnenstrahlen durchwärmt, in aller Ruhe meinen Studien nachgehen und zwi-

schendurch das erwachende Leben auf der Ludwigstraße beobachten. An einem solchen Morgen, als das Licht der aufgehenden Sonne schon das Universitätsgebäude und den Brunnen davor überflutete, geriet ich an den Dialog ,Timaios', und zwar an jene Stelle, wo über die kleinsten Teile der Materie gesprochen wird. Vielleicht hat mich die Stelle zunächst nur deswegen gefesselt, weil sie schwer zu übersetzen war oder weil sie von mathematischen Dingen handelte, die mich immer schon interessiert hatten. Ich weiß nicht mehr, warum ich meine Arbeit gerade auf diesen Text besonders hartnäckig konzentrierte. Aber was ich dort las, kam mir völlig absurd vor. Da wurde behauptet, daß die kleinsten Teile der Materie aus rechtwinkligen Dreiecken gebildet seien, die, nachdem sie paarweise zu gleichseitigen Dreiecken oder Quadraten zusammengetreten waren, sich zu den regulären Körpern der Stereometrie Würfel, Tetraeder, Oktaeder und Ikosaeder zusammenfügten. Diese vier Körper seien dann die Grundeinheiten der vier Elemente Erde, Feuer, Luft und Wasser. Dabei blieb mir unklar, ob die regulären Körper nur als Symbole den Elementen zugeordnet waren, so etwa der Würfel dem Element Erde, um die Festigkeit, das Ruhende dieses Elements darzustellen, oder ob wirklich die kleinsten Teile des Elements Erde eben die Form des Würfels haben sollten. Solche Vorstellungen empfand ich als wilde Spekulationen, bestenfalls entschuldbar durch den Mangel an eingehenden empirischen Kenntnissen im alten Griechenland. Aber es beunruhigte mich tief, daß ein Philosoph, der so kritisch und scharf denken konnte wie Plato, doch auf derartige Spekulationen verfallen war. Ich versuchte, irgendwelche Denkansätze zu finden, von denen aus die Spekulationen Platos mir verständlicher werden könnten. Aber ich wußte nichts zu entdecken, was auch nur von ferne den Weg dahin gewiesen hätte. Dabei ging für mich von der Vorstellung, daß man bei den kleinsten Teilen der Materie schließlich auf mathematische Formen stoßen sollte, eine gewisse Faszination aus. [...] So benützte [sic!] ich den Dialog weiterhin nur, um meine Kenntnisse im Griechischen aufzufrischen. [...] Die Beunruhigung blieb und wurde für mich ein Teil jener allgemeinen Unruhe, die die Jugend in Deutschland ergriffen hatte. Wenn ein Philosoph vom Rang Platos Ordnungen im Naturgeschehen zu erkennen glaubte, die uns jetzt verlorengegangen oder unzugänglich sind, was bedeutet dann das Wort ,Ordnung' überhaupt? Ist Ordnung und ihr Verständnis an eine Zeit gebunden?" (HEISENBERG 1984, S. 16ff.)

Negativität und Krisen

Heisenberg will die Welt kennen lernen, das entspricht seiner Grundhaltung. Diese Neugierde lässt ihn auch über Platons Dialog „Timaios" „stolpern", er „gerät" an ihn. Doch die Lektüre eignet sich offensichtlich nicht gut für den Zweck des Griechischlernens. Die Überlegungen Platons widersetzen sich Heisenbergs Weltsicht und irritieren sein Auswendiglernen. Er wird im Nichtdenken gestört. Heisenberg erzählt hier einen Bildungsprozess, der durch eine negative Erfahrung ausgelöst wird. Bildung erscheint im Zusammenhang mit der Fraglichkeit der eigenen Vorstellungen als eine neue Sicht auf die Welt und markiert ein verändertes Verhältnis zu ihr. Sie ist zugleich eine Erfahrung über Erfahrungen selbst.

Die Lektüre, eigentlich nur zur Auffrischung des Griechischen gedacht, schafft Unruhe und stellt eine vorgefasste Ordnung in Frage. Aber sie bleibt nicht nur auf Platon und die Frage nach den kleinsten Teilchen der Materie begrenzt. Heisenberg stellt sich grundsätzlich die Frage, was Ordnung denn überhaupt sei. Vielleicht sind Ordnungen an die jeweilige geschichtliche Situation gebunden? Dann wären seine Ordnung des Denkens, aber auch die Ordnung des Zusammenlebens und vieles mehr, ebenfalls an eine Zeit gebunden. Woran kann man sich dann noch orientieren?

1.5 Bertolt Brecht: Lob des Lernens

In dem Gedicht „Lob des Lernens" betont Bertolt Brecht (1988, S. 233) die Wichtigkeit von Bildung als Voraussetzung für eine Befreiung von Unterdrückung, die Verhinderung von Benachteiligung und als Möglichkeit der Gestaltung einer gerechten und humanen Gesellschaftsordnung.

Lob des Lernens

Lerne das Einfachste! Für die
Deren Zeit gekommen ist
Ist es nie zu spät!
Lerne das ABC, es genügt nicht, aber
Lerne es! Laß es dich nicht verdrießen!
Fang an! Du mußt alles wissen!
Du mußt die Führung übernehmen.

Lerne, Mann im Asyl!
Lerne, Mann im Gefängnis!
Lerne, Frau in der Küche!
Lerne, Sechzigjährige!
Du mußt die Führung übernehmen.
Suche die Schule auf, Obdachloser!
Verschaffe dir Wissen, Frierender!
Hungriger, greif nach dem Buch: es ist eine Waffe.
Du mußt die Führung übernehmen.

Scheue dich nicht zu fragen, Genosse!
Laß dir nichts einreden
Sieh selber nach!
Was du nicht selber weißt
Weißt du nicht.
Prüfe die Rechnung,
Du mußt sie bezahlen.
Lege den Finger auf jeden Posten,
Frage: wie kommt er hierher?
Du mußt die Führung übernehmen.

*Mündige
Lebensführung*

Nur auf dem Fundament von Bildung ist eine aktive Gestaltung der Lebensverhältnisse möglich. Das Gedicht ist getragen vom Appell an die Menschen zu lernen. Es richtet sich an die „Schwachen" der Gesellschaft. Nur durch Lernen können sie die Verhältnisse umkehren. Für niemanden ist es zu spät, kein sozialer Ort wird ausgenommen. Dabei lohnt es sich, das Einfachste zu lernen, obwohl der Weg zum Wissen ein weiter ist. Der Wissensdurst wird durch den Glauben an eine gerechte Gesellschaft ohne Unterdrückte und Benachteiligte genährt. Die drei Strophen des Gedichtes markieren den Bildungsweg der Emanzipation: Das Einfachste zu lernen endet mit der unnachgiebigen Forderung und der direkten Anrede: „Du mußt die Führung übernehmen". Die einfache, elementare Bildung („Lerne das ABC") ist der erste Schritt zu einer mündigen Bildung der Selbstbestimmung, die keineswegs etwa auf die Institution Schule eingeschränkt wird. Der Mensch muss sein Leben führen, denn er zahlt die „Rechnung". In der dritten Strophe wird das Ziel des Weges deutlich: Die Bildung des Menschen muss zu Mündigkeit, zu einem ‚Sich-selbst-regieren-Können' führen. Bildung ist eine kritische: „Sieh selber nach!/Was du nicht selber weißt/Weißt du nicht". Sie wird zur Waffe der Gegenwehr und zur Macht der Befreiung.

> *Was Sie wissen sollten, wenn Sie Kapitel 1 gelesen haben:*
> – Sie sollten die vorgestellten Erzählungen nach der Eigenart ihrer Darstellung und Textgattung erörtern können.
> – Sie sollten Gemeinsamkeiten, aber auch Unterschiede der erzählten Bildungserfahrungen herausstellen können.
> – Sie sollten versuchen, einen Zusammenhang zwischen der Textgattung und der erzählten Bildungserfahrung herzustellen.

2 Schulbildung und Bildungspolitik

Bildung wird zumeist mit Schule assoziiert. Von der Bedeutung der Schule für die Bildung zeugen die vielen bekannten Wortkomposita wie Bildungssystem und (zweiter) Bildungsweg, Bildungskatastrophe und Bildungsreform, Bildungspolitik und Bildungsadministration, Bildungsrecht und Bildungsstatistik, Bildungsstandards und Bildungskanon, Bildungsabschlüsse und Bildungsprivileg, Bildungschancen und Bildungsbeteiligung usw. Alle diese Begriffe beziehen sich im Kern auf das Schulwesen, so dass Aspekte ausgeblendet werden, die in den oben dargestellten Bildungserzählungen zur Sprache kamen, wie beispielsweise die biographische Bedeutung einzelner Situationen. Zugleich werden neue Facetten der Thematisierung von Bildung deutlich.

2.1 „Recht auf Bildung"

Bildungsrecht Seit der frühen Neuzeit beanspruchen Staaten die Aufsicht und maßgebliche Organisation der Bildung ihrer Bürger und richten ein Schulwesen ein, das zunehmend wirkungsvoll und zeitlich expandierend die Kinder und Jugendlichen integriert. Das Verhältnis von Staat, Bürger und Schule ist rechtlich geregelt, Bildung ist somit in der Gegenwart eine Angelegenheit des Rechts. Im Bildungsrecht werden drei Fragen, genauer: drei konstitutive Konflikte geregelt (vgl. RICHTER 1999, S. 97 ff.):

(1) Wer bestimmt über Erziehung und Bildung, der Staat, die Eltern oder die Individuen („Sozialisationskonflikt")?

(2) Wie einheitlich oder wie plural ist das Bildungswesen auf seinen verschiedenen Stufen organisiert, sind es öffentliche oder private Bildungseinrichtungen („Pluralismuskonflikt")?

(3) Welcher Institution kommt die Regelungskompetenz im Bildungsbereich zu, der EU, dem Bund, den Ländern, den Kommunen, den Wirtschafts- oder Wohlfahrtsverbänden oder der Kirche („Institutionalisierungskonflikt")?

Landesrecht Die Mehrzahl der Bundesländer, denen entsprechend der föderalistischen Tradition Deutschlands die Kulturhoheit, d. h. die Zuständigkeit für Schulgesetzgebung und -verwaltung zukommt (vgl. Art. 30 und Art. 70 ff. GG), hat in ihren Verfassungen Normen über das Schulwesen aufgenommen. Inhaltlich stimmen sie mit den Vorschriften des Grundgesetzes überein, das trotz vieler Kontroversen zwischen den Ländern und zwischen Bund und Ländern die Einheitlichkeit des Rechts garantiert (vgl. AVENARIUS 2001, S. 6 ff.). Ein Recht auf Bildung kennt z. B. die Verfassung des Landes Nordrhein-Westfalen: „Jedes Kind hat Anspruch auf Erziehung und Bildung." (Art. 8 Abs. 1 Satz 1 NRW Verf.) wie die von Bayern: „Jeder Bewohner Bayerns hat Anspruch darauf, eine seinen erkennbaren Fähigkeiten und seiner inneren Berufung entsprechende Ausbildung zu erhalten." (Art. 128, Abs. 1 bayr. Verf.) oder die von Sachsen: „Alle Bürger haben das Recht, die Ausbildungsstätte frei zu wählen. Alle Bürger haben das Recht auf gleichen Zugang zu den öffentlichen Bildungseinrichtungen." (Art. 29 sächs. Verf.)

Das europäische Gemeinschaftsrecht hat grundsätzlich Vorrang vor dem nationalen Recht, die Organisation des Bildungswesens und die Bildungspolitik fielen von Anfang an jedoch nicht in den Zuständigkeitsbereich der Gemeinschaftsorgane. Der EG-Vertrag von Maastricht enthält mit den Artikeln 149 und 150 ein eigenes Bildungskapitel, in dem die Entwicklung einer qualitativ hoch stehenden Bildung als Aufgabe festgeschrieben, eine Harmonisierung der Rechts- und Verwaltungsvorschriften der Mitgliedstaaten jedoch ausgeschlossen ist. *EU-Recht*

Maßgeblich sind also die im Grundgesetz gewährleisteten Grundrechte. Ein „Recht auf Bildung" ist dort allerdings nicht kodifiziert. Es lässt sich jedoch aus dem Recht auf freie Entfaltung der Persönlichkeit (vgl. Art. 2 Abs. 1 GG) und dem Recht der freien Wahl der Ausbildungsstätte (vgl. Art. 12 Abs. 1 Satz 1 GG) herleiten, allerdings ist die Ableitung dieses Rechts und subjektiver Ansprüche auf staatliche Leistungen unter Juristen umstritten. In Verbindung mit dem allgemeinen Gleichheitssatz (vgl. Art. 3 Abs. 1 GG) und dem Sozialstaatsgebot lässt sich aus diesen Grundrechten „ein Anspruch auf gleiche Teilhabe an den vorhandenen öffentlichen Bildungseinrichtungen ableiten" (AVENARIUS 2001, S. 9), aber kein juristisch einklagbarer Anspruch des Einzelnen auf staatliche Leistungen. *„Recht auf Bildung"*

In der Zeit der Bildungsreform der 1960er und 1970er Jahre ist das „Bürgerrecht auf Bildung" öffentlich eingefordert worden. Ralf Dahrendorf hat mit der Berufung auf dieses Recht eine aktive Bildungspolitik gefordert, die die Menschen durch eine entsprechende Reform in die Lage versetzt, von ihren durch das Grundgesetz verbürgten Rechten auch wirklich Gebrauch zu machen. *Bürgerrecht auf Bildung*

„Rechtliche Chancengleichheit bleibt ja eine Fiktion, wenn Menschen auf Grund ihrer sozialen Verflechtungen und Verpflichtungen nicht in der Lage sind, von ihren Rechten Gebrauch zu machen. Wer seine Kinder zwar auf die höhere Schule schicken darf, aber durch den Kenntnis- und Wunschhorizont seiner sozialen Lage – als Katholik etwa oder als Arbeiter, als Dorfbewohner – gar nicht auf den Gedanken kommt, dies auch zu tun, ist ein sehr abstrakter Staatsbürger, ein Staatsbürger der Theorie, doch nicht der Realität. Daß jede Chance zwei Seiten hat, die der objektiven Möglichkeit – der Erlaubnis – und die der subjektiven Möglichkeit – der Fähigkeit –, ist ein Gedanke, der fast so alt ist wie die modernen Verfassungen, die dennoch immer wieder Menschen Dinge erlauben, ohne sie in die Lage zu versetzen, ihre Rechte auch auszunutzen. Das Recht aller Bürger auf Bildung nach ihren Fähigkeiten bliebe daher unvollständig ohne das Zerbrechen aller ungefragten Bindungen, also dem Schritt in eine moderne Welt aufgeklärter Rationalität. Um dieses Bürgerrecht zu garantieren, reicht auch die beste Verfassung nicht; hier ist vielmehr Politik nötig. Darum begründet das Prinzip des Bürgerrechtes auf Bildung eine aktive Bildungspolitik." (DAHRENDORF 1965, S. 23 f.)

Chancengleichheit Dahrendorf unterscheidet zwischen einer formellen Chancengleichheit, der rechtlich garantierten gleichen Zugangschance zu weiterführenden Bildungsgängen für Kinder aus allen sozialen Schichten und Bevölkerungsgruppen allein nach dem Kriterium schulischer Leistungen, und einer materialen Chancengleichheit als der realen Möglichkeit für alle Kinder, die Zugangschancen auch subjektiv zu nutzen. Aktive Bildungspolitik trägt zur Modernisierung der Gesellschaft bei, wenn sie den Bürgern zu den Möglichkeiten verhilft, ihre Rechte auch wahrzunehmen.

Auch die Bildungskommission des Deutschen Bildungsrates argumentierte in dem 1970 veröffentlichten „Strukturplan für das Bildungswesen" für eine grundlegende Reform des gesamten Bildungswesens mit der Notwendigkeit der Verwirklichung der Grundrechte.

Begründung der „Das Grundgesetz für die Bundesrepublik Deutschland macht nach Art. 1 aller staat-
Bildungsreform lichen Gewalt zur Pflicht, die Würde des Menschen zu achten und zu schützen. Nach Art. 2 garantiert es jedem einzelnen das Recht auf die freie Entfaltung seiner Persönlichkeit. Die Verfassungen der Bundesländer enthalten entsprechende Verpflichtungen und Garantien. An diese Verfassungssätze sind auch alle Bildungseinrichtungen gebunden. […]
Im Strukturplan wird das Bildungswesen im Sinne der Verfassungen von Bund und Ländern unter den leitenden Gesichtspunkt gestellt, daß der Mensch befähigt werden soll, seine Grundrechte wahrzunehmen und die ihnen entsprechenden Pflichten zu erfüllen. Dem Bildungswesen fällt insbesondere die Aufgabe zu, die Voraussetzungen dafür zu schaffen, daß der einzelne das Recht auf freie Entfaltung der Persönlichkeit sowie das Recht auf freie Wahl des Berufs (Art. 12) wahrnehmen kann."
(DEUTSCHER BILDUNGSRAT 1972, S. 25)

Ziele der „Das umfassende Ziel der Bildung ist die Fähigkeit des einzelnen zu individuellem
Bildungsreform und gesellschaftlichem Leben, verstanden als seine Fähigkeit, die Freiheit und die Freiheiten zu verwirklichen, die ihm die Verfassung gewährt und auferlegt. […]
Die im Grundgesetz genannten Grundrechte, die hier stellvertretend für alle humanen Grundrechte stehen, gelten für alle in gleicher Weise. Jeder einzelne soll sie wahrnehmen können und sich so verhalten, daß er jedem anderen Mitglied der Gesellschaft die Wahrnehmung derselben Grundrechte selbstverständlich zugesteht. Damit ergeben sich aus den Grundrechten auch Pflichten. Jeden Staatsbürger zur Wahrnehmung seiner Rechte und zur Erfüllung seiner Pflichten zu befähigen, muß deshalb das allgemeine Ziel der Bildung sein, für die nächst den Eltern der Staat sorgen muß. Die Aufsicht über das gesamte Schulwesen ist nach Art. 7 des Grundgesetzes Pflicht des Staates.
Aus den Grundrechten und den abgeleiteten Pflichten im demokratischen und sozialen Rechtsstaat ergibt sich, daß das öffentliche Bildungsangebot bestimmte für alle Lernenden gemeinsame Elemente aufweisen muß. Die Zielorientierung, die pädagogische Grundlinie, die Wissenschaftsbestimmtheit sowohl der Lerninhalte als auch der Vermittlung müssen für alle Schullaufbahnen in gleicher Weise gelten.
Wenn sich Schullaufbahnen auch weiterhin nach Lerninhalten, Lernverfahren und Lernansprüchen unterscheiden werden, so wird es doch nicht länger möglich sein, Rangunterschiede dadurch zu begründen, daß man einer volkstümlichen eine wissenschaftliche Bildung entgegensetzt. Das organisierte Lernen soll für alle wissenschaftsorientiert sein. Auch wird es nicht länger zu rechtfertigen sein, einer allgemeinen eine nur berufliche Bildung gegenüberzustellen. Das Lernen soll den ganzen

Menschen fördern. Dazu gehört, daß jeder das Lernen erlernt. Das soziale System des Lernens soll in allen Bildungseinrichtungen dazu führen, daß die für das Zusammenleben erforderlichen Verhaltensweisen erworben werden.

Allen Staatsbürgern soll es möglich sein, den gleichen Anspruch auf Bildung in verschiedenen Formen und auf verschiedenen Anspruchsebenen zu realisieren. […]

Das Recht auf schulische Bildung ist dann verwirklicht, wenn Gleichheit der Bildungschancen besteht und jeder Heranwachsende so weit gefördert wird, daß er die Voraussetzungen besitzt, die Chancen tatsächlich wahrzunehmen. Der Strukturplan will deshalb darauf hinwirken, daß bestehende Ungleichheiten der Bildungschancen so weit wie möglich abgebaut werden. Dem Bildungssystem soll eine Verfassung gegeben werden, die niemanden durch Zwang zu nicht korrigierbaren Entscheidungen von bestimmten Chancen ausschließt oder auf andere Weise benachteiligt. *Chancengleichheit*

Die Chancengleichheit soll nicht durch eine Nivellierung der Anforderungen angestrebt werden. Die Aufgabe ist vielmehr, frühzeitig die Chancenunterschiede der Kinder auszugleichen und später das Bildungsangebot so zu differenzieren, daß die Lernenden ihren Lerninteressen und Lernmöglichkeiten entsprechend gefördert werden und entsprechende Angebote weiterführender Bildung antreffen. Gleichheit der Chancen wird in manchen Fällen nur durch die Gewährung besonderer Chancen zu erreichen sein. […]

Die Ansprüche auf schulische Bildung und freie Entfaltung der Persönlichkeit führen zu dem Grundsatz, daß jeder einzelne so weit wie möglich zu fördern ist. Die Lernangebote müssen deshalb die unterschiedlichen Interessen und Möglichkeiten des Lernenden berücksichtigen. Diese Berücksichtigung des individuellen Bildungsstrebens macht eine Individualisierung des Lernens und somit eine reiche Differenzierung der Bildungswege erforderlich. Zum anderen kann die Differenzierung im rechten Zeitpunkt eine berufliche Orientierung einleiten und die freie Berufswahl vorbereiten helfen." (ebd., S. 29–31)

Die Reform des Bildungswesens sollte jedem die Wahrnehmung seiner durch das Grundgesetz verbürgten Rechte und gleiche Chancen der Bildung ermöglichen. Die Bildungsreform sollte so zur Demokratisierung der deutschen Gesellschaft beitragen. Die Reform bestand zum einen in der Vereinheitlichung der Struktur und der horizontalen Gliederung des gesamten Bildungswesens (nach Stufen) an Stelle des dreigliedrigen, vertikal gegliederten Schulsystems und zum anderen in der Vereinheitlichung und Modernisierung der Curricula durch das Prinzip der Wissenschaftsbestimmtheit der Inhalte an Stelle der traditionellen Unterscheidung einer niederen, volkstümlichen Bildung und einer höheren, akademischen Bildung. Zu den grundlegenden Merkmalen der Reform gehörten außerdem die Kompensation von Bildungsbenachteiligung (von Mädchen, von Arbeiter-, von Land- und von katholischen Kindern), die Individualisierung des Lernens, die Differenzierung von Bildungswegen, die größere Durchlässigkeit der Bildungsgänge, die Wahl von Ausbildungsschwerpunkten, die Integration von allgemeiner und beruflicher Bildung, die Hervorhebung des Erlernens des Lernens und eines lebenslangen Lernens. Der Strukturplan wurde nur in Ansätzen verwirklicht, viele seiner Prinzipien und organisatorischen Maßnahmen sind bis heute politisch umstritten. Die Bildungsreform vollzog sich viel unsystematischer, in ganz anderen Zeiträumen, mit unvorhergesehenen Nebenwirkungen und mit bis heute ungelösten Problemen (vgl. CORTINA U.A. 2003, S. 136 ff.). *„Strukturplan"*

2.2 Bildungsziele

Die meisten Bundesländer haben die Bildungsziele der Schule in ihren Verfassungen festgeschrieben, ausführlichere Bestimmungen enthalten die Schulgesetze. Zwar sind unterschiedliche Akzentsetzungen der Länder erkennbar, aber trotz aller Abweichungen gibt es in den schulischen Bildungszielen ein hohes Maß an Übereinstimmung (vgl. AVENARIUS 2001, S. 26). Als zwei Beispiele für Gemeinsamkeiten und Unterschiede seien hier die Bildungsziele aus den Verfassungen und Schulgesetzen der Länder Bayern und Nordrhein-Westfalen angeführt.

Bildungsziele von
Bayern

„Artikel 1
Bildungs- und Erziehungsauftrag
(1) Die Schulen haben den in der Verfassung verankerten Bildungs- und Erziehungsauftrag zu verwirklichen. Sie sollen Wissen und Können vermitteln sowie Geist und Körper, Herz und Charakter bilden. Oberste Bildungsziele sind Ehrfurcht vor Gott, Achtung vor religiöser Überzeugung, vor der Würde des Menschen und vor der Gleichberechtigung von Männern und Frauen, Selbstbeherrschung, Verantwortungsgefühl und Verantwortungsfreudigkeit, Hilfsbereitschaft, Aufgeschlossenheit für alles Wahre, Gute und Schöne und Verantwortungsbewusstsein für Natur und Umwelt. Die Schüler sind im Geist der Demokratie, in der Liebe zur bayerischen Heimat und zum deutschen Volk und im Sinn der Völkerversöhnung zu erziehen.
Artikel 2
Aufgaben der Schule
(1) Die Schulen haben insbesondere die Aufgabe,
Kenntnisse und Fertigkeiten zu vermitteln und Fähigkeiten zu entwickeln, zu selbständigem Urteil und eigenverantwortlichem Handeln zu befähigen, zu verantwortlichem Gebrauch der Freiheit, zu Toleranz, friedlicher Gesinnung und Achtung vor anderen Menschen zu erziehen, zur Anerkennung kultureller und religiöser Werte zu erziehen,
Kenntnisse von Geschichte, Kultur, Tradition und Brauchtum unter besonderer Berücksichtigung Bayerns zu vermitteln und die Liebe zur Heimat zu wecken,
zur Förderung des europäischen Bewusstseins beizutragen,
im Geist der Völkerverständigung zu erziehen,
die Bereitschaft zum Einsatz für den freiheitlich demokratischen und sozialen Rechtsstaat und zu seiner Verteidigung nach innen und außen zu fördern,
die Durchsetzung der Gleichberechtigung von Frauen und Männern zu fördern und auf die Beseitigung bestehender Nachteile hinzuwirken,
die Schülerinnen und Schüler zur gleichberechtigten Wahrnehmung ihrer Rechte und Pflichten in Familie, Staat und Gesellschaft zu befähigen, insbesondere Buben und junge Männer zu ermutigen, ihre künftige Vaterrolle verantwortlich anzunehmen sowie Familien- und Hausarbeit partnerschaftlich zu teilen,
auf Arbeitswelt und Beruf vorzubereiten, in der Berufswahl zu unterstützen und dabei insbesondere Mädchen und Frauen zu ermutigen, ihr Berufsspektrum zu erweitern,
Verantwortungsbewusstsein für die Umwelt zu wecken." (Art. 1 und 2 BayEUG)

Bildungsziele von
Nordrhein-
Westfahlen

„(1) Ehrfurcht vor Gott, Achtung vor der Würde des Menschen und Bereitschaft zum sozialen Handeln zu wecken, ist vornehmstes Ziel der Erziehung.
(2) Die Jugend soll erzogen werden im Geiste der Menschlichkeit, der Demokratie und der Freiheit, zur Duldsamkeit und zur Achtung vor der Überzeugung des anderen, zur Verantwortung für die Erhaltung der natürlichen Lebensgrundlagen, in Liebe zu Volk und Heimat, zur Völkergemeinschaft und Friedensgesinnung." (Art.17 NRW Verf.)
„(3) Die Schule vermittelt die zur Erfüllung ihres Bildungs- und Erziehungsauftrags erforderlichen Kenntnisse, Fähigkeiten, Fertigkeiten und Werthaltungen und berücksichtigt dabei die individuellen Voraussetzungen der Schülerinnen und Schüler. Sie fördert

die Entfaltung der Person, die Selbstständigkeit ihrer Entscheidungen und Handlungen und das Verantwortungsbewusstsein für das Gemeinwohl, die Natur und die Umwelt. Schülerinnen und Schüler werden befähigt, verantwortlich am sozialen, gesellschaftlichen, wirtschaftlichen, beruflichen, kulturellen und politischen Leben teilzunehmen und ihr eigenes Leben zu gestalten. Schülerinnen und Schüler werden in der Regel gemeinsam unterrichtet und erzogen (Koedukation).

(4) Die Schülerinnen und Schüler sollen insbesondere lernen

1. selbstständig und eigenverantwortlich zu handeln,
2. für sich und gemeinsam mit anderen zu lernen und Leistungen zu erbringen,
3. die eigene Meinung zu vertreten und die Meinung anderer zu achten,
4. in religiösen und weltanschaulichen Fragen persönliche Entscheidungen zu treffen und Verständnis und Toleranz gegenüber den Entscheidungen anderer zu entwickeln,
5. die grundlegenden Normen des Grundgesetzes und der Landesverfassung zu verstehen und für die Demokratie einzutreten,
6. die eigene Wahrnehmungs-, Empfindungs- und Ausdrucksfähigkeit sowie musisch-künstlerische Fähigkeiten zu entfalten,
7. Freude an der Bewegung und am gemeinsamen Sport zu entwickeln, sich gesund zu ernähren und gesund zu leben,
8. mit Medien verantwortungsbewusst und sicher umzugehen." (§ 2 Abs. 3 u. 4, NRW SchulG)

Die Texte zeigen einen breiten ethischen, weltanschaulichen und politischen Konsens über die allgemeinen Ziele und Aufgaben der Schule, der zugleich einen Pluralismus der Werte anerkennt.

2.3 Der Bildungskanon

Die Inhalte des Unterrichts in einzelnen Fächern, Fächerkombinationen und fächerübergreifenden Lernbereichen sind in Richtlinien, Rahmenvorgaben, Lehrplänen und Stundentafeln für die unterschiedlichen Schularten festgelegt. Exemplarisch für viele andere mögliche Beispiele ist der Auszug aus dem Schulgesetz von Mecklenburg-Vorpommern:

„§ 5 Gegenstandsbereiche des Unterrichts

(1) An den Schulen ist Unterricht in folgenden Gegenstandsbereichen zu gewährleisten:

Gegenstandsbereiche des Unterrichts

1. In der Grundschule (Primarbereich)
    a) in Deutsch,
    b) in Mathematik,
    c) in ästhetischer Bildung,
    d) in Sachunterricht,
    e) in Religion und Philosophieren mit Kindern
    f) in Sport.
2. Im Sekundarbereich I
    a) in Deutsch,
    b) in Fremdsprachen
    c) in Mathematik
    d) im künstlerisch-musischen Aufgabenfeld,
    e) in Geschichte, Geographie und Sozialkunde,
    f) im naturwissenschaftlichen Aufgabenfeld,
    g) in Arbeit – Wirtschaft – Technik und Informatik,
    h) in Religion und Philosophieren mit Kindern,
    i) in Sport.

3. In den berufsbildenden Bildungsgängen im Sekundarbereich II
   a) in allgemeinbildenden Gegenstandsbereichen,
   b) in berufsbezogenen Gegenstandsbereichen.

4. In den studienqualifizierenden Bildungsgängen der Sekundarstufe II Kurse
   a) im sprachlich-literarisch-künstlerischen Aufgabenfeld,
   b) im gesellschaftswissenschaftlichen Aufgabenfeld einschließlich Religion,
   c) im mathematisch-naturwissenschaftlichen Aufgabenfeld,
   d) in Arbeit – Wirtschaft – Technik und Informatik,
   e) in Sport." (§5 M-V SchulG)

Klassischer Bildungskanon

Vor jeder weiteren Differenzierung und Konkretisierung der Schulfächer und Fächergruppen in Unterrichtseinheiten, Themen und Aufgaben zeigt diese Strukturierung der Gegenstandsbereiche den Bildungskanon der Schule der Gegenwart. Unter Bildungskanon wird in einem traditionellen Sinn die Gesamtheit des Wissens der gelehrten Bildung verstanden, die ihren Ursprung in den Textcorpora der Spätantike – der Bibel, Bibelkommentaren und liturgischen Schriften zum einen, klassisch römischen Werken und den Lehrbüchern der „septem artes liberales" (Wissenschaften der Zahl: Geometrie, Arithmetik, Musik, Astronomie; Wissenschaften des Wortes: Grammatik, Rhetorik, Dialektik) zum anderen – hat und in der höheren bürgerlichen Bildung des 18. bis 20. Jahrhunderts ihren klassischen Ausdruck gefunden hat. „Der europäische Bildungskanon des bürgerlichen Zeitalters" (FUHRMANN 2000) hatte seine institutionellen Stützen im humanistischen Gymnasium und dem bürgerlichen Elternhaus und umfasste die Fächer des Gymnasiums, d.h. alte und neue Sprachen, die Geschichte, die Künste, die Mathematik und die Naturwissenschaften, wie auch die Bereiche des bürgerlichen Genusses und der Selbstdarstellung, vor allem Schauspiel, Oper und Konzert, Museen und Bildungsreisen, Konversation und Korrespondenz, nicht zuletzt die Lektüre der schönen Literatur, aber auch von Sachbüchern und Enzyklopädien (vgl. FUHRMANN 2002, S. 39 ff.).

Krise des Bildungskanons

„Die klassische deutsche Bildungsidee, ihr akzeptabler Ursprung ebenso wie ihre nicht akzeptable Deformation, ist vor längerem von Amts wegen zu Grabe getragen worden: Sie fiel in den sechziger Jahren des 20. Jahrhunderts dem so genannten Durchbruch des gesellschaftspolitischen Denkens zum Opfer." (ebd., S. 52)

Aber auch das europäische Fundament dieses Ideals der Humanität durch die Vervollkommnung des Individuums, der gemeinsame Bildungskanon, ist nicht mehr intakt (vgl. ebd. S. 53). Die Lehrpläne der Schulen sind reformiert und modernisiert, variabler und offener im Vergleich zu früheren Zeiten. Der klassische Bildungskanon hat mit der Reform des Gymnasiums seine Grundlage und damit auch seine gesellschaftliche Akzeptanz verloren. „Die tiefgreifende Krise des Kanons und des überlieferten Lehrplans der höheren Schulen" (TENORTH 1994, S. 21) bedeutet aber nicht, auf den Gedanken des Kanons zu verzichten.

Bildungskanon der Gegenwart

„Die Definition der Allgemeinbildung, d.h. die Bestimmung eines Kerns bewahrenswerten Wissens, ist problematisch geworden" (ebd., S. 23).

„Aber der erstaunliche Befund bleibt erhalten, daß das Gefüge der Lernbereiche, das der Kanon des Abendlandes festhält, und der Zusammenhang ihrer Thematisierungsformen trotz aller historischen Variationen identisch gehalten wird." (ebd., S. 135 f.; vgl. DIEDERICH/TENORTH 1997, S. 73 ff.)

Der klassische Bildungskanon ist in seiner historischen Bedingtheit und sozialen Funktionalität durchschaut, auf einer allgemeineren Ebene wird der Kanon aber weiter tradiert.

„In allen modernen Gesellschaften vermittelt die Schule Zugang zu unterschiedlichen Modi der Welterfahrung und erschließt unterschiedliche Horizonte des Weltverstehens. Es gibt unterschiedliche Formen der menschlichen Rationalität, die nicht wechselseitig austauschbar sind. Der instrumentelle Umgang mit der belebten und unbelebten Umwelt, das ästhetisch-expressive Mit- und Nacherleben von Kunst, Literatur und Musik und die körperliche Übung um ihrer selbst willen, der praktische Diskurs über Formen des guten Zusammenlebens und schließlich die Fragen nach der menschlichen Bestimmung folgen jeweils unterschiedlichen Logiken. Instrumentelle Rationalität ist in besonderer Weise für die Naturwissenschaften mit ihrem experimentellen Durchgriff auf die Realität oder noch ausgeprägter für die Technik und ihren Gestaltungswillen kennzeichnend. Literatur, bildende Kunst und Musik folgen einer anderen Logik; ihre Weltentwürfe gehen nicht in instrumenteller Rationalität auf. Auch Fragen des erfolgreichen und verantwortungsvollen Wirtschaftens, des gerechten Zusammenlebens oder des politischen Entscheidens sind weder auf naturwissenschaftliche noch literarische Rationalität reduzierbar. Dies gilt in ähnlicher Weise für die Religion und Philosophie. Es ist ein universelles Charakteristikum der Bildungsprogramme moderner Schulen, zu jeder dieser Rationalitätsformen in institutionalisierter Weise Zugang zu eröffnen, auch wenn sich der Zuschnitt der Fächer und deren curriculare Ausgestaltung von Land zu Land unterscheiden. Allgemeinbildung und Kanon finden ihre Grundstruktur im Erschließen der vier genannten, nicht austauschbaren Horizonte des Weltverstehens.
In der Begegnung mit diesen Modi des Weltzugangs erwirbt man die „Kenntnisse", auf denen das Verhalten in der Welt aufbauen kann, und vollzieht sich Individuierung als Bildungsprozess." (BILDUNGSKOMMISSION 2003, S. 77 f.)

Die genannten „Modi des Weltzugangs" sind vergleichbar den Dimensionen des Lehrplans der Schule, wie sie bereits Wilhelm von Humboldt in seinen Schulplänen entwickelt hat (vgl. Kap 6.5). Die instrumentelle Rationalität beruht auf dem mathematischen Verstehen und Modellieren von Welt. Neben der Mathematik sind es die Naturwissenschaften, aber auch z. T. die Fächer Arbeit, Wirtschaft, Technik sowie Informatik, die diesen Weltzugang ausbilden. Das ästhetisch-expressive Mit- und Nacherleben von Kunst, Literatur und Musik hat in den entsprechenden Fächern seinen Ort. Über das „sprachliche" Verstehen ist der Unterricht in Deutsch und den Fremdsprachen auf die Kultivierung der Muttersprache gerichtet wie auf das Verstehen eigener und fremder Kulturen. Auch der Sportunterricht und die Bewegungserziehung können dem ästhetisch-expressiven Bereich zugerechnet werden, wenn nicht der Erfahrung des eigenen Körpers und seiner Bildung eine eigene Rationalität des Bezuges auf Welt zugeschrieben werden soll. Die praktische Rationalität, das soziale Verstehen und der ethisch-politische Diskurs werden vor allem in den gesellschaftswissenschaftlichen Fächern, in Geschichte und Politik, in Geographie und in der Beschäftigung mit Umweltthemen, in Fragen der Arbeit und der Wirtschaft, ausgebildet. Fragen nach der menschlichen Bestimmung, gewissermaßen die „letzten Fragen", behandeln schließlich Religion und Philosophie, wenn auch nicht exklusiv.

Die Modi des Weltzugangs

2.4 Bildung in Zahlen

Bildungsstatistik Eine der Planungs- und Entscheidungsgrundlagen staatlicher Bildungspolitik ist die Bildungsstatistik. Sie gibt Auskunft über den Zustand des Bildungssystems (z. B.: 98 % der Schulen der Sekundarstufe I und II waren 2002 mit Computern ausgestattet, so dass die Zahl der Schüler pro Computer 17 beträgt; vgl. AVENARIUS U. A. 2003, S. 119), über seine Ergebnisse (z. B.: 257 702 Jugendliche [27,6 %] haben in 2000 die allgemeine Hochschulreife erworben; vgl. ebd., S. 316) wie über die Entwicklung des Bildungssystems (z. B.: betrug 1960 der Mädchenanteil in der gymnasialen Oberstufe 36 %, so stieg er bis zum Jahr 2000 auf 56 %; vgl. CORTINA U. A. 2003, S. 96 f.). Die Bildungsstatistik informiert über die Anzahl, Art und regionale Verteilung von Schulen und Ausbildungseinrichtungen aller Gattungen, über Lehrer- und Schülerzahlen, die Dauer des Schulbesuches und die Zahl der Bildungsabschlüsse usw. Sie benennt – auch im internationalen Vergleich – die Bildungsausgaben, den personellen, sachlichen und zeitlichen Aufwand und hält den Ertrag fest, den Bildungsstand und die Bildungsbeteiligung der Bevölkerung (vgl. BMBF 2004).

Bildungsabschlüsse Elementar zur Beschreibung der Leistung eines Bildungssystems – und zwar vor einem jeden Vergleich mit den Bildungssystemen anderer Länder oder anderer Epochen oder auch der eigenen Vergangenheit – sind die von einer Schülerschaft erworbenen schulischen Abschlüsse. In den ihnen verliehenen Zertifikaten wird der erreichte Bildungsstand dokumentiert. Die statistischen Daten informieren über die Verteilung der Abschlüsse und die Unterschiede zwischen den Bundesländern.

Als wichtigste Ergebnisse lassen sich festhalten (zu berücksichtigen ist, dass die einzelnen Absolventengruppen unterschiedlichen Jahrgängen entstammen [vgl. Tabelle auf S. 29 und AVENARIUS U. A. 2003, S. 170 ff.]):
– Knapp die Hälfte eines Altersjahrganges verlässt das Schulsystem mit einem mittleren Bildungsabschluss,
– deutlich über einem Drittel (im Jahr 2000 37 %) liegt der Anteil der Absolventen, die eine Hochschulreife (Fachhochschulreife [10,5 %] und Allgemeine Hochschulreife [2000: 27,5 %]) erworben haben;
– weniger als ein Drittel eines Altersjahrgangs verlässt die Schule mit einem Hauptschulabschluss, fast jeder Zehnte ohne einen solchen Abschluss.

Auf diese Gruppe entfällt also nicht mehr der größte Anteil der Heranwachsenden.
– Im Ländervergleich zeigen sich große Unterschiede: bei der allgemeinen Hochschulreife z. B. zwischen Bayern (19,6 %) und Berlin (32,3 %), bei dem Hauptschulabschluss zwischen Schleswig-Holstein (43,5 %) und Sachsen (15,5 %) und bei Schulabgängern ohne Hauptschulabschluss zwischen Sachsen-Anhalt (14,5 %) und NRW (7,1 %).

Angesichts dieser Zahlen stellt sich die Frage, ob sich die Spannweiten durch die unterschiedliche Leistungsfähigkeit der Schülerinnen und Schüler, durch unterschiedliche Anforderungen der Schulsysteme oder durch unterschiedliche Förderungs- und Leistungsfähigkeiten der Schulen erklären lassen.

Risikoschüler Interessant ist der Vergleich der Daten der amtlichen Bildungsstatistik (über die Bildungsabschlüsse) mit Ergebnissen der empirischen Bildungsfor-

Tabelle 1: Absolventen aus allgemein bildenden und berufsbildenden Schulen (2001) nach Schulabschluss und Ländern in % der gleichaltrigen Wohnbevölkerung

Land	ohne Hauptschul-abschluss	15-Jährige unterhalb der Kompetenzstufe I (Lesen)[1]	mit Hauptschul-abschluss	mit mittlerem Abschluss	mit Fachhoch-schulreife	mit allgemeiner Hochschulreife
BW	7,8	9,2	39,9	47,7	7,5	29,8
BY	10,7	6,0	42,2	46,9	9,9	19,6
BE	11,9	[2]	26,3	46,5	5,9	32,3
BB	8,7	11,9	24,6	47,0	5,2	30,8
HB	11,4	18,2	29,8	52,1	8,5	31,6
HH	12,8	[2]	31,3	38,5	12,0	31,1
HE	10,0	12,1	28,4	46,5	12,1	29,5
MV	11,2	10,7	21,7	46,1	3,5	25,4[3]
NI	10,2	11,8	26,0	59,9	12,3	24,3
NW	7,1	12,3	31,2	47,4	17,4	29,4
RP	9,5	9,6	37,1	45,7	11,1	24,3
SL	11,3	9,6	35,0	44,6	17,5	22,6
SN	11,7	7,4	15,5	58,5	4,9	29,1
ST	14,5	13,0	15,8	58,3	5,3	27,2[3]
SH	11,2	10,8	43,5	48,0	9,0	25,2
TH	13,0	8,3	23,7	49,8	6,3	28,7
D	9,8		31,2	49,4	10,5	

(…)

[1] Deutsches PISA-Konsortium (Hrsg.): PISA 2000 – Die Länder der Bundesrepublik Deutschland im Vergleich. Opladen: 2002, S. 72.
[2] Für Berlin und Hamburg wurden keine Werte ausgewiesen.
[3] In diesen beiden Ländern ist die Quote 2001 in Folge der Umstellung von 12 auf 13 Schuljahre drastisch gesunken; ersatzweise wird daher die Quote des Jahres 2000 mitgeteilt. Durchschnittswerte für Deutschland werden hier aus diesem Grund nicht ausgewiesen.

Quelle: Berechnungen nach KMK: Schüler, Klassen, Lehrer und Absolventen der Schulen 1992 bis 2001. Bonn: 2002 und Statistisches Bundesamt (Bevölkerung zum 31.12.2000) (zitiert aus: AVENARIUS U. A. 2003, S. 316)

schung (über erworbene Kompetenzen), die die Autoren des Bildungsberichts auch für die Situationsanalyse des deutschen Bildungswesens herangezogen haben. Sie kontrastieren die Absolventenquote mit dem Anteil der 15-Jährigen, die nach der PISA-Studie (vgl. Kap. 11.1) die unterste Kompetenzstufe im Lesen, nämlich elementare Lesefähigkeiten, ausreichend für ein „oberflächliches Verständnis einfacher Texte" (vgl. ARTELT U. A. 2004, S. 144), nicht erreichen und verweisen darauf, dass die Quote der Absolventen ohne

Schulabschluss nicht über, sondern oft unter den Werten der PISA-Studie bleibt.

„Diese Diskrepanz zwischen der Größe der Gruppe derer, die keinen Schulabschluss erreicht, und der Gruppe derer, die in den unterschiedlichen Bereichen der PISA-Tests allenfalls auf die Kompetenzstufe I (die für eine gelingende Ausbildung nicht anspruchsvoll genug ist) gelangt, ist für die Analyse der vergleichsweise hohen Abbrecher- und Durchfallzahlen in der beruflichen Ausbildung im Rahmen des dualen Systems bedeutsam." (AVENARIUS U. A. 2003, S. 171)

Es gehört zu den alarmierenden Befunden der PISA-Untersuchung, dass knapp ein Viertel der 15-Jährigen zu den „Risikoschülern" zählen, die den „Minimalstandard" an mathematischer bzw. Lesekompetenz nicht erreichen, der die Bedingung einer erfolgreichen beruflichen Ausbildung ist (vgl. ebd., S. 193).

2.5 Bildung aus politischer Sicht

Aufruf zur Bildungsreform

Roman Herzog, Bundespräsident von 1994 bis 1999, hat am 5. November 1997 auf dem Berliner Bildungsforum seine berühmt gewordene Rede „Aufbruch in der Bildungspolitik" gehalten. Die viel beachtete und rhetorisch erfolgreiche Rede des ehemaligen Bundespräsidenten soll hier aber nicht im Einzelnen erörtert werden. Sie steht hier exemplarisch für ein Reden über Bildung, das für die Bildungspolitik und weite Teile des öffentlichen Diskurses der Gegenwart charakteristisch ist. Gerade auch im Vergleich zu anderen Redeweisen – wie den oben schon dargestellten Erzählungen über Bildung – sind die einführenden Abschnitte der Rede, die das Verständnis von Bildung ausbreiten, bemerkenswert.

„Die Spatzen pfeifen es von den Dächern: Wissen ist heute die wichtigste Ressource in unserem rohstoffarmen Land. Wissen können wir aber nur durch Bildung erschließen. Wer sich den höchsten Lebensstandard, das beste Sozialsystem und den aufwendigsten Umweltschutz leisten will, der muß auch das beste Bildungssystem haben.

Außerdem ist Bildung ein unverzichtbares Mittel des sozialen Ausgleichs. Bildung ist der Schlüssel zum Arbeitsmarkt und noch immer die beste Prophylaxe gegen Arbeitslosigkeit. Sie hält die Mechanismen des sozialen Auf- und Abstiegs offen und hält damit unsere offenen Gesellschaften in Bewegung. Und sie ist zugleich das Lebenselixier der Demokratie in einer Welt, die immer komplexer wird, in der kulturelle Identitäten zu verschwimmen drohen und das Überschreiten der Grenzen zu anderen Kulturen zur Selbstverständlichkeit wird.

Man sagt das so leicht, Bildung entscheidet über unsere Zukunft. Aber wie steht es dann um diese Zukunft, wenn die besten Köpfe dieser Welt auf der Suche nach den besten Ausbildungsmöglichkeiten nicht mehr nach Deutschland kommen?

Noch ist es so, dass Eliten in Asien und Südamerika häufig deutsch sprechen, weil sie in Deutschland studiert haben. Das schafft Bindungen für das ganze Leben. Aber die Söhne und Töchter dieser Eliten zahlen inzwischen lieber hohe Studiengebühren in den USA, als daß sie an unseren Universitäten studieren möchten. Es ist nicht nur der Verlust an Internationalität, der uns schadet. Darin steckt vor allem die unverblümte Nachricht: Ihr seid nicht mehr gut und rasch genug. Diese Nachricht müsste uns so treffen wie einst der Sputnikschock die USA! Als Signal dafür, jetzt alle Kräfte zusammenzunehmen und einen neuen Aufbruch zu wagen." (HERZOG 1998, S. 67)

Bildung ist in Herzogs Rede Mittel für ökonomische und politische Zwecke. Die politische Sorge um die ökonomische Leistungsfähigkeit der Nation bestimmt den Blick auf das Bildungssystem wie auf die Bildung der Individuen. Sie werden als Bedingungen für innovatives, anwendbares und Gewinn bringendes Wissen und insofern als Beiträge zu den ökonomischen Ressourcen des Landes betrachtet.

Gesellschaftliche Nützlichkeit von Bildung

Neben dieser ökonomischen Perspektive auf Bildung wird auch ihre gesellschaftspolitische Bedeutung angesprochen. Bildung soll der Integration, dem sozialen Ausgleich und dem nationalen Zusammenhalt dienen. Das Versprechen, dass jeder durch seine eigene Leistung seinen Erfolg erreichen kann und dass seine Stellung in der Gesellschaft Resultat seiner Leistung ist, soll durch Bildung eingelöst werden. Mit der Aussicht auf eine Arbeit oder einen Beruf, mit der Chance eines sozialen Aufstiegs, kommt Bildung eine sozial integrierende Funktion zu. Ihre integrative Funktion erfüllt Bildung darüber hinaus, indem sie durch die Vermittlung von Werten Identität stiftet. Gerade in einer weltoffenen Kultur und globalisierten Welt ist für Herzog Bildung als „das Wissen über die eigene Herkunft und die eigenen prägenden Traditionen" (ebd., S. 72) elementar. Schließlich sieht Herzog in dem Attraktivitätsverlust der deutschen Universitäten bei ausländischen Eliten langfristig ökonomische Wirkungen, die der Nation schaden und zudem einen Ansehensverlust für ein Land, dessen Bildungssystem in der Vergangenheit als weltweit vorbildlich galt.

Für Herzog ist ein „Kosten-Nutzen-Denken nicht bildungsfeindlich" (ebd., S. 69), ganz im Gegenteil unterwirft er Bildung dieser Denkweise. Aus politischer Sicht soll Bildung der Volkswirtschaft, der sozialen Integration und letztlich der Stellung der Nation in der Welt nutzen. In diesem Sinn wird das Bildungssystem umgestaltet (zur Kritik vgl. Herrlitz 1998; Ruhloff 1998).

Nun ließe sich einwenden, dass in der Rede nicht nur eine ökonomisch und politisch funktionale Bildung in den Mittelpunkt gerückt, sondern auch die „Persönlichkeitsbildung" angesprochen wird. Aber die ist kein kritisches Korrektiv, sondern „das Vermitteln von Werten und sozialen Kompetenzen" wird wie „die Vermittlung von Wissen und funktionalen Fähigkeiten" (Herzog 1998, S. 71) in der Perspektive ihrer Leistung für Staat und Wirtschaft gesehen und besprochen.

Wertevermittlung als Korrektiv

Die funktionale Sicht findet sich auch in anderen politischen Reden. Der Nachfolger im Amt des Bundespräsidenten, Johannes Rau, hat ebenfalls in mehreren Reden zu Fragen der Bildung und des Bildungssystems Stellung genommen und Korrekturen an den Positionen seines Vorgängers vorgenommen. Aber trotz anderer Akzentuierungen ist auch sein Blick auf Bildung gesellschaftsfunktional. So führt er in seiner Rede vom 15. Juni 2001 in Berlin „Den ganzen Menschen bilden" aus:

„Ich freue mich über das neu erwachte Interesse an Bildung. Aber ich frage mich doch manchmal, ob die öffentliche Diskussion über „Bildung" und „Wissen" breit genug angelegt ist und tief genug schürft.

Bildung als Orientierung und Urteilsfähigkeit

Wissen kommt häufig nur als Instrument vor, als ein Werkzeug, das man braucht, um erfolgreich zu sein. Bildung erscheint oft als bloße Technik, diese Art von Wissen zu vermitteln, so effizient wie möglich und am besten mithilfe von Computern.
Selbstverständlich sind Wissen und Bildung auch unverzichtbare Werkzeuge. Diese Funktion von Wissen und Bildung war gewiss noch nie so wichtig wie heute. […]

All das ändert aber nichts daran, dass wir uns ein so beschränktes Verständnis von Wissen und Bildung nicht mehr leisten können, weil es nicht nur falsch, sondern auch wirklichkeitsfremd ist. Wer im Wissen nur das Werkzeug sieht und Bildung nur als das Vermitteln von Informationen begreift, der ist auf einem Auge blind.

Wir wissen doch alle, dass wir unser Wissen nur dann sinnvoll nutzen können, wenn wir auch Orientierung und Urteilsfähigkeit besitzen. Die brauchen wir, damit wir entscheiden können, welches der Werkzeuge aus dem Baukasten des Wissens wir wie einsetzen können und müssen." (RAU 2004, S. 41 f.)

Rau wendet sich gegen die instrumentelle Sicht von Wissen und Bildung. Bloßes Wissen und eine auf Informationsvermittlung beschränkte Bildung reichen seiner Ansicht nach nicht aus. Es bedarf auch der Orientierung und Urteilsfähigkeit, um Wissen und Bildung sinnvoll nutzen zu können. Er kritisiert also nicht grundsätzlich ein instrumentelles Verständnis von Bildung, sondern eine bestimmte, eine einseitige Bildungsvorstellung als falsch und wirklichkeitsfremd. Letztlich betrachtet auch er Bildung unter dem Gesichtspunkt ihrer Nützlichkeit.

Nützlichkeit von Persönlichkeitsbildung „Die neuen Möglichkeiten, die sich durch Beschleunigung, Mobilität und Flexibilität ergeben, eröffnen neue Freiheitschancen; sie führen aber auch zu neuen Zwängen. Wer die Wahl hat, unterschiedliche Wege zu gehen, der muss sich entscheiden. Wer das nicht tut oder nicht kann, der kann daran zerbrechen. Das verhindern zu helfen, darin liegt eine entscheidende Aufgabe einer Bildung für den ganzen Menschen.

Damit die Menschen ihre Freiheitschancen nutzen und aus dem Zwang zur Entscheidung etwas machen können, damit sie sich am Arbeitsplatz und im Alltag immer wieder erfolgreich neuen Herausforderungen stellen können, brauchen sie mehr als Wissenswerkzeuge, die sie klug nur für einmal machen.

Wie sollte das auch funktionieren in einer Zeit, in der nichts beständig scheint außer dem Wandel? Jeder Segler weiß doch: Je rauer die See, desto wichtiger ist es, dass der Kompass funktioniert. Jeder Kletterer weiß doch: Je schwieriger die Bergwand ist, desto wichtiger ist die Sicherung.

Das muss die Bildung den Menschen auch geben, vielleicht sogar in erster Linie: einen Kompass, der ihnen hilft, sich in einer Welt des raschen Wandels zu orientieren, und die innere Sicherungsleine, die sie hält, wenn einmal alle Stricke reißen.

[…]

Nur Menschen, die mehr innere Substanz, mehr Erfahrung und mehr Kenntnisse haben, als sie im Moment im Beruf und Alltag brauchen, können auf Dauer dem Druck der Veränderung nicht nur standhalten, sondern die Veränderung auch mitgestalten. Das gilt im Übrigen ein Leben lang." (ebd., 44 f.)

Rau wendet sich gegen eine auf unmittelbare Brauchbarkeit in der Gegenwart bezogene Bildung mit dem Hinweis auf zukünftige Entwicklungen der Gesellschaft. Wenn diese Zukunftsperspektiven, die er mit den Stichworten „Beschleunigung, Mobilität, Flexibilität" bezeichnet, und die damit verbundenen Anforderungen und Risiken für den Einzelnen bedacht werden, kommt der „Bildung der Sinne, des Herzens, des Gemüts, des ganzen Menschen" (ebd., S. 47) eine andere, eine entscheidende Bedeutung zu. Gerade auf längere Sicht und in der Gewissheit des ständigen Wandels ist „eine Bildung für den ganzen Menschen" angemessener und funktionaler als eine bloße Schulung von Verstand und Gedächtnis oder die Vermittlung von Informationen und Detailwissen. Wie sein Vorgänger erörtert also auch Rau aus der Perspektive der Sorge um die Zukunft des Landes Bildung in ihrer möglichen und gewünschten Leistung für Staat und Wirtschaft.

Was Sie wissen sollten, wenn Sie Kapitel 2 gelesen haben:

Sie sollten in der Lage sein,
- die verfassungsrechtlichen Grundlagen eines „Rechts auf Bildung" angeben zu können,
- die generelle rechtliche Begründungsfigur aus der Zeit der Bildungsreform mit pädagogischen Konsequenzen zu skizzieren,
- die wichtigsten Bildungsziele und Aufgaben der Schule zu benennen,
- den Bildungskanon der Gegenwart zu beschreiben,
- die Tabelle über die Verteilung der Bildungsabschlüsse aus dem Jahr 2001 (siehe oben Tab. 1) zu interpretieren,
- Unterschiede und Gemeinsamkeiten im Verständnis von Bildung in den Bildungsreden der Bundespräsidenten Herzog und Rau darzustellen.

3 Bildung in Wissenschaft und Öffentlichkeit

Weitere Bereiche, in denen über Bildung geredet wird, sind Wissenschaft und Öffentlichkeit. Auch in diesem Kapitel geht es noch nicht darum, Bildungsverständnisse ausführlich voneinander abzugrenzen oder Bildungsprozesse auszudeuten. Vielmehr sollen die ausgewählten Texte und Textarten, wie bereits in den vorherigen Kapiteln, weitere Eigenheiten der Thematisierung von Bildung exemplarisch deutlich machen und – in diesem Fall – zwei Bereiche beleuchten, die zwar traditionell verschieden, aber heute in eine gewisse Nähe gerückt sind, nämlich Wissenschaft und Öffentlichkeit. Den Anfang macht ein zu seiner Zeit viel gelesener wissenschaftlicher Lexikonartikel über Bildung, den der Altphilologe Friedrich Paulsen (1846–1908) am Ende des 19. Jahrhunderts verfasst hat. In deutlichem Kontrast dazu stehen die eher bildungsphilosophischen Ausführungen, mit denen der Erziehungswissenschaftler und Bildungsreformer Herwig Blankertz (1927–1983) seine „Geschichte der Pädagogik" ausklingen lässt. Mit Hartmut von Hentigs (geb. 1925) Essay „Bildung" wird ein Text vorgestellt, der von einem renommierten Fachmann verfasst worden ist und der – aufgrund seines Inhaltes und seiner Form und nicht zuletzt wegen seiner hohen Verbreitung – eine Brücke schlägt zwischen der wissenschaftlichen und der eher populärwissenschaftlichen Beschäftigung mit dem Thema Bildung. Der Bestseller „Bildung. Alles, was man wissen muß" des Anglistik-Professors Dietrich Schwanitz (1940–2004) hat das Thema Bildung weiter popularisiert. In der Reduzierung von Bildung auf die Aspekte „Wissen" und „Können" hat er zum einen die öffentliche Diskussion über einen vielleicht heute wieder notwendigen inhaltlichen Bildungskanon und andererseits die Auseinandersetzung über Probleme formaler Bildung neu belebt.

3.1 Friedrich Paulsen: Ein Lexikonartikel über Bildung

Sprachgebrauch

Friedrich Paulsen ist vor allem als Autor der umfangreichen „Geschichte des gelehrten Unterrichts" von 1885 bekannt geworden. In seinem historischen Lexikon-Artikel über Bildung vom Ende des 19. Jahrhunderts fragt er sich u. a., was einen Gebildeten konkret ausmacht. Bevor er zu einer eigenen theoretischen Bestimmung von Bildung gelangt, beginnt der Autor mit einer sozial-historischen Bestandsaufnahme, d. h. einer Untersuchung des gesellschaftlich verbreiteten Verständnisses von Bildung, das sich im populären Sprachgebrauch seiner Zeit niederschlägt:

„Es gibt wenig Wörter, die dem gegenwärtig lebenden Geschlecht so geläufig wären, wie das Wort Bildung. Wo immer von einem Menschen die Rede ist, da wird alsbald darüber gehandelt, ob er gebildet sei oder nicht. Natürlich, die Sache ist von großer Wichtigkeit: es hängt davon ab, wie man sich zu ihm verhalten soll, ob man mit ihm als Gleichem verkehren und zu Tisch sitzen kann oder nicht. Gebildete und Ungebildete, das sind die beiden Hälften, in die gegenwärtig die Gesellschaft geteilt wird. Sie haben die älteren Einteilungen allmählich in Vergessenheit gebracht. Früher teilte man die Menschen in Adelige und Bürgerliche, in Gläubige und Ungläubige, in Protestanten und Katholiken, in Christen und Juden. Von alledem sind zwar noch Erinnerungen da, aber die praktisch wichtige, die entscheidende Einteilung ist die in Gebildete und Ungebildete." (PAULSEN 1903, S. 658)

Unterscheidungs-merkmale zwischen Gebildeten und Ungebildeten

Als Unterscheidungsmerkmale zwischen Gebildeten und Ungebildeten entnimmt Paulsen dem allgemeinen Sprachgebrauch in der Folge zunächst äußerliche Merkmale wie Kleidung, Pflege und Benehmen sowie die Fähigkeit, bei „allen Dingen, von denen in der Gesellschaft die Rede ist, mitreden" (ebd.) zu können. Sodann nennt Paulsen den richtigen Gebrauch von Fremdwörtern, die Beherrschung einer oder mehrerer Fremdsprachen und den erfolgreichen Abschluss einer höheren Schule als weitere Kriterien. Der Wunsch, zu den Gebildeten zu zählen, habe eine rasch zunehmende Nachfrage nach Mitteln und Gelegenheiten der Bildung entstehen lassen, und ein dementsprechendes Angebot an Konversationslexika sichere – so Paulsen mit deutlicher Ironie – „jederzeit das Neueste aus dem Reich der Bildung, samt einem fertigen Urteil darüber" (ebd., S. 659).

Akademische Bildung

Eine zweite und über die Grundlage materiellen Vermögens hinausweisende Voraussetzung für Gesellschaftsfähigkeit ist die akademische Bildung, die – nach Paulsens Einschätzung – sogar unabhängig vom Vermögen gesellschaftsfähig machen kann. Besitz und Bildung, so lässt sich die allgemeine Redeweise am Ende des 19. Jahrhunderts zusammenfassen, hängen eng miteinander zusammen, „wie es ja auch der Sprachgebrauch in der Zusammenfassung der ‚besitzenden und gebildeten Klassen', im Gegensatz zu den ‚arbeitenden und besitzlosen Klassen', die auch die ‚ungebildeten' sind, zum Ausdruck bringt. Jene machen die Gesellschaft aus" (ebd.).

Halbbildung

Im weiteren Verlauf seines Artikels zeigt Paulsen, dass das allgemeine Verständnis von Bildung, wie es zu seiner Zeit gesellschaftlich verbreitet ist, nur eine undurchdachte und folgenlose Übernahme von Bildungsstoffen, eine „innerlich unvollendete Bildung" ist, die, gemessen am idealisierten Begriff „wahrer Bildung", der von Wilhelm von Humboldt geprägt wurde, nur „Halbbildung" sein kann (ebd., S. 669). Diese Halbbildung ist für Paulsen –

in Anlehnung an einen Gedanken Friedrich Nietzsches und im Vorgriff auf Theodor W. Adorno, die beide in späteren Kapiteln ausführlich behandelt werden – „ein Unglück [...], eine Plage [...], ein Unsegen" (ebd.).

Paulsen kritisiert zwar noch nicht, wie später Adorno, die bestehenden sozialen Hierarchien oder die Arbeitsteilung, er grenzt „wahre Bildung" jedoch gegen den Dünkel sozialer Hierarchie und materialer Schulbildung mit der Schwerpunktsetzung auf Sittlichkeit ab:

Wahre Bildung

„Gebildet ist, wer mit klarem Blick und sicherm Urteil zu den Gedanken und Ideen, zu den Lebensformen und Bestrebungen seiner geschichtlichen Umgebung Stellung zu nehmen weiß. [...] Wahre, rechtschaffene Bildung werden wir jedem zuschreiben, der die Fähigkeit gewonnen hat, sich von dem Punkt aus, auf den er durch Natur und Schicksal gestellt ist, in der Wirklichkeit zurechtzufinden und sich eine eigene, in sich zusammenstimmende geistige Welt zu bauen, sie mag groß oder klein sein. Nicht die Masse dessen, was er weiß oder gelernt hat, macht die Bildung aus, sondern die Kraft und Eigentümlichkeit, womit er es sich angeeignet hat und zur Auffassung und Beurteilung des ihm Vorliegenden zu verwenden versteht." (ebd., S. 663)

3.2 Herwig Blankertz: Bildung in der Geschichte der Pädagogik

Eine wissenschaftliche Thematisierung von Erziehung und Bildung, die über den gesellschaftlich konkreten Sprachgebrauch und den idealisierten Begriff „wahrer Bildung" bei Paulsen hinausgeht, findet man am Schluss von Herwig Blankertz' „Geschichte der Pädagogik". Vor dem Hintergrund geschichtsphilosophischer und bildungsphilosophischer Überlegungen diskutiert Blankertz die Möglichkeiten und Grenzen der heutigen Erziehungswissenschaft für die gesetzten und selbstgesetzten Zwecke des Menschen. Erziehungswissenschaft erscheint in diesem Zusammenhang als ein Anspruch, die überlieferten pädagogischen Fragen wissenschaftlich, d.h. im positivistisch eingeengten Sinn und auf naturwissenschaftliche Methoden beschränkt, zu bearbeiten. Blankertz hebt zunächst die seit der Aufklärung unbestrittene Funktion von Wissenschaft im Rahmen von Humanisierung hervor, benennt aber zugleich die Grenzen ihrer optimistischen Funktionalisierung:

Wissenschaftlichkeit

„Grenzen, Widersprüchlichkeit und innere Problematik der von der Aufklärung freigegebenen Möglichkeiten zu begreifen, bedeutet, Wissenschaft in den Dienst der historischen Anstrengung des Menschen einzustellen, eine lebenswerte Welt zu schaffen und zu erhalten. Dieses Motiv ist, geschichtsphilosophisch verstanden, das der europäischen Pädagogik. Indessen kann keine szientistische [d.h. allein wissenschaftliche, bzw. negativ verstanden wissenschaftsgläubige] Konstruktion einer besseren und zugleich realisierbaren Welt erwartet werden. Die historisch durchgespielten Grundlegungsversuche zur Wissenschaft von der Erziehung machen das deutlich." (BLANKERTZ 1982, S. 306)

Der Zweck, an dem sich die Menschen seit der Aufklärung orientieren und den der Philosoph Immanuel Kant ausführlich thematisiert hat, ist die Mündigkeit (vgl. Kap. 5.1). Unter Mündigkeit versteht Blankertz den Versuch,

Mündigkeit

durch individuelle und gesellschaftliche Kritik neue Wege in Bildungspolitik und Bildungsreform zu suchen und auszuprobieren.

„Thema der Pädagogik ist die Erziehung, die den Menschen im Zustand der Unmündigkeit antrifft. Erziehung muß diesen Zustand verändern, aber nicht beliebig, sondern orientiert an einer unbedingten Zwecksetzung, an der Mündigkeit des Menschen. Wo aber findet die Pädagogik den Maßstab für Mündigkeit? Nach Auskunft der Geschichte der europäischen Pädagogik ist der Maßstab nicht willkürlich gesetzt, sondern in der Eigenstruktur der Erziehung enthalten." (ebd.)

Emanzipation   Aufgabe der wissenschaftlichen Pädagogik ist es, die jeweilige Ausformulierung des Emanzipationsgedankens, den historischen Stand dieses Befreiungsprozesses, herauszuarbeiten:

„Wer pädagogische Verantwortung übernimmt, steht im Kontext der jeweils gegebenen historischen Bedingungen unter dem Anspruch des unbedingten Zwecks menschlicher Mündigkeit – ob er das will, weiß, glaubt oder nicht, ist sekundär. Die Erziehungswissenschaft aber arbeitet eben dieses als das Primäre heraus: Sie rekonstruiert die Erziehung als den Prozess der Emanzipation, d. h. der Befreiung des Menschen zu sich selbst." (BLANKERTZ 1982, S. 307)

Kritische Funktion   Allerdings bietet die erziehungswissenschaftliche Sicht nur eine der Mög-
der Pädagogik   lichkeiten, über Erziehung und Bildung nachzudenken und zu sprechen. Würde sie darin aufgehen, fehlte ihr die Möglichkeit, in kritischer Distanz über die Beschreibung des jeweiligen Status quo hinauszukommen und Möglichkeiten und Grenzen von Wissenschaft selbst, etwa philosophisch oder lebensweltlich, in Frage zu stellen:

„Das Ganze der Pädagogik, die Erziehung [und Bildung], enthält einen szientistisch nicht einholbaren Sinn. Dieser Sinn ist eine in der europäischen Bildungstradition aufgehobene Realität. Darum darf die Pädagogik trotz des durch ihre Geschichte herausgearbeiteten und nicht mehr rücknehmbaren szientistischen Votums für die Wissenschaft der technischen Zivilisation nicht im Szientismus aufgehen, ist vielmehr um ihrer kritischen Funktion willen an die Überlieferung von Philosophie und Umgangsweisheit rückgebunden." (ebd.; zum Verständnis von „kritischer Funktion" vgl. Kap. 9)

Unvollendete   Die Geschichte der Pädagogik ist für Blankertz kein abschließbares oder
Geschichte der   gar abgeschlossenes Kapitel wissenschaftlicher Tradition, sondern die prinzi-
Pädagogik   piell unvollendete Rekonstruktion des menschlichen Emanzipationsprozesses zur Mündigkeit auf dem jeweils erreichten historischen Stand. Die Abfassung und Ausformulierung dieses Prozesses trägt deshalb – bei aller Wissenschaftlichkeit ihrer Fakten und Resultate – über weite Strecken narrative, erzählende Züge. Sie heißt nicht umsonst Geschichte der Pädagogik statt Geschichte der Erziehungswissenschaft und argumentiert an entscheidenden Stellen philosophisch. Bildungsphilosophische Bearbeitungen pädagogischer Themen hat es in der Vergangenheit zahlreich gegeben und gibt es auch heute noch. Erwähnt seien neben den an anderen Stellen angesprochenen Arbeiten hier nur Hügli (1999), Lichtenstein (1971), Menze (1970) und Pleines (1978).

3.3 Hartmut von Hentig: Ein Essay über Bildung

Deutliche narrative Züge hat auch der Essay „Bildung" von Hartmut von Hentig, dem Gründer der Bielefelder Laborschule und des Oberstufenkollegs. In ihm wird das Thema Bildung so bearbeitet, dass zwar „Neugier und Nachdenklichkeit" geweckt werden, der Gegenstand dem Leser jedoch zunächst verständlich und frei von wissenschaftlichem Ballast „nackt und bloß" präsentiert wird (v. HENTIG 2004, S. 8). Mit dieser Vorgehensweise, die sich vor allem in vergleichsweise einfachen Gedankengängen und einer klaren Sprache äußert, bietet der Essay – je nach Sichtweise – entweder einen populärwissenschaftlichen Einstieg in die wissenschaftliche Problemstellung von Bildung oder einen Ausstieg aus der gewohnten wissenschaftlichen Thematisierung hin zu einer allgemeinverständlichen und gut lesbaren Popularisierung. Von „geläufigen Fragen" und „notwendigen Klärungen" ausgehend diskutiert von Hentig „mögliche Maßstäbe" und „geeignete Anlässe" für Bildung und gelangt abschließend zu „wünschenswerten Folgen" (ebd., S. 5). Seine Argumentation verläuft auszugsweise so:

Populärwissenschaft

„Die Antwort auf unsere behauptete oder tatsächliche Orientierungslosigkeit ist Bildung – nicht Wissenschaft, nicht Information, nicht die Kommunikationsgesellschaft, nicht moralische Aufrüstung, nicht der Ordnungsstaat. Für die Bestimmung der Bildung, die dies leistet, sind die Kanonisierung von Bildungsgütern, die Entscheidung für ein bestimmtes Menschenbild, die Analyse der gegenwärtigen und zukünftigen Lebensverhältnisse (zur Ermittlung der geforderten ‚Qualifikationen') gleichermaßen untauglich. Der Mensch bildet sich. Das Leben bildet. Die Schule hat aus Bildung Schulbildung gemacht. In der wissenschaftlichen Zivilisation sind daraus das Mittel und das Kriterium der akademischen Berufslaufbahn geworden. Die ‚Rückkehr' zur Bildung ist pädagogisch geboten – ein Fortschritt. Alle Menschen sind der Bildung bedürftig und fähig. Für die allen Menschen geschuldete Bildung gibt es gemeinsame Maßstäbe und geeignete Anlässe. […] Alle Bildung ist politische Bildung: eine kontinuierliche, zugleich gestufte Einführung in die *polis*." (ebd., S. 9 f.; auf die Nummerierung der Argumente sowie auf textinterne Verweise wurde verzichtet.)

Argumentation

Von Hentig redet in einer Weise von Bildung, wie man dies häufig in der Öffentlichkeit antrifft. Bildung wird als eine Antwort auf jene Frage des Zeitgeistes vorgestellt, die – nicht erst heute – vielen Menschen plausibel erscheint, nämlich die „behauptete oder tatsächliche Orientierungslosigkeit". Die Bestimmung dessen, was Bildung dabei konkret bedeutet, bleibt zunächst auffällig vage und weitgehend einem formalen Verständnis von Bildung verhaftet. In Anlehnung an einen Lexikonartikel aus der Brockhaus Enzyklopädie betont von Hentig Züge von Bildung, die auf Humboldt zurückgehen:

Formale und materiale Bildung

„Es geht um *Anregung* (nicht um Eingriff, mechanische Übertragung, gar Zwang); *alle* (nicht nur die geistigen) Kräfte sollen *sich entfalten* (sie sind alle schon da, werden nicht ‚gemacht' oder eingepflanzt), was durch die *Aneignung* von *Welt* (also durch die Anverwandlung des Fremden in einem aktiven Vorgang) geschieht – in *wechselhafter Ver- und Beschränkung* (das heißt erstens: auch die ‚Welt' bleibt nicht unverändert dabei, zweitens: die Entfaltung ist kein bloßes Vorsichhin-Wuchern, sie fordert Disziplin); die Merkmale sind *Harmonie und Proportionierlichkeit* (Bildung mildert die Konflikte zwischen unseren sinnlichen und unseren sittlichen, zwischen unseren intellektuellen und unseren spirituellen Ansprüchen, sie fördert keine einseitige Genialität); das Ziel ist die *sich selbst bestimmende Individualität* – aber nicht um ihrer selbst willen, sondern weil sie als solche *die Menschheit bereichert*." (ebd., S. 39)

Der inhaltliche Aspekt von Bildung wird zwar gesehen, allerdings nicht unter dem Gesichtspunkt, bestimmte Fächer seien besser oder schlechter geeignet, Bildung zu vermitteln.

Bildungskriterien

Stattdessen nennt von Hentig „mögliche Maßstäbe", also Kriterien, an denen sich Bildung bewährt. Hierzu zählen:

„Abscheu und Abwehr von Unmenschlichkeit; die Wahrnehmung von Glück; die Fähigkeit und den Willen, sich zu verständigen; ein Bewusstsein von der Geschichtlichkeit der eigenen Existenz; Wachheit für letzte Fragen; und – ein doppeltes Kriterium – die Bereitschaft zu Selbstverantwortung und Verantwortung in der res publica." (ebd., S. 73)

Bildungsanlässe

Zudem diskutiert von Hentig „geeignete Anlässe" für Bildung, in denen er ausdrücklich Alternativen zur Schulbildung sieht. Solche Gelegenheiten sind etwa das Erzählen von Geschichten, sei es aus der Mythologie, aus der Bibel oder aus eigenen Erfahrungen, der kultivierte Sprachgebrauch in Unterhaltungen und in Fremdsprachen, Theaterspiele und Theaterbesuche, Naturerfahrungen – etwa durch Zoobesuche –, die Einführung von Kindern und Jugendlichen in politische Zusammenhänge und in die Arbeitswelt, das Feiern von Festen als „gesteigertem Leben" und die Beschäftigung mit Musik und anderen bildenden Künsten. Als letzten in der langen Aufzählung der geeigneten Anlässe für Bildung nennt von Hentig – in bester jugendbewegter Manier – den „Aufbruch":

„Darum ein letzter Anlass für eine Bildung, die in der Tat Anpassung und Unterwerfung nicht beabsichtigt: Lasst die Kinder ausbrechen, gebt ihnen nicht nur Gelegenheit, sondern – wo nötig – eine guten Grund, die Familie, die Schule, die Stadt zu verlassen. Die Verhältnisse ermutigen sie nicht dazu – dann tut ihr es, Eltern und Lehrer! […] Familienzeit, Schulzeit, Lehrzeit sind Zeiten der Abhängigkeit. Das hat seinen Sinn, aber auch ungewollte Folgen. Beidem – der Angepasstheit und dem Ausbrechen – kann man vorbeugen: durch geordneten Aufbruch." (ebd., S. 136f.)

Statt, wie in der Schule üblich, einen verbindlichen materialen Bildungskanon aufzustellen, sieht von Hentig in der Benennung von Kriterien und Anlässen für Bildung deutliche Vorteile:

„Einen Vorzug hat diese Darstellung von Bildung anhand ihrer Anlässe auf jeden Fall: Sie konstituiert keine Zweiklassengesellschaft, hie Gymnasiasten, da Nicht-Gymnasiasten, hie volkstümlich Gebildete, wie es einst hieß, da akademisch Gebildete; es wird auch kein Bildungs-Einheitsbrei angerührt, sondern aus diesen Quellen und an diesen Anlässen kann sich jeder nach seinem Maß bilden, nicht zuletzt weil man mit ihnen allen – anders als mit unserem Geschichts- oder Physik- oder Mathematikunterricht – in frühester Kindheit anfangen kann und weil kein Ende der Bildungseinrichtung, kein Examen die so verstandene Bildung abschließt." (ebd., S. 137f.)

Politische Bildung

Der formale Bildungsgedanke von Hentigs gipfelt im Bekenntnis zu einer antiken Idee der Politik. Sowohl im Denken der griechischen Antike als auch in der römischen Antike war es eine der wesentlichen Aufgaben des Gebildeten, an den öffentlichen Angelegenheiten in den Stadtstaaten oder Städten,

griechisch „polis", lateinisch „res publica", aktiv und engagiert teilzunehmen. Von Hentigs Plädoyer für diese Seite von Bildung erscheint aus heutiger
Sicht einigermaßen fremd, weil wir an die Stelle des öffentlichen Engagements und gemeinschaftlicher Verantwortung unsere individuellen Bedürfnisse und unser „Selbst" und dessen Verwirklichung gesetzt haben.

3.4 Dietrich Schwanitz: Ein Bestseller über Bildung

Den Marktwert von Bildung spürbar gesteigert hat, wie kaum ein anderes
Buch zuvor, der populärwissenschaftliche Bestseller von Dietrich Schwanitz
mit dem Titel „Bildung. Alles, was man wissen muß". An den Leser gerichtet
heißt es zu Beginn:

„Wer hat nicht das Gefühl der Frustration gekannt, als ihm in der Schule Lernstoff *Wissen im Umbruch*
wie tot erschien, wie eine Anhäufung uninteressanter Fakten, die mit dem eigenen
pulsierenden Leben nichts zu tun hatten? […] Wer hat nicht schon erlebt, daß ein
Gedanke, der einen ehemals kalt gelassen hat, plötzlich zu leuchten beginnt wie ein
explodierender Stern? Es gibt immer mehr Menschen, die solche Erfahrungen machen. Das liegt daran, daß unser Wissen im Umbruch und unser Bildungssystem in
der Krise ist. Der alte Bildungsstoff scheint fremd geworden und ist in Formeln er-
starrt. Auch die Bildungsprofis vertreten ihn nicht mehr mit Überzeugung. Da wir
uns weiterentwickelt haben, müssen wir mit unserem kulturellen Wissen von einem
neuen Standort aus wieder ins Gespräch kommen. Daß wir das tun, wünschen sich
viele, die sich mit unserem Bildungssystem schwer tun. […] Für sie ist dieses Handbuch geschrieben. Dabei habe ich unser kulturelles Wissen unter dem Blickwinkel
gesichtet: Was trägt es zu unserer Selbsterkenntnis bei?" (SCHWANITZ 1999, S. 7)

Die Hauptursachen, dass viele mit dem gegenwärtigen Bildungssystem
unzufrieden sind, sieht Schwanitz im Zustand der Schulen und der Rolle der
Lehrer:

„Derweil sind die Schulen fast vollständig zur Beute der politischen Parteien gewor- *Schulkritik*
den. […] Kurzum, die Schulen sind in einem so jämmerlichen Zustand, daß das
Elend völlig unbekannt bleibt, weil sein Ausmaß unglaublich ist. Das heißt nicht,
daß es nicht hie und da funktionierende Schulen, engagierte Direktoren und erfolgreiche Lehrer und halbwegs glückliche Schüler gäbe. Vielleicht gibt es sogar eine
ganze Menge von ihnen. Aber solche Schulen sind nicht mehr die Regel und die anderen die Ausnahme; vielmehr gelten die Horrorschulen als ebenso normal wie die
anderen." (ebd., S. 28)

Gründe für diesen „jämmerlichen Zustand" der Schulen sieht Schwanitz
vornehmlich im Fehlen verbindlicher Maßstäbe, d. h. im Verlust bzw. in der
Einschränkung des alten Bildungskanons und der daraus folgenden Verunsicherung:

„Das liegt daran, daß die Maßstäbe verlorengegangen sind. Man weiß nicht mehr, *Maßstäbe*
was mit welchem Ziel gelehrt werden soll. Weil der alte Bildungskanon verengt und
überholt erscheint, hat man Normen überhaupt aufgegeben. Hier liegt der Fehler.
Bei dieser Verunsicherung muß jeder Neubeginn ansetzen." (ebd.)

Ausgehend von dieser Kritik am Zustand des Bildungssystems und der *Materiale Bildung*
Schulen bietet Schwanitz im ersten Teil seines Buches unter der Überschrift

„Wissen" eine beeindruckende Materialsammlung seiner Auffassung nach unverzichtbaren Wissens. Im Stil eines Handbuchs reichen die Themen von der europäischen Geschichte und Literatur über die Geschichte der Kunst und der Musik bis hin zu einer Auswahl großer Philosophen, Ideologien, Theorien und wissenschaftlicher Weltbilder. Auch eine Geschichte der Geschlechterdebatte fehlt nicht. Das 19. Jahrhundert, um ein Beispiel aus der Aufzählung historischer Themen zu nennen, wird unterteilt in den Wiener Kongress und dessen Folgen für Deutschland, in den Vormärz, Marx und seine Auswirkungen in anderen Ländern, in den Weg zur Einigung Deutschlands und die Gründung des deutschen Kaiserreichs, in die verspätete Nation und Wilhelm und den Wilhelminismus sowie in die politischen Lager. Die Aufzählung von „großen Werken" der europäischen Literatur reicht von Dantes „Göttlicher Komödie", Francesco Petrarca und Giovanni Boccaccio über William Shakespeare, Molière, Goethe, Lessing und Schiller bis zu den „Buddenbrooks" von Thomas Mann, zu Marcel Proust, James Joyce und Robert Musils „Mann ohne Eigenschaften". In der Reihe „großer" Philosophen nennt Schwanitz René Descartes, Thomas Hobbes, John Locke, Gottfried Wilhelm Leibniz, Jean-Jacques Rousseau, Immanuel Kant, Georg Wilhelm Friedrich Hegel, Karl Marx, Arthur Schopenhauer, Friedrich Nietzsche und Martin Heidegger.

Kanon und Vollständigkeit Kein Katalog oder Kanon dessen, was gewusst oder gelernt werden kann oder sollte, kann vollständig sein. Er beruht immer auf einer Auswahl und Gewichtung dessen, der darüber entscheidet, was wissenswert oder lernenswert ist. Selbst die großen Versuche der französischen Enzyklopädisten Diderot und d'Alembert in der zweiten Hälfte des 18. Jahrhunderts präsentierten nicht die Gesamtheit menschlichen Wissens, sondern waren unvollständig. (Das Wort „Enzyklopädie" ist zusammengesetzt aus griechisch „kyklos" = Kreis und griechisch „paideia" = Bildung.) Vor diesem Hintergrund fällt auf, dass Schwanitz keine eigenen Überlegungen zum Kanonproblem und zu dessen Vollständigkeit und Zeitgebundenheit anstellt. Noch einmal gesagt: Kein Kanon kann vollständig sein, Auswahl und Gewichtung bedürfen deshalb einer Angabe von Kriterien, um wenigstens die Diskussion darüber zu ermöglichen.

Formale Bildung Der zweite Teil von Schwanitz' Handbuch beschreibt unter der Überschrift „Können" den formalen Teil von Bildung. Er beginnt mit einer „Einleitung über die Regeln, nach denen man unter Gebildeten kommuniziert" (SCHWANITZ 1999, S. 9) und sollte, so der Autor, keinesfalls übersprungen werden. Die Kommunikation unter Gebildeten kommt für Schwanitz einem sozialen Spiel gleich, dessen wichtigste Regel die „Erwartungserwartung" ist:

„Was in der Religion der Glaube ist, ist in der Kunst der Geschmack; er kappt alle Begründungen. De gustibus non est disputandum, über Geschmack kann man nicht streiten. Dieselbe Funktion erfüllt in der Bildung die Erwartungserwartung, daß jeder alles weiß. Das fördert einen rhetorischen Terrorismus, der den Unkundigen erschreckt. Auf einer Cocktailparty akademisch Gebildeter ist es nicht ungewöhnlich, wenn jemand mit folgenden Bemerkungen eine Runde aufmerksamer Zuhörer unterhält: ,Wie Sie wissen, ist der Strukturalismus nur ein verkappter Neukantianismus. Natürlich werden Sie fragen, wo das transzendentale Subjekt ist. Ich gebe zu, vielleicht ist es ja kein Subjekt, aber transzendental ist es allemal. Und da frage ich Sie: Ist die Kulturgeschichte nicht notwendigerweise die Hegelianisierung des Strukturalismus? Trotz der antihumanistischen Wende? Und eine überfällige dazu?' Darauf werden einige Zuhörer gedankenvoll nicken; einige werden verhalten ‚hmhmhm‘ knurren oder ein Geräusch verursachen wie eine Kuh, die zu muhen anhebt, aber es sich dann anders überlegt. Alles das bedeutet, daß man sich die Sache durch den Kopf gehen läßt, daß der Gedanke, den man gerade gehört hat, so tief ist, daß man ihn erst ordentlich verarbeiten muß etc. Die Zuhörer geben damit zu verstehen, daß sie die Bemerkung natürlich verstanden haben. Daß in Wirklichkeit niemand von ihnen den leisesten Schimmer hatte, wovon die Rede war, bleibt auf diese Weise allen Beteiligten verborgen. Und so bildeten die Zuhörer zusammen einen Abgrund der Unkenntnis, über den der Redner so sicher hinwegschritt wie der berühmte Reiter bei seinem Ritt über den Bodensee. [...] Man braucht nicht unbedingt zu wissen, was das alles bedeutet; im Gegenteil, wenn man es nicht weiß, wirkt die Aufmerksamkeit echter. Trotzdem kommt man natürlich nicht ganz ohne Wissen aus, wenn man das Bildungsspiel spielen will. Es hat jedoch eine bestimmte Funktion und einen eigenen Aggregatzustand." (ebd., S. 398f.)

In den nachfolgenden Kapiteln behandelt Schwanitz die Bedeutung von Sprache, Büchern und Schrift, eine „Länderkunde für die Frau und den Mann von Welt" sowie Intelligenz, Begabung und Kreativität.

Insgesamt präsentiert Schwanitz mit dem Durchgang durch die Bereiche dessen, was Gebildete können müssen, ein klar erkennbares formales Bildungsideal. Herausgestellt werden der gebildete Europäer oder die gebildete Europäerin, die sprachgewandt, souverän und kultiviert im Umgang miteinander – und noch dazu mit einer westlich-demokratischen Gesinnung ausgestattet – in der Öffentlichkeit auftreten. Vergleichbar mit den Einwänden zum materialen Verständnis von Bildung wird es allerdings auch hier problematisch, die These aufrechtzuerhalten, ausgewähltes kulturelles Wissen und Können trage zur menschlichen „Selbsterkenntnis" bei. *Bildungsideal*

Gegen Ende des Abschnitts über das „Können" thematisiert Schwanitz' Bildungs-Handbuch unter der Überschrift „Was man nicht wissen sollte" bzw. „was man nicht wissen darf" (ebd., S. 476) konkrete Inhalte und Verhaltensweisen, die seiner Auffassung nach nicht zur Bildung gehören. *Soziale Differenzierung*

„Dieses Kapitel behandelt jene Wissensprovinzen aus dem Land der Trivialität, die man besser im dunkeln läßt, wie etwa den enzyklopädischen Überblick über die Privatverhältnisse von Schauspielern, Adligen und Prominenten; und es informiert über die Regeln, die die kommunikationstechnische Bewirtschaftung von abseitigen oder bildungsfernen, trivialen oder schlichtweg bedenklichen Kenntnissen betreffen." (ebd., S. 21)

Zu solchen Peinlichkeiten, die mit „wahrer Bildung" unvereinbar sind, zählen auch eine allzu große Vertrautheit mit dem Fernsehprogramm und der Regenbogenpresse oder etwa detaillierte Sport- und Technikkenntnisse. Peinlichkeiten im Umgang mit Bildung sind etwa ein demonstrativer Bildungssnobismus oder Bildungshochmut wie auch die entsprechenden Empfindlichkeiten und der Misskredit derer, die mit solchem Verhalten konfrontiert sind. Derartige Bewertungen Schwanitz' sind zwar gelegentlich von einer gewissen Ironie durchzogen, zeigen jedoch auch Züge des von Paulsen kritisierten Bildungsdünkels.

Der wissenschaftliche Lexikonartikel von Friedrich Paulsen untersucht zunächst das am allgemeinen Sprachgebrauch ablesbare gesellschaftliche Verständnis von Bildung und stößt auf die enge Verflochtenheit von Bildung mit materiellem Besitz. So zu charakterisierende „Halbbildung" ist das Gegenteil *Zusammenfassung* von eigentlicher bzw. „wahrer" Bildung. Dieser geht es – in einem formalen Sinne – stärker um die sittliche Veränderung der Menschen und deren Umgang miteinander als – in einem materialen Sinne – um die äußerliche Übernahme von Bildungsinhalten. Die bildungsphilosophisch akzentuierte Darstellung der Geschichte der Pädagogik von Herwig Blankertz beschreibt die gesellschaftliche Aufgabe einer kritischen wissenschaftlichen Pädagogik als die Herausarbeitung und Bewusstmachung des menschlichen Befreiungsprozesses hin zum unbedingten Zweck der Mündigkeit auf seinem jeweiligen geschichtlichen Stand. Der zwischen wissenschaftlichem Anspruch und öffentlicher Breitenwirkung angelegte Essay von Hartmut von Hentig argumentiert für ein formales Verständnis von Bildung im Kontext von klar formulierten Bildungskriterien und erneuert das antike Ideal politischer Bildung im Sinne eines gemeinschaftlichen und verantwortlichen Engagements in der Öffentlichkeit. Der Bestseller von Dietrich Schwanitz popularisiert das Thema Bildung einerseits im materialen Verständnis, im selektiven Durchgang durch das „Wissen" der europäischen Geistesgeschichte, andererseits im formalen Verständnis, in der Vermittlung von Können und Regeln, nach denen Gebildete untereinander kommunizieren und miteinander umgehen. Nicht zuletzt erneuert Schwanitz damit die sozial-selektive Funktion von Bildung, indem er den Habitus des Gebildeten beschreibt und ausdrücklich benennt, was man nicht wissen sollte.

> *Was Sie wissen sollten, wenn Sie Kapitel 3 gelesen haben:*
>
> – Sie sollten die vorgestellten Texte nach ihrer Textsorte und ihren Hauptaussagen erörtern können,
> – Sie sollten Zusammenhänge zwischen den Textsorten und den Hauptaussagen herstellen können,
> – Sie sollten Unterscheidungskriterien von wissenschaftlicher und öffentlicher bzw. populärwissenschaftlicher Redeweise über Bildung benennen können.

B Theorien und Konzeptionen von Bildung

4 Bildung als Umwendung und Aufstieg

Dass die folgende Beschreibung einiger der wichtigsten Theorien und Konzeptionen von Bildung mit dem griechischen Philosophen Platon (427–347 v. Chr.) beginnt, soll zweierlei deutlich machen. Zum einen, dass pädagogische Themen und Probleme von heute, wie etwa Bildung und Bildungstheorie, nur dann hinreichend verstanden werden können, wenn man ihre Entstehung und einige ihrer Entwicklungslinien kennt und somit in das aktuelle Nachdenken darüber mit einbeziehen kann. Zum anderen soll deutlich werden, dass sich die notwendige Kenntnis einschlägiger Fakten und Sachverhalte der Geschichte der Pädagogik nicht nur auf die jüngere Geschichte – also die Zeit seit der Moderne bzw. der europäischen Aufklärung – erstrecken sollte.

Pädagogikgeschichte seit der Antike

Der griechische Philosoph Platon (lat. Plato) gilt neben seinem Lehrer Sokrates (470–399 v. Chr.) und seinem Schüler Aristoteles (384–322 v. Chr.) als einer der wichtigsten Denker der europäischen Tradition. Platon entstammte einer angesehenen Familie und hatte bereits als Jugendlicher ein ausgeprägtes Interesse am politischen Geschehen, die Umstände der Zeit verhinderten jedoch sein aktives politisches Mitwirken. Nach mehreren längeren Reisen durch den Mittelmeerraum gründete er ca. 388–385 v. Chr. in Athen eine eigene Schule, die Akademie. Diese Ausbildungsstätte für naturwissenschaftliche und philosophische Fächer, die Platon zum Teil selbst unterrichtete, hatte etwa 900 Jahre Bestand und wird als Europas erste Universität bezeichnet.

Platon

Platons Leben und Werk sind vom Einfluss seines Lehrers Sokrates geprägt. Sokrates selbst hat nichts Schriftliches hinterlassen, so dass vor allem Platons frühe Dialoge die einzigen Zeugnisse für authentisches sokratisches Denken sind. Sokrates bleibt zwar bis in Platons Spätwerk der zentrale Dialogpartner, wird jedoch spürbar zum Sprachrohr der sich allmählich entwickelnden eigenen Philosophie Platons. Die hier nicht behandelte Eigenart der pädagogischen Skepsis des Sokrates ist in der transzendentalkritisch-skeptischen Pädagogik überliefert und in deren aktueller Version eines „problematisierenden Vernunftgebrauchs" bis heute lebendig (vgl. dazu FISCHER 1989; FISCHER/ RUHLOFF 1993. Zu Sokrates' Pädagogik vgl. RUHLOFF/SCHÖNHERR 2004).

Sokrates

Platons überliefertem Werk – selbst bei der Beschränkung auf pädagogische Fragestellungen – im Rahmen eines kurzen Kapitels auch nur annähernd gerecht zu werden, dürfte kaum möglich sein. Die hier nötige Einschränkung fällt aber deshalb einigermaßen leicht, weil es in Platons Schriften einen bedeutsamen Text gibt, der seine pädagogische Hauptintention, seinen Bildungsgedanken, exemplarisch aufzeigt; gemeint ist das berühmte „Höhlengleichnis" am Anfang des siebten Buches in Platons Hauptschrift „Der Staat". Neben dem im Folgenden ausführlich behandelten Höhlengleichnis sind pädagogische Fragestellungen, wie etwa die Bedeutung der Er-

Platons Pädagogik

kenntnis und deren Stufen, auch Gegenstand des „Sonnengleichnisses" und des „Liniengleichnisses", die beide am Ende des sechsten Buches von Platons „Staat" zu finden sind. Die Bestimmungen einzelner Tugenden, wie Tapferkeit, Besonnenheit oder Gerechtigkeit, bilden die Hauptthemen der von sokratischer Skepsis durchzogenen Frühdialoge. Fragen der Differenzen zwischen den einzelnen Tugenden und der Lehrbarkeit von Tugenden sind zentrale Themen im Dialog „Menon". In Platons berühmtem Dialog „Symposion", zu Deutsch „Gastmahl", geht es um die Bedeutung des Eros als Bildungstrieb des Menschen.

4.1 Platons Höhlengleichnis

Dieses nur wenige Seiten lange Hauptstück des pädagogischen Denkens von Platon angemessen zu interpretieren, d.h. in seinem Kontext und in seiner ganzen Themen- und Aspektfülle verstehend auszuschöpfen, ist keine leichte Aufgabe (vgl. dazu KAUDER 2001). Das Höhlengleichnis ist eingebunden in die leitende Fragestellung des „Staates" nach der Gerechtigkeit: Wie muss ein Staat aufgebaut sein, damit in ihm dauerhaft größtmögliche Gerechtigkeit herrschen kann? Daran gebunden sind die Fragen nach der angemessenen Regierung eines solchen Staates und nach den nötigen Eigenschaften und Fähigkeiten der auserlesenen potenziellen Regenten, inklusive deren Ausbildungs- und Bildungsgang. In diesem Zusammenhang gewinnen die Themen Erziehung, Bildung und Unbildung im Gespräch zwischen Platons Lehrer Sokrates und dem hier eher unbedeutenden Dialogpartner Glaukon an Bedeutung. Der Originaltext des Gleichnisses und der Beginn von Platons eigener Interpretation sind im Folgenden in einer Übersetzung aus dem Griechischen wiedergegeben, die unserer Meinung nach der heutigen Sprache am nächsten kommt (vgl. PLATON-Werke 1974).

Höhlendasein als Unbildung

„Hierauf vergleiche nun, fur ich fort, unsere Natur in bezug auf Bildung und Unbildung mit folgendem Erlebnis. Stelle dir Menschen vor in einer unterirdischen, höhlenartigen Behausung; diese hat einen Zugang, der zum Tageslicht hinaufführt, so groß wie die ganze Höhle. In dieser Höhle sind sie von Kind auf, gefesselt an Schenkeln und Nacken, so daß sie an Ort und Stelle bleiben und immer nur geradeaus schauen; ihrer Fesseln wegen können sie den Kopf nicht herumdrehen. Licht aber erhalten sie von einem Feuer, das hinter ihnen weit oben in der Ferne brennt. Zwischen dem Feuer und den Gefesselten aber führt oben ein Weg hin; dem entlang denke dir eine kleine Mauer errichtet, wie die Schranken, die die Gaukler vor den Zuschauern aufbauen und über die hinweg sie ihre Kunststücke zeigen.

,Ich sehe es vor mir', sagte er.

Stelle dir nun längs der kleinen Mauer Menschen vor, die allerhand Geräte vorübertragen, so, daß diese über die Mauer hinausragen, Statuen von Menschen und anderen Lebewesen aus Stein und aus Holz und in mannigfacher Ausführung. Wie natürlich, redet ein Teil dieser Träger, ein anderer schweigt still.

,Ein seltsames Bild führst du da vor, und seltsame Gefesselte', sagte er.

Sie sind uns ähnlich, erwiderte ich. Denn erstens: glaubst du, diese Menschen hätten von sich selbst und voneinander je etwas anderes zu sehen bekommen als die Schatten, die das Feuer auf die ihnen gegenüberliegende Seite der Höhle wirft?

,Wie sollten sie', sagte er, ,wenn sie zeitlebens gezwungen sind, den Kopf unbeweglich zu halten?'

Was sehen sie aber von den Dingen, die vorübergetragen werden? Doch eben dasselbe?

‚Zweifellos'.

Wenn sie nun miteinander reden könnten, glaubst du nicht, sie würden das als das Seiende bezeichnen, was sie sehen?

‚Notwendig'.

Und wenn das Gefängnis von der gegenüberliegenden Wand her auch ein Echo hätte und wenn dann einer der Vorübergehenden spräche – glaubst du, sie würden etwas anderes für den Sprechenden halten als den vorbeiziehenden Schatten?

‚Nein, beim Zeus', sagte er.

Auf keinen Fall, fuhr ich fort, können solche Menschen irgendetwas anderes für das Wahre halten als die Schatten jener künstlichen Gegenstände.

‚Das wäre ganz unvermeidlich', sagte er.

Überlege dir nun, fuhr ich fort, wie es wäre, wenn sie von ihren Fesseln befreit und damit auch von ihrer Torheit geheilt würden; da müßte ihnen doch naturgemäß folgendes widerfahren: Wenn einer aus den Fesseln gelöst und genötigt würde, plötzlich aufzustehen, den Hals zu wenden, zu gehen und gegen das Licht zu schauen, und wenn er bei all diesem Tun Schmerzen empfände und wegen des blendenden Glanzes jene Dinge nicht recht erkennen könnte, deren Schatten er vorher gesehen hat – was meinst du wohl, daß er antworten würde, wenn man ihm erklärte, er hätte vorher nur Nichtigkeiten gesehen, jetzt aber sei er dem Seienden näher und so, dem eigentlicher Seienden zugewendet, sehe er richtiger? Und wenn der ihm dann ein jedes von dem Vorüberziehenden zeigte und ihn fragte und zu sagen nötigte, was das sei? Meinst du nicht, er wäre in Verlegenheit und würde das, was er vorher gesehen hat, für wahrer (wirklicher) halten als das, was man ihm jetzt zeigt?

‚Für viel wahrer (wirklicher)', erwiderte er.

Und wenn man ihn gar nötigte, das Licht selber anzublicken, dann schmerzten ihn doch wohl die Augen, und er wendete sich ab und flöhe zu den Dingen, die er anzuschauen vermag, und glaubte, diesen seien tatsächlich klarer als das, was man ihm jetzt zeigt?

‚Es ist so', sagte er.

Schleppte man ihn aber von dort mit Gewalt den rauhen und steilen Aufgang hinauf, fuhr ich fort, und ließe ihn nicht los, bis man ihn an das Licht der Sonne hinausgezogen hätte – würde er da nicht Schmerzen empfinden und sich nur widerwillig so schleppen lassen? Und wenn er ans Licht käme, hätte er doch die Augen voll Glanz und vermöchte auch rein gar nichts von dem zu sehen, was man ihm nun als das Wahre bezeichnete?

‚Nein', erwiderte er, ‚wenigstens nicht im ersten Augenblick'.

Er müßte sich also daran gewöhnen, denke ich, wenn er die Dinge dort oben sehen wollte. Zuerst würde er wohl am leichtesten die Schatten erkennen, dann die Spiegelbilder der Menschen und der andern Gegenstände im Wasser und dann erst sie selbst. Und darauf hin könnte er dann das betrachten, was am Himmel ist, und den Himmel selbst, und zwar leichter bei Nacht, indem er zum Licht der Sterne und des Mondes aufblickte, als am Tage zur Sonne und zum Licht der Sonne.

‚Ohne Zweifel'.

Zuletzt aber, denke ich, würde er die Sonne, nicht ihre Spiegelbilder im Wasser oder anderswo, sondern sie selbst, an sich, an ihrem eigenen Platz ansehen und sie so betrachten können, wie sie wirklich ist.

‚Ja, notwendig', sagte er.

Und dann würde er wohl die zusammenfassende Überlegung über sie anstellen, daß sie es ist, die die Jahreszeiten und Jahre herbeiführt und über allem waltet in dem sichtbaren Raume, und daß sie in gewissem Sinne auch von allem, was sie früher gesehen haben, die Ursache ist.

‚Offenbar', sagte er, ‚würde er nach alledem so weit kommen'.

Wenn er nun aber an seine erste Behausung zurückdenkt und an die Weisheit, die

Befreiung und Umwendung

Aufstieg und Rückkehr

dort galt, und an seine damaligen Mitgefangenen, dann wird er sich wohl zu der Veränderung glücklich preisen und jene bedauern – meinst du nicht?

‚Ja, gewiß'.

Die Ehren aber und das Lob, das sie einander dort spendeten, und die Belohnungen für den, der die vorüberziehenden Schatten am schärfsten erkannte und der sich am besten einprägte, welche von ihnen zuerst, und welche danach, und welche gleichzeitig vorbeizukommen pflegten, und daraus am besten vorauszusagen wußte, was jetzt kommen werde – glaubst du, er sei noch auf dieses Lob erpicht und beneide die, die bei jenen dort in Ehre und Macht stehen? Oder wird es ihm so gehen, wie Homer sagt, daß er viel lieber auf dem Acker bei einem armen Mann im Taglohn arbeiten und lieber alles mögliche erdulden will, als wieder in jenen Meinungen befangen sein und jenes Leben führen?

‚Ja, das glaube ich', sagte er. ‚Lieber wird er alles andere ertragen als jenes Leben'.

Denke dir nun auch folgendes, fuhr ich fort: Wenn so ein Mensch wieder hinunterstiege und sich an seinen alten Platz setzte, dann bekäme er doch seine Augen voll Finsternis, wenn er so plötzlich aus der Sonne käme?

‚Ja, gewiß', erwiderte er.

Soziale Dimension
von Bildung
Wenn er dann aber wieder versuchen müßte, im Wettstreit mit denen, die immer dort gefesselt waren, jene Schatten zu beurteilen, während seine Augen noch geblendet sind und sich noch nicht wieder umgestellt haben (und diese Zeit der Umgewöhnung dürfte ziemlich lange dauern), so würde man ihn gewiß auslachen und von ihm sagen, er komme von seinem Aufstieg mit verdorbenen Augen zurück und es lohne sich nicht, auch nur versuchsweise dort hinaufzugehen. Wer aber Hand anlegte, um sie zu befreien und hinaufzuführen, den würden sie wohl umbringen, wenn sie nur seiner habhaft werden und ihn töten könnten.

‚Ja, gewiß', sagte er.

Dieses ganze Gleichnis, mein lieber Glaukon, fuhr ich fort, mußt du nun an das anknüpfen, was wir vorhin besprochen haben. Die durch das Gesicht uns erscheinende Region setze dem Wohnen im Gefängnis und das Licht des Feuers in ihr der Kraft der Sonne gleich. Und wenn du nun den Aufstieg und die Betrachtung der Dinge dort oben für den Aufstieg der Seele in den Raum des Einsehbaren nimmst, so wirst du meine Ahnung nicht verfehlen, die du doch zu hören wünschest. Gott aber mag wissen, ob sie richtig ist. Meine Ansicht darüber geht jedenfalls dahin, daß unter dem Erkennbaren als letztes und nur mit Mühe die Idee des Guten gesehen wird; hat man sie aber gesehen, so muss man die Überlegung anstellen, daß sie für alles die Urheberin alles Richtigen und Schönen ist. Denn im Sichtbaren bringt sie das Licht und seinen Herrn hervor; im Einsehbaren aber verleiht sie selbst als Herrin Wahrheit und Einsicht. Sie muss man erblickt haben, wenn man für sich oder im öffentlichen Leben vernünftig handeln will.

‚Ich bin derselben Ansicht', sagte er, ‚soweit ich zu folgen vermag'.

Wohlan denn, fuhr ich fort, schließe dich auch im folgenden meiner Meinung an. Wundere dich nicht: wer dahin gelangt ist, will vom menschlichen Treiben nichts mehr wissen, sondern seine Seele hat den Drang, für immer hier oben zu verweilen. Das ist auch ganz natürlich, wenn es dem vorhin beschriebenen Gleichnis entsprechen soll.

‚Ja, freilich', sagte er.

Glaubst du nun aber, fuhr ich fort, man dürfe sich darüber wundern, daß, wenn einer von der Betrachtung des Göttlichen in das menschliche Elend versetzt wird, er sich dann ungeschickt benimmt und höchst lächerlich erscheint? Denn während sein Auge noch geblendet ist und bevor er sich noch recht an die herrschende Finsternis gewöhnt hat, muß er vor Gericht oder anderswo über die Schatten des Gerechten streiten oder über die Bildwerke, deren Schatten sie sind, und muß sich mit den Vermutungen herumschlagen, die jene Leute darüber anstellen, die die Gerechtigkeit selbst nie zu sehen bekommen haben.

‚Nein, das ist gar nicht zu verwundern', sagte er.

Ein Einsichtiger, fuhr ich fort, würde vielmehr bedenken, daß es für die Augen zwei Arten und zwei Ursachen von Störungen gibt: die eine, wenn man aus dem Licht in das Dunkel, die andere, wenn man aus dem Dunkel in das Licht versetzt wird. Erkennt er nun an, daß dasselbe nun auch mit der Seele vor sich geht, so wird er nicht unüberlegt lachen, wenn er eine Seele sieht, die verwirrt ist und etwas nicht zu erkennen vermag. Sondern er wird prüfen, ob sie aus einem helleren Leben kam und jetzt von der Finsternis, an die sie nicht gewöhnt ist, umhüllt wird, oder ob sie aus größerer Unwissenheit in größere Klarheit gekommen ist und nun vom helleren Glanze geblendet wird. Und so wird er die eine um ihres Zustandes und ihres Lebens willen glücklich preisen und die andere bedauern; und wollte er über diese lachen, so wäre sein Lachen hier weniger lächerlich als das über die andere, die von oben aus dem Licht kommt.

‚Was du sagst, ist durchaus am Platze‘, erwiderte er.

Wenn das aber wahr ist, fuhr ich fort, so müssen wir darüber zu folgender Ansicht kommen: daß die Bildung nicht das ist, wofür sie einige in ihren Anpreisungen ausgeben. Sie behaupten nämlich, sie pflanzten der Seele ein Wissen ein, das vorher nicht darin war, wie wenn sie blinden Augen Sehkraft geben könnten.

Bildung als Periagoge

‚Ja, das behaupten sie‘, sagte er.

Unser Gespräch zeigt nun aber, fuhr ich fort, daß der Seele eines jeden Menschen das Vermögen und das Organ innewohnt, mit dem er lernen kann. Wie aber das Auge nicht imstande ist, sich anders als mit dem ganzen Leibe aus dem Dunkel gegen das Helle zu wenden, so muß auch dieses Organ zugleich mit der ganzen Seele vom Werdenden weggewendet werden, bis diese imstande ist, den Anblick des Seienden und des Hellsten unter den Seienden auszuhalten; dies aber, behaupten wir, ist das Gute; nicht wahr?

‚Ja‘.

Die Bildung, fuhr ich fort, wäre nun also eine Kunst der ‚Umlenkung‘, die Art nämlich, wie dieses Organ am leichtesten und am wirksamsten umgewendet werden kann. Sie ist nicht die Kunst, ihm das Sehen zu verleihen; sondern indem sie voraussetzt, daß es dieses zwar besitzt, aber nicht nach der richtigen Seite gewandt ist und deshalb nicht dorthin schaut, wohin es schauen sollte, will sie ihm behilflich sein.

‚Ja, offenbar‘, sagte er.“ (PLATON, Politeia, 7. Buch 514a ff.)

4.2 Interpretation

Das Gleichnis beginnt, nach dem das Thema „Bildung und Unbildung“ unmittelbar offen liegt, mit der detaillierten Schilderung einer aus heutiger Sicht etwas befremdlichen Szenerie. Der Schauplatz, eine unterirdische Höhle, in der gefesselte Menschen die Geschehnisse um sich herum nur über künstliches Licht, also schattenhaft wahrnehmen, verliert allerdings seine Befremdlichkeit, wenn man sich klarzumachen versucht, dass Platon hier metaphorisch, also bildhaft eine Situation schildert, die auf heute übertragen werden kann. Gilt nicht auch heute noch, dass die meisten Menschen von klein auf und ohne es zu bemerken überwiegend an das gebunden sind, was andere ihnen vormachen und vorreden? Wer könnte behaupten, ganz frei zu sein gegenüber dem, was täglich an Meinungen, Halbwissen und Halbwahrheiten – etwa über die Medien – über uns hereinbricht? Was wir mehrheitlich für wahr, für wirklich, für wichtig und entscheidend halten, ist in vielen Fällen nur eingebildet, undurchschaut und unverstanden, oftmals nebensächlich und unwichtig, insgesamt wohl kaum mehr als Schatten und Echos, deren Ursachen im Verborgenen liegen.

Höhlendasein als Unbildung

Befreiung und
Umwendung

Die erste pädagogisch entscheidende Veränderung dieser Ausgangssituation ist der Moment, wo einer der Gefesselten befreit und aufgefordert wird sich umzudrehen. Auch wenn im Gleichnis nicht deutlich wird, wer diese Befreiung vornimmt, kann davon ausgegangen werden, dass es sich hierbei um eine pädagogisch ambitionierte Person handelt. Durch die Befreiung kann sich dieser Mensch erstmals nicht nur körperlich frei bewegen, sondern im übertragenen Sinne auch gedanklich selbständig zu Einsichten gelangen, d. h. die Differenz von Meinung und Wissen wird für ihn bedeutsam. Der Akt der Befreiung und die Aufforderung zur Umkehr sind gleichzusetzen mit der gezielten Ansprache, bzw., aus der Sicht des Betroffenen, mit dem gezielten Angesprochen-Werden auf dessen gesamte bisherige Lebensführung hin. Ein Resultat der gelungenen Befreiung ist die Chance, die Bedingungen und Einschränkungen des bisherigen Höhlenlebens zu durchschauen. Im übertragenen Sinn resultiert daraus die Einsicht in bisherige Täuschungen und die Bindung an Meinungen und Vorurteile. Ein solcher Emanzipationsprozess – modern formuliert – geht einher mit Phänomenen, die jeder kennen dürfte. So hat die unvermittelte und plötzliche Befreiung von den Fesseln bzw. die Einsicht in die Notwendigkeit der Lebensumstellung zunächst etwas Zwanghaftes. Die Schmerzen des sich aufrichtenden und umwendenden Menschen aus dem Höhlengleichnis können als sachliche Schwierigkeiten und notwendige Zwänge gedeutet werden, die durch Aufgaben und zu lösende Probleme, etwa im studentischen Alltag, entstehen. Derartige Veränderungen erzeugen nicht selten Irritationen, beispielsweise wenn man Neues nicht sogleich versteht, sich ändernde Situationen nicht sofort meistert und insgesamt die Differenzen zwischen den gewohnten, vertrauten Lebensumständen und den ungewohnten und unvertrauten, an denen man nun Teil hat, scheut bzw. fürchtet. Weitere Phänomene, die mit dem im Gleichnis geschilderten Befreiungsvorgang einhergehen, sind körperliche Anstrengung und Mühe.

Aufstieg und
Rückkehr

Die zweite pädagogisch bedeutsame Phase im Gleichnis ergibt sich direkt aus der ersten, da die Befreiung von etwas zugleich die Hinwendung zu etwas bedeutet. Der Weg aus der Höhle wird von Platon als Aufstieg beschrieben, und zwar an der Mauer und dem Licht gebenden Feuer vorbei bis zur Höhlenöffnung, die die Sicht auf das Tageslicht und die Sonne freigibt. Dieser Prozess ist nicht nur als räumlicher Aufstieg gemeint; die angesprochenen Stufen der zunehmenden Helligkeit und die unterschiedlichen Gegenstände qualifizieren ihn als einen Zuwachs an Wissen, Einsicht und Erkenntnis. Auf dem Weg in Richtung Helligkeit und Licht wird dem ehemals Gefesselten nämlich klar, dass seine bisherige Situation nur ein „Schattendasein" war. Zudem erkennt er, wodurch diese Schatten verursacht wurden.

Idee des Guten

Die zunehmende Helligkeit und Klarheit auf dem Weg über das Feuer hin zum Licht der Sonne klingt auch heute in Situationen und Redewendungen an, wo jemandem „ein Licht aufgeht" und ihm etwas „einleuchtet". Die höchste Stufe des Wissens und der Erkenntnis symbolisiert die Sonne; in Platons idealistischem Denken trägt sie den Namen der „Idee des Guten", gleichsam als höchstes Ideal. Es ist nicht ganz leicht, diesen Gedanken in die heutige Zeit zu übersetzen. Ideen sind für Platon einerseits sprachliche Allgemeinbegriffe, andererseits versteht er darunter die sachliche Vollkommenheit, das „Wesen" der Dinge, das unabhängig von diesen Dingen existiert. Wichtig dabei ist, dass diese Ideen Teil einer hierarchischen Ordnung sind, an deren Spitze, gleichsam als Zusammenfassung, die höchste Idee, nämlich die Idee des Guten steht. Die christlich geprägte mittelalterliche Philosophie brachte die Idee des Guten mit Gott in Verbindung; seit der neuzeitlichen Philosophie herrscht weitgehend Einigkeit darüber, dass Ideen als Bewusstseinszustände mit sowohl abstrakten als auch durch Erfahrung gegebenen Inhalten zu verstehen sind. Von der griechischen Antike bis heute beschäftigt sich die Philosophie mit Themen und Problemen dieser Art. Für Platon war es deshalb selbstverständlich, dass die Philosophie der zentrale Stoff eines Bildungsganges sein musste, der zur Ausübung höchster Ämter befähigte. Aus heutiger Sicht wird dieser hohe Stellenwert der Philosophie, insbesondere als universitäres Ausbildungsfach neben vielen anderen, nicht mehr ohne weiteres anerkannt. Dass zur Bildung Einsichtsfähigkeit, Gedanklichkeit und Klugheit auf einem hohen – vielleicht dem philosophischen vergleichbaren – Niveau unerlässlich sein dürften, das wird allerdings weiterhin von Vielen vorausgesetzt.

An dieser Stelle im Gleichnis könnte man meinen, der geschilderte Bildungsgang sei beendet. Der befreite Mensch hat den mühevollen Weg aus Unwissen und Unbildung hinter sich gebracht, er hat Erkenntnisse und Einsichten gewonnen und sogar den Urgrund aller Erkenntnis mit eigenen Augen gesehen. Er weiß um diesen Aufstieg, kennt die damit verbundenen Vorzüge und ist vergleichsweise glücklich. Erinnert man sich aber daran, dass Platon diesen Bildungsgang in gesellschaftspolitische Überlegungen eingebaut hat, wie ein gerechter Staat am besten zu gestalten und von wem er zu regieren sei, dann wird deutlich, was dem platonisch Gebildeten noch bevorsteht und welche Aufgaben er zu erfüllen hat. Der geschilderte Bildungsgang ist erst dann vollendet, wenn der „Wissende" den Rückweg in die Gemeinschaft oder Gesellschaft derer antritt, aus deren Kreis er zuvor befreit worden ist. Statt im berühmten „Elfenbeinturm" des selbstgenügsamen, selbstgefälligen und genussreichen Lebens eines Gebildeten zu verharren, nimmt er erneut Strapazen und sogar Gefahren auf sich, die jetzt allerdings von anderer Art sind. Waren die Anstrengungen während des Aufstiegs vor allem dadurch bedingt, dass der Entfesselte nicht wusste, was auf ihn zukommen würde, so bestehen sie auf dem Rückweg gleichsam umgekehrt aus der sozialen Konfrontation von Bildung und Unbildung, wie man aus heutiger Sicht formulieren kann. Da Bildung – vom Zweierverhältnis zwischen Gefesseltem und Befreier bis zur Notwendigkeit der gebildeten bzw. bildenden Tätigkeit mit anderen und für andere – immer auch eine soziale Dimension hat, besteht das Wagnis des Rückwegs in der Konfrontation des Gebildeten mit dem mehrheitlichen Vorwurf der Nutzlosigkeit von Bildung und mit der faktischen Resistenz Vieler gegenüber Bildungsbemühungen. Platon spricht in diesem Zusammenhang sogar von der Möglichkeit, sich den Befreiungen, Aufforderungen und Bildungsansprüchen durch den Gebildeten zu entziehen, in dem man diesen tötet. Der Tod des Sokrates dürfte ihm dafür das konkrete Beispiel gewesen sein.

Soziale Dimension von Bildung

Zusammengefasst und auf den Punkt gebracht enthält Platons Höhlengleichnis etwa folgende Bildungskonzeption: Bildung wird verstanden als die befreiende Umwendung eines einzelnen Menschen in seiner Gesamtheit, seiner „Seele", wie Platon schreibt; Bildung ist weiter der Aufstieg zum Wissen und zur Einsicht in die Wahrheit, verstanden als „oberste Idee"; und

Bildung als Periagoge

sie ist letztlich – in einer zweiten Umwendung – die Rückkehr des Gebildeten in die Gemeinschaft der nicht bzw. noch nicht Gebildeten mit dem Ziel, diese auf den Bildungsweg zu bringen. Die maßgeblichen Schritte dieses Bildungsganges sind die Befreiung und Umwendung, der Aufstieg zur Einsicht und die Rückkehr. Der Schlüsselbegriff dieser Konzeption ist nach Meinung vieler Interpreten die Umwendung, griechisch „Periagoge". In diesem Sinne hat etwa auch der Bildungstheoretiker Theodor Ballauff (1911–1995) Platons Bildungsgang des Menschen gedeutet und – ohne die Dramaturgie des Gleichnisses exakt einzuhalten – fünffach differenziert (vgl. BALLAUFF 1981). Er unterscheidet den Emanzipationsprozess (1.), in dem der Mensch aus seinem primären Zustand alltäglicher Befangenheit in Meinung und Vorstellung, Voreingenommenheit und Vergleich befreit wird, vom Partizipationsprozess (2.), in dem der Mensch nun Teil hat an Wissen, Einsicht und Bildung, „an der Wahrheit von allem, was ist und werden kann". Im Zustand der Theorie (3.) erschließt sich dem Menschen das Ganze in seiner Gedanklichkeit. Die notwendige Abkehr von der primären Lebensführung und ihren Fesselungen durch die langwierige und mühevolle Hinwendung zur Sphäre der Wahrheit verdeutlicht der zentrale Gedanke der Umwendung, die „Periagoge" (4.). Das abschließende, politisch-praktische Motiv im Höhlengleichnis (5.) äußert sich in der Notwendigkeit, in den Alltag des gemeinsamen Lebens zurückzukehren, „für das der Gebildete nun Maßgaben und Wege kennt".

Den Gedanken der Periagoge in den Mittelpunkt der Interpretation zu stellen, liegt vor dem Hintergrund heutigen pädagogischen Problembewusstseins und Differenzierungsvermögens nahe. Zu den zentralen Fragen einer pädagogischen Intervention gehört das Verhältnis von eigener Aktivität, hier des anfangs Gefesselten, zur Passivität, bzw. zur fremden Einwirkung von außen, hier durch den oben beschriebenen Pädagogen. Dieses Verhältnis ist deshalb so wichtig, weil sich in ihm Notwendigkeit und Möglichkeit von Erziehung und Bildung, ja von Pädagogik überhaupt, entscheiden. Würde man die Aktivität auf Seiten des Zöglings vernachlässigen, wäre Bildung lediglich eine Einwirkung von außen und Pädagogik – streng genommen – nicht möglich oder allenfalls ein autoritäres Unternehmen. Würde man hingegen die Notwendigkeit für den pädagogischen Impuls von außen, also die Befreiung und Umwendung über Ansprache und Aufforderung, leugnen, so müsste Bildung ausschließlich von selbst, gleichsam von innen, in Gang kommen und Pädagogik wäre damit – letztlich – nicht mehr nötig. Im Begriff der Umwendung sind grammatisch beide Seiten des Bildungsprozesses, die Einwirkung von außen als Anstoß und die Eigeninitiative als Vollzug, angesprochen. Damit ist das zentrale pädagogische Problem zwar nicht endgültig gelöst, aber zumindest entschärft. Aus Wendungen wie etwa der „Aufforderung zur Selbsttätigkeit", kann man das Problem heraushören (vgl. dazu BENNER 2001, S. 80f.). In diesem Sinne präzisiert Platon seinen Gedanken der Periagoge, indem er zu Beginn seiner Interpretation des Höhlengleichnisses betont, dass es nicht darum gehe, einer blinden Seele das Sehvermögen erst einzupflanzen, sondern darum, einer bereits sehenden durch die Umwendung den Blick für Wesentliches zu schärfen. Der griechische Begriff „Paideia" steht deshalb seit dem fünften vorchristlichen Jahrhundert nicht mehr allein für Erziehung und Unterweisung von Kindern, sondern auch für Bildung als Hin- oder Umwendung des Menschen zum Denken des Maßgeblichen.

Diese philosophische Begründung von Bildung als Umwendung hat auf die pädagogische Praxis der Griechen und Römer keinen spürbaren Einfluss gehabt, und auch in der heutigen Erziehungswissenschaft scheint sie als maßgebliches Thema weitgehend in Vergessenheit geraten zu sein. Das konsequente und kompromisslose Durchdenken unserer individuellen und gesellschaftlichen Situation mit dem Ziel weiterführender Einsichten wird aber wohl nur denen gelingen, die sich, wie Platon es beschrieben hat, aus den Fesseln der heutigen Sozialisation befreien lassen, die den meisten zwar als selbstverständlich erscheint, jedoch in ihren undurchschauten Gründen das Verhalten und Lernen der Menschen gleichsam fernzusteuern vermag. Erst jene, die keine Gefangenen gängiger Vorstellungen, Routinen und Ambitionen mehr sind, sondern gedankliche Distanz zu dem erlangt haben, was „zeitgemäß" ist, haben die Möglichkeit, die Bedingungen des primären Zustands alltäglichen Lebens zu durchschauen und als Gebildete denkend, sprechend und handelnd im öffentlichen wie im privaten Leben zu verbessern.

Bildung heute

4.3 Offene Fragen

Platons Bildungsgedanken von befreiender Umwendung, Aufstieg und Rückwendung lassen sich ohne künstliche Zusätze oder gewaltsame Interpretationen in vieler Hinsicht auf aktuelle Verhältnisse übertragen. Gleichwohl kann bei gründlicher Lektüre von Platons Schriften, über das Höhlengleichnis hinaus, nicht übersehen werden, dass dieses Bildungsverständnis auch Probleme enthält und Anlass zu kritischen Rückfragen gibt, die hier nur gestreift werden können.

Aus sozialgeschichtlicher Perspektive fällt etwa auf, dass im Höhlengleichnis zwar keine Angaben darüber gemacht werden, wer für den dort beschriebenen Bildungsgang infrage kommt, sondern allgemein von einem oder mehreren Menschen die Rede ist. Sieht man dies jedoch vor dem Hintergrund der gesamten Handlung und Argumentation im „Staat", so wird deutlich, dass der beschriebene Bildungsgang und das später konkretisierte Ausbildungs- und Erziehungsprogramm nur für eine sehr kleine Gruppe ausgewählter Personen gedacht sind. Der oft geäußerte Vorbehalt, es handele sich bei Platons Bildungsgedanken um ein Modell von Elitebildung nur für Wenige, kann damit entkräftet werden, dass Platon im Staat nach geeigneten Regenten sucht und deshalb die Auswahl nur der Allerbesten für Bildung und Ausbildung plausibel erscheint.

Elitebildung oder Allgemeinbildung?

Die gesellschaftlichen und politischen Verhältnissen zu Platons Zeit, ein streng hierarchisch aufgebautes Ständewesen mit einer breiten untersten Schicht aus u. a. unfreien Sklaven, schränken den Geltungsbereich seines Bildungsmodells über den möglichen Vorwurf der Elitebildung hinaus auf ihre Weise ein. In den Genuss von Bildung und Ausbildung kamen innerhalb dieser Gesellschaftsordnung faktisch ohnehin nur wenige, da Ideale wie Freiheit und Gleichheit für alle – nicht nur in Bezug auf Bildung und Ausbildung – noch lange keine Rolle spielten.

Soziale Selektivität

Eine weitere Rückfrage an das Höhlengleichnis betrifft die dramaturgisch zwar äußerst wichtige, aber auffällig im Verborgenen bleibende Figur oder

Wer befreit – wer wird befreit?

Person, die den Gefesselten befreit und auffordert sich umzudrehen. Es wurde bereits angesprochen, dass es sich hier um eine pädagogisch motivierte Person handeln muss; unklar bleibt jedoch, wann und wie diese Person ihrerseits die, wie man modern formulieren könnte, professionelle Berechtigung dafür erlangt hat, jemand anderen zu befreien, umzuwenden und auf dem Weg der Bildung zu begleiten; ebenso offen ist die Frage, ob und nach welchen Kriterien derjenige oder diejenige ausgewählt werden.

Altersan-gemessenheit

Interessant ist aus heutiger Sicht auch die im Höhlengleichnis nicht beantwortete Frage, ab welchem Alter jemand für den geschilderten Bildungsprozess geeignet ist. Hinweise darauf, dass es sich nicht um Kinder und junge Jugendliche handeln kann, sondern vermutlich junge Erwachsene, etwa ab dem Alter von 20 Jahren, gemeint sind, ergeben sich aus Einzelheiten des Gleichnisses. Zum einen spricht die geschilderte Intensität und „Macht" der bisherigen Sozialisation, der lange undurchschauten Fesselung, dafür, dass hier erwachsene Menschen im Sinne vollwertiger Gesellschaftsmitglieder gemeint sein dürften. Die Radikalität und Kompromisslosigkeit der Umwendung als Beginn eines langen und schwierigen Bildungsweges verlangt zudem Menschen, die diese Anstrengungen und Schwierigkeiten über eine entsprechende Zeitspanne hinweg auszuhalten in der Lage sind. Und nicht zuletzt spricht die von Platon am Ende des Bildungsgangs erwartete Fähigkeit und Bereitschaft, sich auf den Rückweg zu machen, um Andere auf den Weg der Bildung zu bringen, aus heutiger Sicht professionelle pädagogische, soziale und vielleicht auch politische Eigenschaften an, für die erst junge Erwachsene in Frage kommen.

Bewusste Entschei-dung gegen kon-sequenten Bildungsgang

Die Möglichkeit, dass sich jemand bewusst von dem einmal eingeschlagenen Bildungsweg abwendet, sei es, dass ihm angesichts der zu erwartenden Strapazen der Verbleib in den bequemen Bahnen des gewöhnlichen Lebens attraktiver erscheint, sei es, dass er diese Strapazen nicht erträgt, aber auch die Entscheidung, den Rückweg nicht einzuschlagen und damit den Bildungsgang nur ansatzweise zu durchlaufen, wird von Platon nur am Rande bedacht.

4.4 Wirkungsgeschichte und Aktualität von Platons Bildungskonzeption

Die Wirkungsgeschichte platonischen Denkens, insbesondere seine Umformulierungen und Weiterführungen durch Platons Schüler Aristoteles und die jüdisch-christlichen Traditionen bis in die Neuzeit, ist über weite Strecken deckungsgleich mit dem Verlauf der europäischen Philosophiegeschichte. (vgl. dazu KOBUSCH/MOJSISCH 1997) Demzufolge wirkt Platons philosophische Begründung der Bildung mit ihren Antworten, aber auch mit ihren offenen Fragen und Problemen, in maßgeblichen Konzeptionen von Pädagogik in der Gegenwart fort, wenn auch in manchen Fällen uneingestanden oder unbemerkt. Neben Platons philosophischem Bildungsdenken und in einer gewissen Spannung zu diesem hat sich etwa zeitgleich und von Isokrates (436–338 v. Chr.) ausgehend die Rhetorik etabliert. Ihr Kern besteht in dem erkenntnistheoretischen Anspruch, dass Einsichten an Sprache, an ihre Artikulation und an kulturelle Räume gebunden sind. Beide Bildungstraditionen werden zu Bestandteilen des abendländischen Lehrplanes, der „septem artes liberales". Deren auf die Wissenschaften der Zahl bezogenes Quadrivium (Vierheit) und auf die Wissenschaften des Wortes bezogenes Trivium (Dreiheit) hat – mit Unterbrechungen im Mittelalter und in vielfachen Wandlungen – über zweitausend Jahre bis zu Comenius' (1592–1670) Zeiten Bestand. Nach eigenen Aussagen hat das platonische Bildungsdenken etwa auf Aurelius Augustinus (354–430) gewirkt, der wiederum maßgeblichen Einfluss auf das christlich geprägte Mittelalter hatte. In der groben Zeitspanne zwischen dem 14. und dem 17. Jahrhundert, im Humanismus der europäischen Renaissance, entsteht dann in der Aufnahme und Auseinandersetzung mit dem platonischen Bildungsdenken das neuzeitliche Selbst- und Weltverständnis der Menschen, das über die Aufklärungsepoche konkretisiert bis heute – wenn auch mitunter problematische – Gültigkeit hat (vgl. dazu FUHRMANN 2002, HELMER 1997, RUHLOFF 1989).

Was Sie wissen sollten, wenn Sie Kapitel 4 gelesen haben:

– Sie sollten Argumente nennen können, warum pädagogisches Denken nicht auf seine Geschichte seit der Antike verzichten kann,
– Sie sollten die zentralen Schritte der Befreiung und Umwendung, des Aufstiegs und der Rückkehr als pädagogisch bedeutsame Gedanken in Platons Höhlengleichnis kennen,
– Sie sollten den damit beschriebenen Bildungsgang erklären und auf Beispiele aus heutigen Lebenssituationen übertragen können,
– Sie sollten Platons Bildungskonzeption bzw. einzelne Motive daraus auf andere Konzeptionen dieses Abschnitts beziehen und von den dort jeweils zentralen Gedanken und Motiven begrifflich unterscheiden können.

Weiterführende Literatur zu Kapitel 4

Eine Übersetzung des Quellentextes, deren Sprache u. E. besser verständlich ist als die verbreitete Schleiermacher-Übersetzung, ist von Rudolf Rufener:
PLATON (1974): **Sämtliche Werke, Bd. IV**

Eine zuverlässige Einführung in Platons Leben und Werk gibt:
SUHR, M. (2001): **Platon**

Ein Standardwerk zur Philosophie der Antike ist:
NIEHUES-PRÖBSTING, H. (2004): **Die Antike Philosophie**

Das derzeitige Standardwerk zur Wirkungsgeschichte Platons ist:
KOBUSCH, T./MOJSISCH, B. (Hg.) (1997): **Platon in der abendländischen Geistesgeschichte**

Eine philosophisch-pädagogische Interpretation, die stark von der eigenen Theorie des Autors geprägt ist, gibt:
BALLAUFF, T. (1952): **Die Idee der Paideia. Eine Studie zu Platons „Höhlengleichnis" und Parmenides' „Lehrgedicht"**

Eine detaillierte Auslegung mit didaktischem Anspruch ist:
KAUDER, P. (2001): **Der Gedanke der Bildung in Platons Höhlengleichnis**

5 Bildung zu Autonomie und Mündigkeit

Menschen behandeln und betrachten sich gegenseitig so, als seien sie in der Lage, ihr Leben selbst zu führen, als seien sie mündig und würden autonom handeln. Bildung wird nach diesem Verständnis zu einer Praktik der Freiheit und Mündigkeit. Den Zusammenhang zwischen dem Bildungsgedanken und den Forderungen nach einer mündigen und autonomen Lebensführung hat Immanuel Kant (1724–1804) ausgeführt.

Zeitalter der Aufklärung Insgesamt rechnet man Kant dem Zeitalter der Aufklärung zu, einer geistesgeschichtlichen Epoche, die, ausgehend von England, Frankreich und Deutschland, das Denken und das politische Handeln in Europa vom Ende des 17. Jahrhunderts bis in das 19. Jahrhundert hinein wesentlich mitbestimmte. Anliegen der Aufklärung war, dem Menschen auf der Grundlage seiner Vernunft zur größtmöglichen Freiheit im Denken und Handeln zu verhelfen. In dieser Zeit suchte man in allen wichtigen Bereichen des Denkens und Handelns nach einer neuen Orientierung, weg von vorgegebenem Wissen und Unmündigkeit, hin zum Selbstdenken und zu mündiger Lebensführung sowie zur Übernahme uneingeschränkter Verantwortung für menschliches Tun. Es geht in der bildungstheoretischen Konzeption von Mündigkeit und Autonomie um die Frage, wie ein frei handelndes Wesen leben kann (vgl. WW XII, S. 712). Mündigkeit und Autonomie zielen am Ende auf eine moralische Bildung, die den rechten Gebrauch der Freiheit ermöglichen soll. Kann der Mensch seine Freiheit so gebrauchen, dass er sein Leben moralisch-gut (Autonomie) führt und sich in seinem Denken und Handeln nur von Dingen leiten lässt, die er selbst als richtig erkannt hat (Mündigkeit)?

5.1 Mündigkeit

Was ist Aufklärung? Ausgangspunkt seines bildungstheoretischen Verständnisses von Mündigkeit ist Kants Aufsatz: „Antwort auf die Frage: Was ist Aufklärung?" aus dem Jahre 1784. Hier bestimmt Kant exemplarisch, was Mündigkeit für ein kulturell-soziales Wesen, dem das Vermögen der Freiheit zugesprochen wird, bedeutet. Kants Bestimmung von Mündigkeit ist zunächst begriffsgeschichtlich unspektakulär. Mündigkeit ist – so auch heute noch – ein Rechtsbegriff. Abgeleitet vom althochdeutschen Wort (die) „Munt", das die Herrschaft und den Schutz des Hausherren bezeichnete, meint Mündigkeit in dieser Anbindung den rechtlichen Beginn eines Lebens frei von der Herrschaft, aber auch dem Schutze des Vormundes, in der Regel des Vaters. Interessanter ist dagegen, dass Kant diese Vorstellung von Mündigkeit auf die Bildung und Aufklärung des Menschen überträgt.

„Aufklärung ist der Ausgang des Menschen aus seiner selbst verschuldeten Unmündigkeit. Unmündigkeit ist das Unvermögen, sich seines Verstandes ohne Leitung eines anderen zu bedienen. *Selbstverschuldet* ist diese Unmündigkeit, wenn die Ursache derselben nicht am Mangel des Verstandes, sondern der Entschließung und des Mutes liegt, sich seiner ohne Leitung eines andern zu bedienen. Sapere aude! Habe Mut, dich deines *eigenen* Verstandes zu bedienen! ist also der Wahlspruch der Aufklärung." (WW XI, S. 53)

Aufklärung ist ein Ausgang, und bei jedem Ausgang kann gefragt werden, woraus er hinausführt. In Kants Überlegungen führt er aus einer Unmündigkeit, die darin besteht, dass der Mensch nicht selbst denkt. Der Mensch lässt sich vorschreiben, was er wissen kann, tun soll und hoffen darf. Weil er die Möglichkeit hat, mündig zu sein, und diese Möglichkeit nicht nutzt, ist die Unmündigkeit selbstverschuldet.

Einer unmündigen Lebensführung entspricht ein Leben unter Vormundschaft. Diese leitet und regiert den Menschen. Ein effektives Instrument der Sicherung der Vormundschaft ist das Aufzeigen des Verlustes von Geborgenheit und von Sicherheit, die durch die Vormundschaft gewährleistet sein sollen. So wird dargelegt, mit welchen Risiken zu rechnen ist, wenn die vermeintliche Obhut zugunsten einer eigenen Lebensführung verlassen wird. Autoritäten haben zumeist ein Interesse daran, den Menschen in Unmündigkeit zu halten, weil er so besser regiert und gelenkt werden kann. Demzufolge richtet sich Kant gegen jede Autorität, die die Freiheit des Menschen und eine mündige Lebensführung einschränken oder gar verhindern will. Kant appelliert: „Habe Mut, dich deines eigenen Verstandes zu bedienen!" Dabei ist unter „Mut" nicht einfach nur das Gegenteil von Feigheit zu verstehen. Vielmehr ist der „Mut" im Sinne Kants eine Tapferkeit des Geistes. „Habe Mut" heißt also, sich auf die eigenen geistigen Kräfte zu besinnen und danach zu handeln – auch gegen Autoritäten und gegen vorgegebene Denkmuster und -ordnungen. Ein Kennzeichen, das Kant der Mündigkeit zuschreibt, ist folgerichtig das Selbstdenken.

Sich selbst regieren

Mut zur Mündigkeit

„Selbstdenken heißt den obersten Probierstein der Wahrheit in sich selbst (d. i. in seiner eigenen Vernunft) suchen; und die Maxime, jederzeit selbst zu denken, ist die *Aufklärung.* Dazu gehört nun eben so viel nicht, als sich diejenigen einbilden, welche die Aufklärung in *Kenntnisse* setzen: da sie vielmehr ein negativer Grundsatz im Gebrauche seines Erkenntnißvermögens ist, und öfter der, so an Kenntnissen überaus reich ist, im Gebrauche derselben am wenigsten aufgeklärt ist. Sich seiner *eigenen* Vernunft bedienen will nichts weiter sagen, als bei allem dem, was man annehmen soll, sich selbst fragen: ob man es wohl tunlich finde, den Grund, warum man etwas annimmt, oder auch die Regel, die aus dem, was man annimmt, folgt, zum allgemeinen Grundsatze seines Vernunftgebrauches zu machen?" (WW V, S. 283, Anm.)

Selbstdenken

Die Frage nach der Mündigkeit des Menschen ist auch eine Frage danach, ob der Mensch sich selbst regieren kann. Mündig zu werden heißt, für sich und sein Leben Sorge und Verantwortung zu tragen und „mit eigenen Füßen auf dem Boden der Erfahrung, wenngleich noch wackelnd" (WW XII, S. 549), sein Leben zu führen und es nach vernünftigen Grundsätzen auszurichten. Damit wird deutlich, dass Mündigkeit nicht auf einen einmal erreichten Zustand des Menschen abzielt, sondern immer wieder neu im Gebrauch der Freiheit und der Vernunft erlangt werden muss. Vielleicht ist gerade der Augenblick, in dem ein Mensch meint, Mündigkeit erreicht zu haben, der Beginn seiner Unmündigkeit. Es gibt durchaus Gründe, Mündigkeit als eine reflexive Einstellung und Haltung des Menschen seinem Leben gegenüber zu deuten, und zwar mit Blick auf die ständige Gefahr, in Vormundschaft zu geraten, als eine kontinuierliche Anstrengung des Denkens. Kant betont auch, dass das Selbstdenken das Denken aus anderen Perspektiven einschließen muss (vgl. WW X, S. 226 f.).

Mündige Lebensführung

Öffentlicher Ge-
brauch der Vernunft

Sich selbst zu regieren ist aber nicht nur auf das eigene Denken und Handeln bezogen, sondern kann ganz wörtlich genommen werden. Auch die politische Teilnahme und Teilhabe an Kultur und Gesellschaft sind Voraussetzungen dafür, sich nicht durch andere regieren zu lassen. Daher empfiehlt Kant auch dem preußischen König Friedrich II., er möge die freie Meinungsäußerung uneingeschränkt zulassen, damit er das Volk so regieren könne, wie es sich selbst nach vernünftigen Grundsätzen regieren würde. Ein öffentlicher Gebrauch der Vernunft, die Freiheit, seine Gedanken öffentlich und zu öffentlichen Angelegenheiten zu äußern, darf daher nicht eingeschränkt werden. Dieser Gebrauch der Vernunft zielt auf Streit und Verständigung über öffentlich-gemeinsame Themen, Aufgaben, Fragen und Probleme sowie insgesamt auf das Zusammenleben der Menschen.

5.2 Was ist der Mensch?

Kant stellt drei Fragen für die Vernunft des Menschen: „Was kann ich wissen? Was soll ich tun? Was darf ich hoffen?" (WW IV, S. 677). Zusammengehalten werden diese Fragen von einer Vierten: „Was ist der Mensch?" (vgl. WW VI, S. 448 und auch den Brief an Carl Friedrich Stäudlin v. 4. Mai 1793, Kant 1986, S. 634 ff.). Menschen sind freie Wesen, die keines Vormundes bedürfen. Daher ist nicht nur der Mut – die richtige Einstellung des Einzelnen zur Mündigkeit – erforderlich, sondern, an die Adresse der vermeintlichen „Vormünder" gerichtet, vor allem der Raum und die Möglichkeiten für eigenes Denken und mündige Lebensführungen.

Die Möglichkeit, dass der Mensch sein eigenes Leben führen kann, ist bei Kant in einen komplexen Zusammenhang eingebunden. Erstens muss der Mensch als ein freies Wesen gedacht werden können und zweitens stellt sich die Frage, wie er dann sein Leben führt. Für Kant besteht kein Zweifel daran, dass es die Aufgabe des Menschen ist, sein Leben und sein Handeln moralisch auszurichten.

Freiheit und
Zurechenbarkeit

Kant muss zeigen, dass der Mensch als ein Handelnder verstanden werden kann, als jemand, dem sein Handeln überhaupt zugerechnet werden kann. Freiheit und Zurechenbarkeit sind Voraussetzungen für die Autonomie des Menschen und für seine moralische Bildung. Wenn ein Angeklagter vor Gericht steht und ihm eine Tat zur Last gelegt wird, ist zu prüfen, ob er für diese Tat haftbar ist und zu voller Verantwortung gezogen werden kann. Kann er dann nachweisen, dass er zum Zeitpunkt der Tat nicht zurechnungsfähig war, er also die Tat nicht in Freiheit verursacht hat, so kann er nicht schuldig gesprochen werden. Auf eine moralische Bildung bezogen heißt dies: Moralität, soll sie dem Menschen zuzurechnen sein, muss von ihm in Freiheit und durch Autonomie verursacht werden.

Kausalität
der Freiheit

„Wenn wir aber eben dieselben Handlungen in Beziehung auf die Vernunft erwägen, und zwar nicht die spekulative, um jene ihrem Ursprunge nach zu *erklären*, sondern ganz allein, so fern Vernunft die Ursache ist, sie [die Handlungen, d. Verf.] selbst zu *erzeugen;* mit einem Worte, vergleichen wir sie mit dieser in praktischer Absicht, so finden wir eine ganz andere Regel und Ordnung, als die Naturordnung ist. Denn da *sollte* vielleicht alles das *nicht geschehen sein*, was doch nach dem Naturlaufe *ge-*

schehen ist, und nach seinen empirischen Gründen unausbleiblich geschehen mußte." (WW IV, S. 500)

In der Natur und unter naturwissenschaftlicher Perspektive geschehen die Dinge innerhalb der Ordnung so, wie sie geschehen müssen, und zwar nach Gesetzen, beispielsweise denen der Physik. Innerhalb dieser Ordnung unterscheidet sich der Mensch als Objekt der Beobachtung nicht von anderen Objekten. Kant denkt den Menschen nicht nur als Bestandteil einer solchen Ordnung. Er ist auch Bestandteil einer Ordnung der Freiheit, in der gefragt wird, ob, was geschieht, auch geschehen sollte. Der Mensch kann also in zweifacher Hinsicht „Verursacher" sein, einmal nach empirisch-physikalischen Gesetzmäßigkeiten, z. B. als Verursacher eines Unfalls, oder als ein Verursacher durch freie Selbstbestimmung. Nur die letzte Verursachung einer Handlung ist nach Kant moralisch bewertbar. Er nennt diese moralische Kausalität eine Kausalität der Freiheit. Folgerichtig versteht er auch unter Freiheit „das Vermögen, einen Zustand *von selbst* anzufangen" (ebd., S. 488). Dieses Vermögen erlaube dem Menschen, „sich, unabhängig von der Nötigung durch sinnliche Antriebe", selbst zu bestimmen (vgl. ebd., S. 489).

„Nur wenn durch eine Handlung *etwas anfangen* soll, mithin die Wirkung in der Zeitreihe, folglich der Sinnenwelt anzutreffen sein soll (z. B. Anfang der Welt), da erhebt sich die Frage, ob die Kausalität der Ursache selbst auch anfangen müsse, oder, ob die Ursache eine Wirkung anheben könne, ohne daß ihre Kausalität selbst anfängt. Im ersteren Falle ist der Begriff dieser Kausalität ein Begriff der Naturnotwendigkeit, im zweiten der Freiheit." (WW V, S. 217, Anm.)

Kant betrachtet und behandelt den Menschen als einen „Bürger zweier Welten", das heißt, er ist nicht nur ein Naturwesen, sondern besitzt aufgrund seiner Freiheit die Möglichkeit, autonom zu sein und sein Handeln selbst zu bestimmen – und zwar unter der Regentschaft einer moralischen Vernunft. Kant nennt diese Freiheit eine transzendentale, um zu betonen, dass sie zwar in ihrer Wirkung in die beobachtbare Welt hineinragt, aber nicht aus ihr selbst stammt. Das Begriffsfeld des „Transzendentalen" markiert die Frage nach den Bedingungen der Möglichkeit von Erfahrungen, Sachverhalten und Vorstellungen. Es beschreibt eine transzendentalkritische Herangehensweise an die Voraussetzungen und Bedingungen, die im Denken, Handeln und Urteilen der Menschen liegen mit dem Ziel, sie zu explizieren. Daher wird die Philosophie Kants auch als Transzendentalphilosophie bezeichnet. *Bürger zweier Welten*

Die Bestimmung des Menschen ist, sich moralisch zu bilden, das heißt von seiner Freiheit einen moralisch-guten Gebrauch zu machen. Wenn dies nun die Bestimmung des Menschen ist, dann stellt sich zugleich die Frage nach seiner Befähigung, dieser Bestimmung nachzukommen. *Bestimmung des Menschen*

Nach Kant verfügt der Mensch über die Anlage zum Guten, die eine moralische Bildung möglich macht. Es sind transzendental-anthropologische Voraussetzungen, das heißt, es sind Bedingungen, die gegeben und gedacht sein müssen, damit eine moralische Bildung des Menschen als Werk seiner selbst zu denken möglich ist. *Die Anlage zum Guten*

„Die Vorsehung hat gewollt, daß der Mensch das Gute aus sich selbst herausbringen soll, und spricht, so zu sagen, zum Menschen. ‚Geh in die Welt', – so etwa könnte der Schöpfer den Menschen anreden! – ‚ich habe dich ausgerüstet mit allen Anlagen zum Guten. Dir kömmt es zu, sie zu entwickeln, und so hängt dein eigenes Glück und Unglück von dir selbst ab.'" (WW XII, S. 702)

Anlage für die Tierheit

Die erste Klasse der Anlage zum Guten ist die Anlage für die „Tierheit": Sie betrachtet den Menschen ausschließlich als ein Lebewesen, das sich selbst erhalten muss, sich fortpflanzt und mit anderen zusammen lebt. Der Mensch muss überlebensfähig sein, andernfalls stellt sich die Frage, wie er sein Leben führt, erst gar nicht.

Anlage für die Menschheit

Die zweite Anlage, die den Menschen zu einer moralischen Lebensführung befähigen soll, ist die Anlage für die „Menschheit". Sie setzt nicht nur voraus, dass der Mensch lebensfähig ist, sondern nimmt ihn als ein kulturell-soziales Wesen in den Blick, das dazu neigt, „sich in der Meinung anderer einen Wert zu verschaffen" (WW VIII, S. 674). Diese Anlage ist die Fähigkeit zu Kultur und Zivilisierung und umfasst insgesamt den Gebrauch der menschlichen Vernunft. Der Mensch ist also nicht nur ein lebensfähiges, sondern auch ein vernunftbegabtes Wesen. Aber ist er auch ein moralisches Wesen, ein gutes Geschöpf?

Anlage zur Persönlichkeit

Von den Anlagen für die Tierheit und die Menschheit kann Moralität nicht erwartet werden. Für die Möglichkeit der Realisierung von Moralität steht die Anlage für die „Persönlichkeit":

> „Die Anlage für die *Persönlichkeit* ist die Empfänglichkeit der Achtung für das moralische Gesetz, *als einer für sich hinreichenden Triebfeder der Willkür.* Die Empfänglichkeit der bloßen Achtung für das moralische Gesetz in uns wäre das moralische Gefühl, welches für sich noch nicht einen Zweck der Naturanlage ausmacht, sondern nur, sofern es Triebfeder der Willkür ist." (ebd.)

Die für die moralische Bildung wichtige Anlage der Persönlichkeit besteht in ihrer Empfänglichkeit für die Achtung des moralischen Gesetzes. Es ist eine Art Gefühl für den Stellenwert des Guten. So betrachtet, meint Achtung hier eben nicht nur „das moralische Gesetz achten", sondern auch „auf das moralische Gesetz achten". Die Anlage zum Guten verdeutlicht, dass der Mensch als Naturwesen, als Vernunftwesen und als Moralwesen zum Guten hin angelegt ist, und zwar in der Form einer Empfänglichkeit für das Gute. Das Gute muss er selbst für sich wählen, denn die moralische Bildung kann nur ein Werk seiner Freiheit sein.

> „Was der Mensch im moralischen Sinne ist, oder werden soll, gut oder böse, dazu muß er *sich selbst* machen, oder gemacht haben. Beides muß eine Wirkung seiner freien Willkür sein; denn sonst könnte es ihm nicht zugerechnet werden, folglich er weder *moralisch* gut noch böse sein. Wenn es heißt: er ist gut geschaffen, so kann das nichts mehr bedeuten, als er ist zum *Guten* erschaffen, und die ursprüngliche *Anlage* im Menschen ist gut; der Mensch ist es selber dadurch noch nicht, sondern, nachdem er die Triebfedern, die diese Anlage enthält, in seine Maxime aufnimmt, oder nicht (welches seiner freien Wahl gänzlich überlassen sein muß), macht er, daß er gut oder böse wird." (ebd., S. 694)

5.3 Die Autonomie des Willens und das moralische Gesetz

Das moralische Gesetz ist dem Menschen mit seiner Vernunft gegeben, der Mensch kann es nicht „machen" oder „erfinden". Wesentlich ist aber, welchen Stellenwert er dieser reinen praktischen Vernunft im Gebrauch seiner Freiheit einräumt. Das heißt vereinfacht: Dadurch, dass Kant darauf verweist, dass das Gesetz dem Menschen gegeben ist, gibt es weniger das Problem, dass der Mensch nicht wüsste, was gut oder böse ist, sondern vielmehr, ob er seinem Egoismus das letzte Wort überlässt oder ob er sein Handeln sachlich begründet als moralisch geboten betrachtet.

Von Moralität im strengen Sinne kann erst gesprochen werden, wenn das moralische Gesetz, der so genannte kategorische Imperativ, alleiniges Motiv des Handelns ist. Das heißt, der Mensch darf bei seinem Handeln nicht darauf achten, welche Vorteile er selbst von seinem Tun erwarten kann, sondern nur darauf, ob er es um des richtigen Handelns willen tut. Kant spricht dann von der Autonomie des ausschließlich guten Willens.

Autonomie des Willens

„Es ist überall nichts in der Welt, ja überhaupt auch außer derselben zu denken möglich, was ohne Einschränkung für gut könnte gehalten werden, als allein ein *guter Wille*. Verstand, Witz, Urteilskraft und wie die *Talente* des Geistes sonst heißen mögen, oder Mut, Entschlossenheit, Beharrlichkeit im Vorsatze, als Eigenschaften des *Temperaments,* sind ohne Zweifel in mancher Absicht gut und wünschenswert; aber sie können auch äußerst böse und schädlich werden, wenn der Wille, der von diesen Naturgaben Gebrauch machen soll und dessen eigentümliche Beschaffenheit darum *Charakter* heißt, nicht gut ist. [...] Der gute Wille ist nicht durch das, was er bewirkt oder ausrichtet, nicht durch seine Tauglichkeit zu Erreichung irgend eines vorgesetzten Zweckes, sondern allein durch das Wollen, d. i. an sich gut [...]." (WW VII, S. 18 f.)

Ein moralisches Gesetz darf nicht die „erwartete Wirkung" enthalten, z. B. Belohnung, Ruhm oder Anerkennung. Der Wille darf also nicht heteronom (fremdbestimmt) sein. Fremdbestimmt heißt, „ich soll etwas tun, darum, weil ich etwas anderes will" (ebd., S. 79). Dieses wäre ein Handeln nach Maßgabe hypothetischer Imperative. Hier sind die Handlungen nicht Zweck an sich, sondern Mittel, um eine außermoralische Absicht zu realisieren.

Der kategorische Imperativ ist Kants Formulierung des moralischen Gesetzes und dient zur Beurteilung von Maximen, also von subjektiven Handlungsgrundsätzen, die den menschlichen Handlungen zugrunde liegen. Die beiden bekanntesten Versionen des kategorischen Imperativs lauten: „Handle nur nach derjenigen Maxime, durch die du zugleich wollen kannst, daß sie ein allgemeines Gesetz werde" (ebd., S. 51). Eine zweite Version lautet: „Handle so, daß du die Menschheit, sowohl in deiner Person, als in der Person eines jeden andern, jederzeit zugleich als Zweck, niemals bloß als Mittel brauchest." (ebd., S. 61).

Der kategorische Imperativ

Beispielsweise könnte ein Handlungsgrundsatz lauten: Immer wenn jemand Geld benötigt, versucht er es sich zu borgen und verspricht, es zurückzubezahlen, obwohl er weiß, dass er es nicht zurückzahlen kann. Diese Maxime wird nun zu einem Handlungsgesetz für alle Menschen verallgemeinert. Das hieße, eine Person, die unredliche Versprechungen abgibt, lebt in einer Welt, in der jeder jedem irgendetwas verspricht und allen Menschen

Formale Widerspruchsfreiheit

von vornherein klar ist, dass niemand das Versprechen hält. Welchen Sinn hätte dann noch ein Versprechen? Die Verallgemeinerung stünde im Widerspruch zur Sinnhaftigkeit der einzelnen Maxime. Versprechen sind sinnlos in einer Welt, in der Versprechen keine Verbindlichkeit haben. Es geht, ungeachtet des Inhalts, nur um das sinnvolle, widerspruchsfreie Zusammenstimmen der Maxime mit ihrer Verallgemeinerung. Doch die zweite Version erleichtert die Umsetzung des kategorischen Imperativs.

Mensch als Zweck an sich

„Nun sage ich: der Mensch, und überhaupt jedes vernünftige Wesen, *existiert* als Zweck an sich selbst, *nicht bloß als Mittel* zum beliebigen Gebrauche für diesen oder jenen Willen, sondern muss in allen seinen, sowohl auf sich selbst, als auch auf andere vernünftige Wesen gerichteten Handlungen jederzeit *zugleich als Zweck* betrachtet werden." (ebd., S. 59 f.)

Das Handeln sei so auszurichten, dass der Mensch niemals nur als Mittel angesehen wird; er ist immer auch Zweck an sich selbst, darin liegt nach Kant seine Würde als Mensch. Dieser Gedanke ist für die Bildung wegweisend geworden.

„In der ganzen Schöpfung kann alles, was man will, und worüber man etwas vermag, auch *bloß als Mittel* gebraucht werden; nur der Mensch, und mit ihm jedes vernünftige Geschöpf, ist *Zweck an sich selbst.*" (ebd., S. 210)

5.4 Moralische Bildung

Eine moralische Bildung des Menschen gründet sich bei Kant ausschließlich auf die Möglichkeiten seiner Freiheit. Der Mensch wäre moralisch gut, wenn er seine Lebensführung nach dem moralischen Gesetz ausrichtete. Er muss die Autonomie des Willens zu seinem obersten „lebensregierenden" (BLUMENBERG 1986, S. 358) Handlungsgrundsatz machen. Allerdings zeigt die Erfahrung, dass die Menschen diesen guten Willen nicht als obersten Handlungsgrundsatz wählen und ihre Lebensführung nach egoistischen Motiven ausrichten. Nicht das moralische Gesetz bestimmt dann die Form des Handelns, sondern die Selbstliebe, der Egoismus.

„Also muß der Unterschied, ob der Mensch gut oder böse sei, nicht in dem Unterschiede der Triebfedern, die er in seine *Maxime* aufnimmt (nicht in dieser ihrer Materie), sondern in der *Unterordnung* (der Form derselben) liegen: *welche von beiden er zur Bedingung der andern macht.* Folglich ist der Mensch (auch der beste) nur dadurch böse, daß er die sittliche Ordnung der Triebfedern, in der Aufnehmung derselben in seine Maximen, umkehrt: das moralische Gesetz zwar neben dem der Selbstliebe in dieselbe aufnimmt, da er aber inne wird, daß eins neben dem andern nicht bestehen kann, sondern eins dem andern, als seiner obersten Bedingung untergeordnet werden müsse, er die Triebfeder der Selbstliebe und *ihre* Neigungen zur Bedingung der Befolgung des moralischen Gesetzes macht, da das letztere vielmehr als die *oberste Bedingung* der Befriedigung der ersteren in die allgemeine Maxime der Willkür als alleinige Triebfeder aufgenommen werden sollte." (WW VIII, S. 685)

Das radikal Böse

Die Autonomie des Menschen besteht darin, allein auf der Grundlage des guten Willens, der reinen praktischen Vernunft, zu handeln. Sich selbst (auto) das moralische Gesetz (nomos) geben zu können ist durch die moralische Anlage, durch die Empfänglichkeit für die Achtung des moralischen Gesetzes, verbürgt. Anders gewendet: Der Mensch ist zum Guten veranlagt, aber er ist de facto nicht gut. Das ist der Preis der menschlichen Freiheit. Aber: Wie kann ein guter Baum schlechte Früchte bringen?

Der Mensch ist nicht moralisch gut, und das ist für Kant gleichbedeutend mit der Zuweisung, er sei böse. „Radikal" nennt Kant dieses Böse, da es die Kausalität der Freiheit betrifft.

Eine moralische Bildung kann also nicht von einem per se guten Menschen ausgehen, sondern muss mit dem Bösen rechnen. Das Böse des Menschen wird nicht mehr von der Erbsünde her gedeutet, sondern wird zu einem Problem menschlicher Freiheit. Von hier aus entfaltet sich die Aufgabe moralischer Bildung.

Der Mensch hat die Möglichkeit der Selbstbesserung (vgl. ebd., S. 702 f.) und die Aufgabe der moralischen Bildung (vgl. ebd., S. 699). Dazu muss er diszipliniert, kultiviert und zivilisiert werden, und er muss sich selbst moralisieren. Seine moralische Bildung muss ausschließlich aus ihm selbst kommen. Disziplinierung, Kultivierung und Zivilisierung erhalten ihren Sinn und ihre Bedeutung nur durch das eigentliche Ansinnen Kants: durch die moralische Bildung des Menschen. Die vier genannten Momente, Disziplinieren, Kultivieren, Zivilisieren und Moralisieren, entsprechen dabei der Entfaltung der Anlage zum Guten. Die Anlage zur Tierheit muss diszipliniert, die Anlage zur Menschheit muss kultiviert und zivilisiert werden. Die moralische Persönlichkeit schließlich liegt in der Achtung des moralischen Gesetzes und richtet sich gegen das radikal Böse. Somit wird auch die Erziehung des Menschen von Kant bildungstheoretisch mit Blick auf Autonomie und Mündigkeit reflektiert. Die Leitfrage Kants lautet daher: „Wie kultiviere ich die Freiheit bei dem Zwange?" (WW XII, S. 711). Wie kann der Mensch sich selbst regieren, und zwar bezogen auf den vernünftigen Umgang mit seiner leiblich-sinnlichen Existenz, auf seine politisch-soziale Teilhabe und Teilnahme an der Gesellschaft sowie auf Mündigkeit und Autonomie in dem Verhältnis des Menschen zu seiner Lebensführung?

Aufgabe der moralischen Bildung

Die Disziplinierung des Menschen ist, wie Kant es ausdrückt, negativ. Das heißt, dass die Disziplinierung in der Verhinderung jener Einflüsse liegt, die der Freiheit als Selbstbestimmung und -gesetzgebung entgegenstehen.

Disziplinieren

„Disziplinieren heißt suchen zu verhüten, daß die Tierheit nicht der Menschheit, in dem einzelnen sowohl, als gesellschaftlichen Menschen, zum Schaden gereiche. Disziplin ist also bloß Bezähmung der Wildheit." (ebd., S. 706)

Durch die Disziplinierung wird „die Tierheit" in die Menschheit umgewandelt (vgl. ebd., S. 697). Mit anderen Worten: Der Mensch soll vernünftig handeln und nicht blind seinen Wünschen und Launen folgen. Denn Disziplinierung besteht in der

„Befreiung des Willens von dem Despotism der Begierden, wodurch wir, an gewisse Naturdinge geheftet, unfähig gemacht werden, selbst zu wählen, indem wir uns die Triebe zu Fesseln dienen lassen." (WW X, S. 390)

Der Mensch erkennt, dass es Gesetze gibt, denen er nachzukommen hat, schließlich soll er dem moralischen Gesetz folgen. So lernt er, „sich den Vorschriften der Vernunft zu unterwerfen" (WW XII, S. 698). Doch bei jeder Disziplinierung, also bei jedem Hinweis auf Regeln und Gesetze, die befolgt werden sollten, muss die Freiheit des Menschen für ihn zu fühlen sein (vgl. ebd., S. 722). Bei der Disziplinierung geht es nicht darum, den Eigenwillen des Menschen zu brechen (vgl. ebd., S. 723). Moralität beruht nicht auf Disziplin, sondern auf Maximen (vgl. ebd., S. 740), also auf Regeln, die der Mensch sich zum Gebrauch seiner Freiheit gibt. Daher müssen beispielsweise Kinder die Gründe für Disziplinierungen kennen lernen (vgl. ebd., S. 737). Der Mensch wird also zunehmend seine Freiheit gebrauchen und zugleich aber auch einschränken, und zwar mit Blick auf die Freiheit anderer. Insofern kann man von einer Bildung der Disziplin zum Zweck des Gebrauchs der Freiheit reden.

Kultivieren Der positive Teil der moralischen Bildung, und positiv meint den Teil, der sich der Frage nach dem Gebrauch der Freiheit widmet, umfasst die Kultivierung der Fähigkeiten und Fertigkeiten des Einzelnen und seine Zivilisierung, seine Gestaltung des Zusammenlebens und der politischen Rechtsverhältnisse.

„Kultur begreift unter sich die Belehrung und die Unterweisung. Sie ist die Verschaffung der Geschicklichkeit. Diese ist der Besitz eines Vermögens, welches zu allen beliebigen Zwecken zureichend ist. Sie bestimmt also gar keine Zwecke, sondern überläßt das nachher den Umständen. Einige Geschicklichkeiten sind in allen Fällen gut, z. E. das Lesen und Schreiben; andere nur zu einigen Zwecken, z. E. die Musik, um uns beliebt zu machen. Wegen der Menge der Zwecke wird die Geschicklichkeit gewissermaßen unendlich." (ebd., S. 706)

Kultur ist im Sinne Kants die „Hervorbringung der Tauglichkeit eines vernünftigen Wesens zu beliebigen Zwecken" (WW X, S. 390) unter den Bedingungen seiner Freiheit.

„Der Anbau (cultura) seiner Naturkräfte (Geistes-, Seelen- und Leibeskräfte) als Mittel zu allerlei möglichen Zwecken ist Pflicht des Menschen gegen sich selbst. – Der Mensch ist es sich selbst (als einem Vernunftwesen) schuldig, die Naturanlage und Vermögen, von denen seine Vernunft dereinst Gebrauch machen kann, nicht unbenutzt und gleichsam rosten zu lassen." (WW VIII, S. 580)

Scholastisch-
mechanische
Bildung Die Kultivierung bezieht sich auf die Ausbildung des Einzelnen hinsichtlich seiner intellektuellen, aber auch körperlichen Fähigkeiten und Fertigkeiten. Dabei hat der Begriff der Tauglichkeit eine große Nähe zum Begriff der Tugend. Letztlich geht es um den Erwerb desjenigen Wissens und Könnens, das für ein kulturell-soziales Wesen als wichtig erachtet wird. Die Kultivierung bezieht sich vor allem auf elementare Kulturtechniken, umfasst aber auch beispielsweise das Training des Gedächtnisses, die Übung der Einbildungskraft, das Reden- oder auch das Schwimmenkönnen. Kultivierung tendiert aber vor allem auf das Denkenlernen (vgl. WW XII, S. 707) und damit auf die Voraussetzung mündiger Lebensführung. Im weitesten Sinne „erwirbt" der Mensch die vielfältigen Mittel, die er benötigt, um vorgesetzte, aber auch späterhin eigene Ziele und Zwecke erreichen und sein persönliches Glück verfolgen zu können. Es geht um eine scholastisch-mechanische Bildung eines technisch-praktischen Vernunftgebrauchs für den Menschen, um „geschickt" zu werden, also vor allem die geeigneten Mittel und Wege zur Erreichung seiner

Zwecke zu finden. Sein Handeln richtet sich nach hypothetisch-technischen Imperativen, das heißt, er handelt, um einen Zweck zu erreichen, gleich welcher Art er ist.

Die Zivilisierung fasst Kant gelegentlich noch unter den Begriff der Kultivierung, wenn er sie als eine „gewisse Art von Kultur" (ebd., S. 706 f.) begreift. Sie bezieht sich auf die Bildung zur Klugheit, auf einen pragmatisch-praktischen Vernunftgebrauch. Der Mensch wird nicht mehr nur als Einzelner in den Blick genommen, sondern als ein soziales Wesen betrachtet, das sich auch selbst klug Zwecke setzen können sollte. Man kann daher auch von einer pragmatischen Bildung und von einer klugen Lebensführung im rechtlichen Rahmen einer demokratischen Gesellschaft sprechen. Im Gebrauch seiner Freiheit folgt sein Handeln hypothetisch-pragmatischen Imperativen; er handelt also, um als soziales Wesen einen öffentlichen – das gemeinsame Zusammenleben betreffenden Wert – zu erlangen (vgl. ebd., S. 713). Andere Menschen dienen ihm potentiell als Mittel zur Erreichung der selbstgesetzten Zwecke im Rahmen der Sozialität. *[Zivilisieren]* *[Pragmatische Bildung]*

„Muß man drauf sehen, daß der Mensch auch *klug* werde, in die menschliche Gesellschaft passe, daß er beliebt sei, und Einfluß habe. Hierzu gehört eine gewisse Art von Kultur, die man *Zivilisierung* nennet. Zu derselben sind Manieren, Artigkeit und eine gewisse Klugheit erforderlich, der zufolge man alle Menschen zu seinen Endzwecken gebrauchen kann. Sie richtet sich nach dem wandelbaren Geschmacke jedes Zeitalters." (ebd., S. 707)

Die pragmatische Bildung bleibt in einem engen Sinne in ihrer Ausrichtung auf die Vorstellung eines Zusammenlebens verwiesen, das die Freiheit des Einzelnen respektiert, achtet und ihn lehrt, diese Freiheit im rechtlichen Rahmen des Zusammenlebens zu gebrauchen. Der Mensch hat in eine Gesellschaft und in eine Kultur mit ihren Normen und Rechtsverhältnissen hineinzuwachsen.

Die Anlage zur Menschheit führt den Menschen zu Kultivierung und Zivilisierung. Im Unterschied zum Tier, das die Möglichkeiten der Entwicklung seiner Naturanlagen in einem abgeschlossenen Leben ausschöpft, kann der Mensch seine auf den Gebrauch der Vernunft ausgerichteten Anlagen nur in der Gattung und der Kontinuität des Fortschritts entwickeln. Es „bedarf", so erläutert Kant, „einer vielleicht unabsehlichen Reihe von Zeugungen, deren eine der andern ihre Aufklärung überliefert, um endlich ihre Keime in unserer Gattung zu derjenigen Stufe der Entwickelung zu treiben, welche ihrer Absicht vollständig angemessen ist" (WW XI, S. 34). Durch Kultivierung und Zivilisierung ist ein solcher Fortschritt hin zu einem Friedenszustand der Menschen untereinander im Laufe der Zeit zu erwarten, so Kant. An einer Stufe der Kultur und Zivilisation, die eine Generation erreicht hat, wird die nachfolgende weiterarbeiten müssen. *[Fortschritt der Menschheit]*

Disziplinieren, Kultivieren und Zivilisieren sind als pädagogische Aufgaben nur legitimiert, wenn sie sich auf die Ermöglichung von moralischer Bildung zu Autonomie und Mündigkeit ausrichten. In der Moralisierung besteht also ihr eigentlicher Sinn. Man müsse *[Moralisieren]*

„auf die *Moralisierung* sehen. Der Mensch soll nicht bloß zu allerlei Zwecken geschickt sein, sondern auch die Gesinnung bekommen, daß er nur lauter gute Zwecke wähle. Gute Zwecke sind diejenigen, die notwendigerweise von jedermann gebilligt werden; und die auch zu gleicher Zeit jedermanns Zwecke sein können." (WW XII, S. 707)

Die moralische Bildung besteht in einer „Revolution in der Gesinnung", sie ist eine „neue Schöpfung" (WW VIII, S. 698) des Menschen und müsse „von der Umwandlung der Denkungsart" und „von der Gründung eines Charakters" (ebd., S. 699) ausgehen. Der Mensch muss sich entschließen, das moralische Gesetz zu seiner lebensregierenden Maxime zu machen. Kant bezeichnet einen solchen Entschluss als Revolution und betont damit, dass das ganze Leben dann ein anderes ist als vorher. Der Entschluss kann zwar von „außen" durch Disziplinierung, Kultivierung und Zivilisierung flankiert werden, aber nur, sofern sich diese auf den Gebrauch der menschlichen Freiheit ausrichten. Auch weist Kant darauf hin, dass politische Verhältnisse die Möglichkeit der moralischen Bildung beeinträchtigen. Freiheit im Denken, Rechtsstaatlichkeit und friedliche Verhältnisse der Menschen und Staaten untereinander können Hoffnung darauf machen, dass Moralität für den Menschen realisierbar wird.

Lebensregierender Grundsatz

Die Moralisierung selbst aber liegt nur in den Händen des Einzelnen. Er muss sich fragen, ob er das moralische Gesetz als lebensregierenden Grundsatz uneingeschränkt gelten lassen will. Moralität kann und muss ausschließlich das Werk des Menschen selbst sein und ist ein Entschluss, sein Leben mündig und moralisch-autonom zu führen, wobei dieser Entschluss in der permanenten Gefahr steht, ein Selbstbetrug zu sein. Daher zeigt er sich in seiner Redlichkeit nur im stetigen mündigen Gebrauch der Freiheit. Die moralische Bildung entzieht sich pädagogischer Bewerkstelligung und ist für den Menschen als beständige, nicht abschließbare Aufgabe formuliert. Diese beständige Aufgabe ist zugleich der Versuch selbstbestimmten Handelns als einer mündigen und aufgeklärten Lebensführung:

[…] „ein moralisches Wesen zu sein; moralisch leben, das heißt nicht moralinsauer werden, sondern bedeutet, aus eigener Bestimmung unter Rücksicht auf den anderen in Verantwortung vor einem unbedingt Gebotenen sein Leben einzurichten, so daß im Verhalten und im Handeln die Willkür des einen mit der Willkür des anderen nach einem allgemeinen Gesetz zusammenbestehen kann und daß in diesem Rahmen seine Zwecke doch ihren Platz finden" (FUNKE 1985, S. 102).

5.5 Zusammenfassung und Wirkungsgeschichte

Bedingungen von Moralität

Kant geht es um eine autonome und mündige Lebensführung, um die Frage, wie ein frei handelndes Wesen leben könne, das sich „selbst erhalten, und in der Gesellschaft ein Glied ausmachen, für sich selbst aber einen innern Wert haben kann" (WW XII, S. 712). Dazu hat der Mensch die Anlagen zum Guten, die aber dem faktischen radikal Bösen entgegenstehen. Sowohl das Gute als auch das Böse müssen dem Menschen zugerechnet werden, wenn dieser als ein freies Wesen betrachtet und als der Moralität fähig behandelt werden soll. Er muss dann Anfang seines Tuns und Lassens sein (Kausalität der Freiheit). Seine Taten werden ihm zugerechnet, wenn sie einen von ihm in Freiheit gemachten Anfang haben. Ob der Mensch allerdings sich selbst ein solcher erster Anfang sein kann, muss fraglich bleiben (vgl. DÖRPINGHAUS 2003). So ist am Ende vielleicht die ausschließende Alternative von Autonomie (Selbstbestimmung) und Heteronomie (Fremdbestimmung) zu bedenken (vgl. MEYER-DRAWE 1998).

Kritik der souveränen Selbstbestimmung

Letztlich bleibt dem Menschen Moralität als Zustand verwehrt, sie ist ihm lediglich als Aufgabe Orientierung einer mündigen Lebensführung. Jedes Disziplinieren, Kultivieren und Zivilisieren findet in dieser Aufgabe Sinn und Maß. Mit seiner Konzeption von Mündigkeit und Autonomie sowie der Frage, wie der Mensch sich selbst regieren könne, ist Kants Bildungskonzeption bis heute aktuell. Eine moralische Mündigkeit zeigt sich in letzter Konsequenz als Regentschaft der Autonomie des eigenen Willens. Doch zeigen die Überlegungen Kants zum radikal Bösen auch, dass Autonomie und Mündigkeit am Ende nicht der souveränen Selbstbestimmung des Menschen entsprechen, sondern eher dem beständigen Versuch, Antworten auf die Fragen zu finden, was der Mensch wissen könne, tun solle, hoffen dürfe und als was „wir" uns vernünftigerweise betrachten und behandeln sollten.

Kants Wirkung

Die Wirkungsgeschichte Kants ist zu vielfältig, als dass auch nur der Versuch gemacht werden kann, sie nachzuzeichnen. Eine Einwirkung auf die Pädagogik über den Neukantianismus des ausgehenden 19. Jhs. bis in das erste Drittel des 20. Jhs. ist bedeutend, greift aber zu kurz. Hier sind als Vertreter vor allem Paul Natorp (1854–1924), Jonas Cohn (1869–1947), Richard Hönigswald (1875–1947) und – mit Einschränkungen – Ernst Cassirer (1874–1945) zu nennen. Vor allem Alfred Petzelt (1886–1967) und im kritischen Anschluss an ihn Wolfgang Fischer und Marian Heitger sind wirkungsgeschichtlich für die aktuelle bildungstheoretische Diskussion von Bedeutung; Gleiches gilt für die Konzeption eines problematierenden Vernunftgebrauchs von Jörg Ruhloff. Hervorzuheben sind ferner die Diskussionen um die Gerechtigkeitstheorie John Rawls, um die Diskursethik von Jürgen Habermas und Karl-Otto Apel sowie um die empirischen Untersuchungen von Lawrence Kohlberg (vgl. hierzu KOCH 2003, Kap. 2). Kaum ein Bildungstheoretiker nach Kant hat sich nicht bestätigend oder ablehnend mit seinen Fragen, Provokationen und Ansprüchen auseinander gesetzt. Auch darin bleibt er aktuell (vgl. hierzu FOUCAULT 1990; FUNKE 1985; DÖRPINGHAUS 2005).

Was Sie wissen sollten, wenn Sie Kapitel 5 gelesen haben:

Sie sollten in der Lage sein,
- die Unterschiede zwischen mündiger und unmündiger Lebensführung zu erläutern,
- zu skizzieren, was unter einer Kausalität der Freiheit zu verstehen ist,
- den kategorischen Imperativ zu erklären,
- die Bedeutung der Autonomie des Willens für Moralität darzulegen,
- die Anlage zum Guten zu benennen,
- die These, der Mensch sei radikal böse, zu diskutieren,
- die unterschiedlichen Ausrichtungen von Bildung unterscheiden zu können,

- erörtern zu können, ob eine Bildung zur Moralität pädagogisch zu bewerkstelligen ist,
- beschreiben zu können, wie der Zusammenhang von Mündigkeit, moralischer Bildung und Freiheit zu denken ist.

Weiterführende Literatur zu Kapitel 5

Quellentexte: Empfohlen werden kann die u. g. Kant-Ausgabe von Wilhelm Weischedel, die, neben der Ausgabe der Preußischen Akademie, die gebräuchlichste ist.

KANT, I. (1964 ff.): **Werke in zwölf Bänden**
Grundlegend sind als Quellen zur Erarbeitung von Kants Bildungstheorie (enthalten in der genannten Werkausgabe):
- Beantwortung der Frage: Was ist Aufklärung?
- Was heißt: Sich im Denken orientieren?
- Kant über Pädagogik. (Nach Vorlesungen)
- Idee zu einer allgemeinen Geschichte in weltbürgerlicher Absicht
- Kritik der Urteilskraft, insbesondere B 379 – B 400.
- Die Religion innerhalb der Grenzen der bloßen Vernunft, 2. Teil
- Grundlegung zur Metaphysik der Sitten

Zur ersten Einführung in Kants Bildungstheorie mit einer guten Übersicht und Erläuterung über die vielfältige Literatur zu Kant ist geeignet:
KOCH, L. (2003): **Kants ethische Didaktik**. Insbesondere S. 37 – 105

Weitere Literatur, die zur Einführung in die bildungstheoretische Problemstellung, insbesondere für die Frage nach der Möglichkeit und der Bedeutung einer moralischen Bildung, dienlich ist:
FISCHER, W. (1994): **Die Religion in Kants Begründung der Pädagogik**
HELMER, K. (1995): **Von dem Drang zum Guten und dem Trieb zum Bösen**
RUHLOFF, J. (2005): **Auch Moralisierung? Kants Gliederung der Erziehungsaufgabe**
DÖRPINGHAUS, A. (2001): **Das radikal Böse bei Immanuel Kant. Zu einem Problem der Grundlegung pädagogischer Anthropologie**

Zur Erläuterung und Interpretation der Pädagogik-Vorlesung Kants im Besonderen:
KAUDER, P./FISCHER, W. (1999): **Immanuel Kant. Über Pädagogik**

Als Einführung in das Denken und in die Biographie Kants:
GRODIN, J. ([2]2002): **Kant. Zur Einführung**
GERHARD, V./KAULBACH, F. ([2]1989): **Kant**

Zur Epoche der Aufklärung:
BORGSTEDT, A. (2004): **Das Zeitalter der Aufklärung**

6 Bildung als Bestimmung des Menschen

Als eine der bedeutendsten und wirkungsreichsten Bildungskonzeptionen darf die Wilhelm von Humboldts (1767–1835) gelten. Er behandelt wichtige bildungstheoretische Differenzen und Probleme, die bis heute nicht an Bedeutung und Brisanz verloren haben. Wilhelm von Humboldt fragt nach dem Zweck der Bildung und danach, wie sie beschreibbar und organisierbar sein könnte.

Um 1800 fand – zum einen als Antwort auf die Kantische Überlegung zum Menschen als „Bürger zweier Welten", zum anderen als Reaktion auf politische Neuordnungen in Europa im Zuge der Französischen Revolution (1789) – eine Diskussion über die Bestimmung des Menschen statt. Wesentlich für die neuhumanistische Orientierung waren die Hochschätzung des Altertums als kritische Folie der eigenen Zeit, die Gewichtung der Sprache, vor allem der „alten Sprachen", also besonders des Griechischen und Lateinischen, und die Frage, ob der Mensch „als Mittel" gebraucht werden dürfe, um Zwecke zu verfolgen, die nicht dem Selbstzweck seiner individuellen Bestimmung entsprechen. Neben von Humboldt sind als Vertreter einer neuhumanistischen Bildungskonzeption auch Johann Gottlieb Herder (1744–1803) zu nennen und, als Freunde Wilhelm von Humboldts, Johann Wolfgang Goethe (1749–1832) und Friedrich Schiller (1759–1805) sowie – mit Einschränkungen – auch Johann Gottlieb Fichte (1762–1814).

Neuhumanistische Bildungskonzeptionen

Für die Zusammenhänge der Bildungskonzeption Wilhelm von Humboldts ist seine Biografie bedeutsam. Wilhelm von Humboldt wurde in Potsdam geboren und wuchs auf dem Familiensitz Schloss Tegel auf. Im Jahre 1787 begann er in Frankfurt/Oder ein Studium der Rechtswissenschaft. Nach nur einem Semester wechselte er nach Göttingen und widmete sich zugleich intensiv der klassischen Philologie und der Philosophie Immanuel Kants. Nach drei Semestern verließ er die Universität ohne Abschluss. 1789 trat er eine für junge Adlige durchaus übliche Bildungsreise in Begleitung des Pädagogen Joachim Heinrich Campe (1746–1818) an, die ihn nach Paris, Süddeutschland und in die Schweiz führte. Seine erste größere Schrift, „Ideen zu einem Versuch, die Gränzen der Wirksamkeit des Staates zu bestimmen", verfasste er im Jahre 1792. Wilhelm von Humboldt wurde 1802 Preußischer Gesandter in Rom. Bis dahin hatte sein Interesse bildungstheoretischen Fragen und, in enger Verbindung mit Goethe und Schiller, der Kunst gegolten. In Rom widmete er sich dann dem Studium der griechischen und römischen Antike. Wilhelm von Humboldt leitete von Februar 1809 bis April 1810 die preußische Kultusbehörde im Innenministerium Preußens, eine Einrichtung, die dem heutigen Kultusministerium vergleichbar ist. Dort beschäftigte er sich nicht nur theoretisch mit Fragen der Bildung; seine Arbeit zielte auf eine bildungstheoretisch fundierte Organisation des Unterrichtssystems, die er 1809 mit dem Königsberger und dem Litauischen Schulplan vorlegte. Er war federführend für die Neugründung der Universität Berlin im Jahre 1810 tätig. Weil seine Arbeit im politischen Kräftefeld der unterschiedlichen Interessen zunehmend litt, ersuchte er um seine Entlassung aus der Kultusbehörde. Dennoch trugen die Preußischen Bildungsreformen des Gymnasiums, der Universitäten und der Lehrerbildung sowie – mit Einschränkung – des Ele-

W. v. Humboldt

Leiter der Kultusbehörde

mentar- und Volksschulwesens seit 1809 die Handschrift von Humboldts, der somit zu einem der Wegbereiter der Neuorganisation des Bildungswesens im 19. Jahrhundert wurde. Nach dem freiwilligen Ausscheiden war von Humboldt ab 1813 in unterschiedlichen Funktionen im Dienste des preußischen Staates tätig, u. a. als Gesandter beim Wiener Kongress. Von 1820 bis zu seinem Tode beschäftigte er sich als Privatgelehrter mit dem Studium der Sprachen.

Zeit der Neuordnung   Die Zeit um 1800 war eine Zeit des Umbruchs. Die Niederlage des preußischen Heeres gegen die napoleonischen Truppen in der Schlacht bei Jena und Auerstedt führte 1806 zum Zusammenbruch Preußens und machte eine Neuordnung notwendig. Unter dem Eindruck der politischen Zweischneidigkeit der Französischen Revolution sowie der Zerschlagung alter Strukturen durch die Niederlagen fand eine „Revolution von oben" statt, und zwar als Neuordnung und -organisation politisch-gesellschaftlicher Strukturen durch das Militär, den Adel und auch die Kirchen. Die ständische Gesellschaft veränderte sich zu einer bürgerlichen, der ehemalige Feudalstaat zum Verwaltungsstaat. Auf Anregung des Freiherrn vom und zum Stein (1757–1831), des zuständigen preußischen Ministers, wurde die Leibeigenschaft aufgehoben. Die Auswirkungen des Krieges waren für die Landwirtschaft verheerend. Durch die Beendigung der Leibeigenschaft erhoffte sich Preußen einen Aufschwung und eine Förderung der Landwirtschaft. Freiherr von Hardenberg (1750–1822), ein anderer wichtiger Reformer dieser Zeit, führte die Gewerbefreiheit ein und löste damit die überkommenen Zunftordnungen ab. Die Abschaffung der Leibeigenschaft und die Gewerbefreiheit sowie eine allmählich beginnende Industrialisierung veränderten die gesellschaftlichen und ökonomischen Verhältnisse tiefgreifend. Die „Revolution von oben" bewahrte „alte" Besitzstände und politische Machtverhältnisse, erlaubte aber über den Gedanken der Bildung Freiheit und Chancengleichheit des Menschen zu fordern. „Nichts ist neu – aber alles ist anders" (JEISMANN 1987, S. 1). Das 19. Jahrhundert wurde in dieser bis heute wirksamen Ambivalenz zum Jahrhundert der Bildung (vgl. JEISMANN 1987).

6.1 Bildsamkeit zur höchsten und proportionierlichsten Bildung

Der Kerngedanke der Bildungskonzeption von Humboldts betrifft eine Bildung des Menschen, die nicht auf eine besondere Tätigkeit oder ein spezifisches Ziel für den Menschen ausgerichtet ist. Bildung wird, nach Maßgabe eines anthropologischen Entwurfs menschlicher Bestimmung, in dessen Zentrum die menschlichen Kräfte und Vermögen stehen, mit der Aufgabe verbunden, sie zu fördern.

Zweck der Bildung   „Der wahre Zwek des Menschen – nicht der, welchen die wechselnde Neigung, sondern welchen die ewig unveränderliche Vernunft ihm vorschreibt – ist die höchste und proportionirlichste Bildung seiner Kräfte zu einem Ganzen." (W I, S. 64)

Wenn Wilhelm von Humboldt betont, dass Bildung der „wahre" Zweck sei, geht er davon aus, dass der Mensch beständig Zwecke verfolgt und dass es offensichtlich auch andere für den Menschen gibt als den der Bildung, beispielsweise ökonomische, politische oder das eigene Glück. Diese Zwecke erweisen sich aber als trügerisch, sie sind nicht geeignet, als „wahrer Zweck" zu bestehen und sind so dem Gedanken der Bildung nachgeordnet und nicht etwa umgekehrt. Jedem Menschen kommt Bildsamkeit zu. Es gibt keinen Menschen, der nicht Bildungsprozessen unterliegt. Daher kommt es darauf an, diese Bildungsprozesse zu fördern, damit eine höchste und zugleich proportionierlichste Bildung für jeden Einzelnen möglich werden kann. Das heißt, diese höchste und zugleich proportionierlichste Bildung zu einem Ganzen ist für jeden Menschen zu erwägen.

Die Kräfte, das, was den Menschen in seinen Möglichkeiten, die er realisieren kann, ausmacht, sollen zu einem Ganzen gebildet werden. Dieses „Ganze" muss die Spannung der unterschiedlichen Kräfte aushalten. Der Begriff „Kräfte" bezieht sich auf die Vermögen zu erkennen, zu handeln und zu urteilen, aber auch darauf, Gegenstände herzustellen oder sie schöpferisch zu gestalten. Wilhelm von Humboldt denkt dabei vor allem an die Kräfte des Intellekts, der Einbildung, der sinnlichen Wahrnehmung und des Empfindens. *Harmonische Bildung*

Wilhelm von Humboldt hat eine harmonische Menschenbildung vor Augen (vgl. W IV, S. 261), die auf griechisch-antike Vorstellungen zurückgeht. Die griechische Antike bietet ihm, wie vielen anderen seiner Zeitgenossen, neben einer Orientierung des Denkens auch die Möglichkeit, seine Zeit zu kritisieren. In diesem Sinne kann unter „Harmonie" ein Spiel der Kräfte verstanden werden, das von einander widerstreitenden „Bewegungen" lebt, die sich gegenseitig fordern und fördern. Das widerstreitende Spiel der menschlichen Vermögen soll eine proportionierliche Höherbildung der unterschiedlichen Kräfte ermöglichen. Doch jeder Mensch hat Neigungen, Talente sowie bevorzugte Sichtweisen und ist daher zur „Einseitigkeit" bestimmt (vgl. W I, S. 64), da er dazu tendiert, nicht alle Kräfte zu einem Ganzen zu bilden. Die höchste und proportionierlichste Bildung des Menschen zu einem Ganzen kann nur erreicht werden, wenn der Mensch seine Aufmerksamkeit und Sorge auf die Bildung richtet. Der Mensch muss tätig werden, damit sich die Kräfte gegenseitig befördern.

6.2 Bildung als Wechselwirkung

Bildung im Sinne von Humboldts ist kein fertiges und vorgegebenes Ideal, das nur noch zu verwirklichen wäre. Sie ist vielmehr eine fortwährende Tätigkeit (energeia), die die auf Aktualisierung drängenden Möglichkeiten des Menschen (dynamis) zu verwirklichen trachtet. Die Begriffe „energeia" und „dynamis" stammen von Aristoteles und sind an dieser Stelle hilfreich, um die Implikationen und Denkfiguren in der Beschreibung von Humboldts zu verdeutlichen (vgl. ARISTOTELES 1995, S. 187 ff.). So richtet Wilhelm von Humboldt seine Überlegungen in besonderer Weise auf den Bildungsprozess. *Bildungsprozess*

„Die letzte Aufgabe unsres Daseyns: dem Begriff der Menschheit in unsrer Person, sowohl während der Zeit unsres Lebens, als auch noch über dasselbe hinaus, durch die Spuren des lebendigen Wirkens, die wir zurücklassen, einen so grossen Inhalt, als möglich, zu verschaffen, diese Aufgabe löst sich allein durch die Verknüpfung unsres Ichs mit der Welt zu der allgemeinsten, regesten und freiesten Wechselwirkung." (W I, S. 235 f.)

Der Bildungsprozess des Menschen vollzieht sich in der Struktur einer Wechselwirkung zwischen Ich und Welt mit dem Ziel ihrer Verknüpfung. Diese Wechselwirkung soll die „allgemeinste" sein, also möglichst Vielfältiges und Grundlegendes umfassen. Weiter soll sie eine bewegende und tätige sein, eben die „regeste", ganz im Sinne der „energeia". Sie darf keine Einschränkung außerhalb ihrer selbst erfahren, denn sie soll die „freieste" Wechselwirkung sein. Bildungs- und Lernprozesse haben nach von Humboldt diese Struktur einer Bewegung eines Hin und Her, und in diesem Spielraum der Wechselwirkungen vollzieht sich Bildung. Der Begriff „Wechselwirkung" impliziert auch, dass jede Bewegung der einen Seite zugleich eine Bewegung der anderen enthält. Somit kann die Wechselwirkung keinen Anfang und kein Ende haben, denn beide Seiten, der Mensch und die widerständige Welt, sind an dem Fortgang des Prozesses beteiligt. Diese Überlegungen ergänzen das Bild der „harmonia" als höchste und zugleich proportionierlichste Bildung. Friedrich Schiller, mit dem Wilhelm von Humboldt eng verbun-

Ästhetisches Spiel den war, beschreibt diese Vorstellung ähnlich und stellt das ästhetische Spiel gleichfalls als Wechselwirkung dar. Somit wird der Bildungsgedanke von Humboldts von dieser Seite her betrachtet deutlicher:

„Wir sind nunmehr zu dem Begriff einer solchen Wechselwirkung […] geführt worden, wo die Wirksamkeit des einen [Triebs] die Wirksamkeit des andern zugleich begründet und begrenzt, und wo jeder einzelne für sich gerade dadurch zu seiner höchsten Verkündigung gelangt, daß der andere tätig ist." (SCHILLER 2000, S. 55)

Mit dem Begriff der Wechselwirkung formuliert von Humboldt eine zentrale Kategorie seiner Bildungskonzeption. Die Bedingungen der bildenden Verknüpfungen, die von Humboldt für den Bildungsprozess als unerlässlich betrachtet, sind auch ein Kriterium der Beurteilung von Bildungsprozessen: Sie sollen die allgemeinsten, die regesten und die freiesten sein.

Individuum und Aufgabe des Menschen ist es nicht, in seiner Individualität zu verharren
Menschheit oder gar eigentümliche Marotten zu kultivieren und auszuleben. Jedes Individuum ist bei von Humboldt als Mensch auf die Idee der Menschheit und damit auf ein Allgemeines ausgerichtet. Diese Idee der Menschheit ist das Ziel der eigenen Höherbildung, was eine Mitwirkung an der Höherbildung der Menschheit im Verlaufe der Geschichte insgesamt bedeutet und mit der Aufgabe verbunden ist, mehr Freiheit und soziale Gerechtigkeit zu befördern. Das, was die Menschheit in ihrer Allgemeinheit ausmacht, ist ebenfalls keine immer schon festgelegte Idee. Ihre Idee ist durch die Vielfalt der individuellen Leben, die allein dem Begriff der Menschheit Inhalt zu geben vermögen, gekennzeichnet.

Lebendiges Wirken Mit anderen Worten, Bildung soll nicht nur dazu führen, dass der einzelne Mensch seine Möglichkeiten realisiert, sondern sie steht vor allem im Dienst einer Behebung sozialer und politischer Missstände sowie der Verbesserung des menschlichen Zusammenlebens. Der Mensch solle eben in diesem Sinne „Spuren des lebendigen Wirkens" zurücklassen. Bildung als ein immerwährender Prozess zielt darauf, dass der Mensch sich „Inhalt" gibt, seine Möglichkeiten tätig verwirklicht und so in die Geschichte und in die Gestaltung der sozialen Welt hineinwirkt. Dies wird „allein" durch eine wechselseitig wirkende Verknüpfung mit der Welt möglich.

In Bildungsprozessen findet eine Wechselwirkung zwischen Mensch und Welt statt. Fragt man nach der Weise dieser Verknüpfung, so erweist sie sich als eine Bewegung zwischen der menschlich-leiblichen Empfänglichkeit von und für Welt einerseits und der denkenden Selbsttätigkeit (vgl. W I, S. 237) andererseits. Diese Selbsttätigkeit bezieht sich auf die Prägung und Mitgestaltung des Empfangenen, auf die Formgebung, wobei das Empfangene wiederum für das wahrnehmbar „Stoffliche" der Welt steht. Der Mensch müsse „die Masse der Gegenstände sich selbst näher bringen, diesem Stoff die Gestalt seines Geistes aufdrücken und beide einander ähnlicher machen" (ebd.).

Ich und Welt

Für von Humboldt ist der Mensch kein ausschließlich selbsttätiges Wesen, das aus sich heraus Welt erschafft, aber er ist eben auch nicht nur äußerlich determiniert. Wilhelm von Humboldt geht vielmehr davon aus, dass der Mensch weder ein nur selbsttätiges noch ein nur empfangendes Wesen ist, sondern in der Lage ist, sich verstehend und handelnd mit Welt zu verknüpfen. Beide „Seiten" haben sich in Bildungsprozessen gewissermaßen etwas zu sagen. Man müsse Rücksicht darauf nehmen, so eine andere aufschlussreiche Variante von Humboldts, „wie sich die Welt in verschiedenen Individuen spiegelt" (ebd., S. 239). Auch ein Spiegel empfängt, metaphorisch gesprochen, nicht nur Welt, sondern er spiegelt sie zugleich eigentümlich wider.

Die Selbständigkeit der Welt wird herausgestellt. Nur in dem Begriff der Welt finde sich

Widerständigkeit der Welt

„in vollkommenem Grade die Mannigfaltigkeit, mit welcher die äusseren Gegenstände unsre Sinne rühren, und das eigne selbstständige Daseyn, wodurch sie auf unsre Empfindung einwirken. Denn nur die Welt umfasst alle nur denkbare Mannigfaltigkeit und nur sie besitzt eine so unabhängige Selbstständigkeit, dass sie dem Eigensinn unsres Willens die Gesetze der Natur und die Beschlüsse des Schicksals entgegenstellt." (ebd., S. 237)

Den Bildungsprozess als Wechselwirkung zu beschreiben unterstreicht, wie wichtig der Bezug auf ein dem Menschen Fremdes und Widerständiges für Bildungsprozesse ist. Nach von Humboldt besitzt nur „Welt" eine vom Menschen unabhängige Selbständigkeit, die sich ihm und seiner Verfügbarkeit entzieht. Sie ist ihm der geeignete Bildungsgegenstand, weil sie selbständig ist und Vielseitigkeit sowie Vielfältigkeit von Bildungsprozessen erlaubt. „Welt" wird von von Humboldt als „NichtMensch" (ebd., S. 235) gefasst und ist auch Ausdruck des Fremden. Sie umfasst die Bildungsgegenstände des Menschen, also Gegenstände der Natur und der Kultur, wie durch von Humboldts Überlegungen zur Wechselwirkung durch Sprache deutlich wird. Er unterstreicht die Gefahr von Bildung, da sich der Mensch in der Beschäftigung und in seiner Einlassung mit Welt, z. B. durch Wissenschaft, entfremden und verlieren könne. Deswegen bedarf es der beidseitigen Beteiligung als Wechselwirkung, die immer auch eine Gratwanderung ist. Bildungsprozesse, als Verknüpfungen von Ich und Welt, so der wichtige Gedanke, vollziehen sich in einer verstehenden Bewegung, die auf etwas ausgerichtet ist, das zuallererst verstanden werden muss.

6.3 Bedingungen von Bildung

Wilhelm von Humboldt nennt Bedingungen, die Bildung befördern: die menschliche Freiheit, die Mannigfaltigkeit der Situationen und die Sozialität, das heißt, die Verbindung des Einzelnen mit und zu anderen Menschen.

Freiheit und Selbstbestimmung

Der Mensch ist ein in Freiheit selbsttätiges Wesen, das seine Verhältnisse gestalten und umgestalten kann (vgl. W III, S. 418 f.). Er kann seine Vermögen verwirklichen, sich in diesem Sinne selbst bestimmen, seine „Kräfte" bilden und stärken. So entfaltet und entwickelt er seine individuelle Eigentümlichkeit. Damit ist nicht nur gemeint, dass jeder Mensch, etwa im Sinne eines unverkennbaren Individuums, eigentümlich ist. Vielmehr wird herausgestellt, dass Menschen sich in Bildungs- und Lernprozessen das Aufgefasste als Wissen und als Horizont der eigenen Erfahrungen aneignen. Sie machen es gleichsam zu ihrem Eigentum und zur eigenen „Originalität". Das Gelernte und Aufgefasste ist dann auf das Engste mit dem Menschen „verknüpft". Mit der menschlichen Freiheit ist zugleich der Anspruch verbunden, die Individualität nicht zu überformen. Eine Freiheit der individuellen Möglichkeiten darf keine Beschränkung „von außen" erfahren. Nur so können sich die unterschiedlichen Kräfte in ihrem eigenen, selbsttätigen Zusammenspiel den Möglichkeiten nach entfalten. Bildung ist daher nicht von außen zu bewirken, sondern nur durch den Einzelnen zu leisten. Zugleich lernt der Mensch sich in der freien Erprobung seiner Kräfte erst kennen. Nach Wilhelm von Humboldt ist die menschliche Freiheit Bedingung für die selbsttätig verstehende Aneignung von Bildungsgegenständen und für die Gestaltung von Welt, Selbst und Lebensführung.

Mannigfaltigkeit der Situationen

Neben der Freiheit des Menschen ist eine Mannigfaltigkeit von Situationen für das Individuum erforderlich, in denen seine Vermögen angesprochen werden. Denn „der freieste und unabhängigste Mensch, in einförmige Lagen versezt", so von Humboldt, „bildet sich minder aus" (W I, S. 64). Jede Situation stellt den Menschen in und vor eine neue Herausforderung, indem er sich zu dieser Erfahrung verhalten muss. So werden unterschiedliche Kräfte und Fähigkeiten angesprochen und gebildet. In einer Situation können aber auch unterschiedliche Vermögen gefragt sein. Im Menschen sind „mehrere Fähigkeiten, ihm denselben Gegenstand in verschiedenen Gestalten, bald als Begriff des Verstandes, bald als Bild der Einbildungskraft, bald als Anschauung der Sinne vor seine Betrachtung zu führen" (ebd., S. 237). Sich einen Sonnenuntergang vorzustellen oder einen Sonnenuntergang zu malen setzt Phantasie und Einbildungskraft voraus. Der Sonnenuntergang kann mittels des Verstandes erklärt werden. Man kann ihn aber auch anschauen und in seinem Lichte die Welt betrachten. In jedem dieser Fälle sind unterschiedliche menschliche Vermögen auf verschiedene Weise angesprochen und gefragt.

Vielseitige Bildung

Wilhelm von Humboldt erläutert, dass die Kräfte immer wieder miteinander verbunden werden sollten, damit keine einseitige, sondern eine vielseitige Bildung entsteht. Der Mensch müsse möglichst all seine Fähigkeiten ansprechen und sie nicht nur einzeln üben. Alle menschlichen Vermögen sollten zu jedem Zeitpunkt mitwirken, auch die „schon verloschnen" und die, die sich erst später ausprägen werden. Denn so verbindet der Mensch in seiner Lebensführung Vergangenes und Zukünftiges mit Gegenwärtigem (vgl.

ebd., S. 64). Die Mannigfaltigkeit der Situationen gewährleistet die Bildung der Kräfte zu einem Ganzen. Sie ist zum einen an die Vielfalt der Situationen und Erfahrungen gebunden, zum anderen ist sie eine reflexive Leistung des Menschen. Zugleich wird auch ein kritischer Zug sichtbar: Wilhelm von Humboldt opponiert gegen jede Form der Uniformierung und der Einseitigkeit, auch der spezialisierter Berufe, die den Menschen von seiner Bestimmung, alle seine Kräfte zu bilden und zu regen, abhalten können.

Der Mensch wird zwar unter dem Gesichtspunkt eines Individuums betrachtet, das eine Sicht auf die Welt hat. Umso wichtiger ist es aber, diese Perspektive nicht zur Einseitigkeit werden zu lassen. Verbindungen zu anderen Menschen sind dabei besonders fruchtbar:

Sozialität

„Der bildende Nuzen solcher Verbindungen beruht immer auf dem Grade, in welchem sich die Selbstständigkeit der Verbundenen zugleich mit der Innigkeit der Verbindung erhält. Denn wenn ohne diese Innigkeit der eine den andren nicht genug aufzufassen vermag; so ist die Selbstständigkeit nothwendig, um das Aufgefasste gleichsam in das eigne Wesen zu verwandeln. Beides aber erfordert Kraft der Individuen, und eine Verschiedenheit, die nicht zu gross, damit einer den andren aufzufassen vermöge, auch nicht zu klein ist, um einige Bewundrung dessen, was der andre besizt, und den Wunsch rege zu machen, es auch in sich überzutragen." (ebd., S. 65)

Sozialität, die Verbindung mit und zu anderen Menschen – insbesondere durch Gespräche, Unterhaltungen, Freundschaften, aber auch Partnerschaften –, ist für Wilhelm von Humboldt ein wichtiges Moment in Bildungsprozessen. Aber nicht jede Verbindung der Menschen ist „bildend". Eine „innige" Verbindung der Menschen untereinander ermöglicht das gegenseitige Verstehen und Auffassen. Die Selbständigkeit im Denken erlaubt, die Ansicht des Anderen zu einem Teil der eigenen Sicht auf die Dinge zu machen. Insofern bleibt das Verstehen auf die eigene Perspektive begrenzt, die aber erweitert und differenziert wird und die durch die Sprache immer schon von anderen Menschen durchwirkt ist. Bildung ist auf die Anerkennung der Vielgestaltigkeit von Perspektiven, Kräften, Situationen, Menschen und Gegenständen ausgerichtet.

6.4 Bildung und Sprache

Der Mensch wird immer schon in eine Sprache hineingeboren. Sie ist geschichtlich gewachsen und dem Menschen gegeben. Für den Bildungsgedanken bedeutet dies, dass der Mensch seine Bestimmung im Rahmen einer sprachlichen und geschichtlichen Verfasstheit zu finden sucht (vgl. W III, S. 226). Das heißt keineswegs, dass der Mensch der Sprache „ausgeliefert" ist. In ihr zeigen sich die menschlichen Verhältnisse, verbunden mit der grundsätzlichen Möglichkeit ihrer Gestaltung. Der Mensch spiegelt individuell und „eigentümlich" die Sprache wider, in die er hineinwächst, die er zwar nicht schafft, die er sich aber aneignet und verändert (vgl. ebd., S. 75). Durch die Sprache ist der Mensch in ein sozial-kulturelles Umfeld eingebunden.

Sprache als Weltansicht

Wilhelm von Humboldt denkt Sprache in ihrer Vielfältigkeit. Das Ideal des Menschen und der Sprache ist das Ideal eines tatsächlichen Formenreichtums. Er selbst beherrschte sehr viele Sprachen, die ihm Ausdruck eigener Lebensformen und Weltansichten waren (vgl. ebd., S. 20 u. 64). Sie sind nicht Bezeichnungen einer Sache, sondern verschiedene Ansichten derselben (vgl. W V, S. 110). Sprachen sind mit ihrer Kultur und Zeit verwoben (vgl. W III, S. 70), also mit dem lebendigen Gebrauch der Rede (vgl. ebd., S. 70). Auf den Bildungsgedanken bezogen heißt dies, dass es ein wichtiges Ziel von Bildung ist, die Vielfalt der Sprachen und der Redeweisen zu ermöglichen und zu befördern, denn durch „die Mannigfaltigkeit der Sprachen wächst unmittelbar für uns der Reichthum der Welt und die Mannigfaltigkeit dessen, was wir in ihr erkennen" (W V, S. 111).

Sprachliche Bildung   Die Sprache repräsentiert weder einfach nur „Welt", noch erschöpft sie sich in der Funktion der Kommunikation: Sie ist Bedingung, aber auch Bestandteil des Bildungsprozesses.

„In sich selbst aber äussert sich der aus dem Einfluss der Sprache hervorgehende Gewinn auf eine zwiefache Weise, als erhöhete Sprachfähigkeit, und als eigenthümliche Weltansicht. Man lernt sich des Gedankens besser und sicherer bemeistern […]. Insofern aber die Sprache, indem sie bezeichnet, eigentlich schafft, dem unbestimmten Denken Gestalt und Gepräge verleiht, dringt der Geist, durch das Wirken mehrerer unterstützt, auch auf neuen Wegen in das Wesen der Dinge selbst ein." (W III, S. 73)

Daher sind für von Humboldt Gespräche, auch Streitigkeiten, Unterhaltungen und Geselligkeit von großer Bedeutung für die Bildung des Menschen.

„Das lebendig in einander eingreifende, Ideen und Empfindungen wahrhaft umtauschende Wechselgespräch ist schon an sich gleichsam der Mittelpunkt der Sprache, deren Wesen immer nur zugleich als Hall und Gegenhall, Anrede und Erwiderung gedacht werden kann." (ebd., S. 81, vgl. auch ebd., S. 137 f.)

Der Bildungsprozess ist eine gemeinsame Arbeit an der Weltsicht; Streiten und Argumentieren um Standpunkte haben nicht das Ziel einer Übereinstimmung, sondern finden statt in dem Bestreben, einen neuen Standpunkt (vgl. ebd., S. 225), eine neue Perspektive auf die Dinge zu gewinnen. Wilhelm von Humboldt stellt im Zusammenhang mit der Erläuterung seines Bildungsgedankens heraus, dass es eben auch darum gehe, „dem Geiste eine eigne und neue Ansicht der Welt und dadurch eine eigne und neue Stimmung seiner selbst zu geben" (W I, S. 239).

Sprache als Ort der   In der Sprache sind Welt und Mensch miteinander verwoben (vgl. W V,
Wechselwirkung   S. 199), genauer: In ihr wird diese Verwobenheit artikuliert und zum Ausdruck gebracht.

„Sie ist daher, wenn nicht überhaupt, doch wenigstens sinnlich das Mittel, durch welches der Mensch zugleich sich selbst und die Welt bildet, oder vielmehr seiner dadurch bewußt wird, daß er eine Welt von sich abscheidet." (W V, S. 196).

Sprache wird zu einem Ort der Wechselwirkungen, der Vermittlung zwischen dem Menschen und der Welt sowie den Menschen untereinander. Auch ein reflexiver Bezug des Menschen auf sich ist nur sprachlich möglich (vgl. ebd., S. 198). Aber keineswegs durchdringt der Mensch sich in seiner Sprachlichkeit. Die Sprache ist etwas „Eigenes, Unbegreifliches" (ebd., S. 122 f.). Sie ist kein fertiges und unveränderliches Werk, „ergon", sondern sie ist selbst Tätigkeit, „energeia" (vgl. W III, S. 418 f.), also in Veränderung und

Bewegung. Sie ist einerseits von Menschen gemacht, sie bleibt aber unverfügbar.

Sprache ist an eine Welt gebunden, die sich dem Menschen „als unsichtbares Gebiet" entzieht und die er mit sprachlichen Begriffen zu erfassen sucht, um in ihr „einheimisch zu werden". Aber auch die Sprache bleibt an die Widerständigkeit und Eigenständigkeit der Welt gebunden und kann lediglich auf sie verweisen.

Sprache und Welt

> „Der Mensch denkt, fühlt und lebt allein in der Sprache, und muss erst durch sie gebildet werden, um auch die gar nicht durch Sprache wirkende Kunst zu verstehen. Aber er empfindet und weiss, dass sie ihm nur Mittel ist, dass es ein unsichtbares Gebiet ausser ihr giebt, in dem er nur durch sie einheimisch zu werden trachtet. Die alltäglichste Empfindung und das tiefsinnigste Denken klagen über die Unzulänglichkeit der Sprache, und sehen jenes Gebiet als ein fernes Land an, zu dem nur sie, und sie nie ganz führt." (W III, S. 77)

Ebenso ist das Verständnis der Menschen untereinander nicht zu durchdringen. Zwar wird der Anspruch gestellt, dass ein Verstehen möglich ist, doch dieses Verstehen gründet immer zugleich in einem Nicht-Verstehen.

> „Keiner denkt bei dem Wort gerade und genau das, was der andre, und die noch so kleine Verschiedenheit zittert, wie ein Kreis im Wasser, durch die ganze Sprache fort. Alles Verstehen ist daher immer zugleich ein Nicht-Verstehen, alle Uebereinstimmung in Gedanken und Gefühlen zugleich ein Auseinandergehen." (ebd., S. 439; vgl. auch ebd., S. 228)

Die Sprachlichkeit des Menschen wird zu einer zentralen Kategorie von Bildung, denn durch die Sprache wird eine Wechselwirkung des Menschen mit seiner Welt und seinen Mitmenschen befördert (vgl. W V, S. 196 f.), ohne dass der Mensch sich, die anderen, die Sprache oder die Welt jemals erfassen und über sie verfügen könnte.

6.5 Bildungsorganisation

Wilhelm von Humboldts Bildungskonzeption zielt auf eine allgemeine Bildung, die er von einer beruflichen als abgegrenzt verstanden wissen will. Eine berufliche Bildung stünde seinen Bildungsüberlegungen entgegen, da sie die geforderte Mannigfaltigkeit der Situationen und die durch keine Zwecke eingeschränkte Bildsamkeit durch die Vorbereitung auf ein spezielles Berufsfeld beschränkt (vgl. W I, S. 58 f.).

Allgemeine und berufliche Bildung

> „Denn beide Bildungen – die allgemeine und die specielle – werden durch verschiedene Grundsätze geleitet. Durch die allgemeine sollen die Kräfte, d. h. der Mensch selbst gestärkt werden, geläutert und geregelt werden; durch die specielle soll er nur Fertigkeiten zur Anwendung erhalten." (ebd., S. 188)

Dennoch träfe es nicht von Humboldts Verständnis, wollte man beide Ausrichtungen gegeneinander ausspielen. Wilhelm von Humboldt hält eine berufliche Bildung dann für sinnvoll, wenn sie sich auf eine allgemeine Bildung gründet, die unabhängig von Stand und Beruf ist (vgl. ebd.). Seine Überlegungen zur Bildungsorganisation machen dies verständlich: Jede Stufe der institutionalisierten Bildung ist von vornherein darauf ausgerichtet, entweder den allgemeinen Bildungsweg weiterzugehen oder nach einer noch so rudimentären allgemeinen Bildung in den Beruf zu wechseln oder eine Berufsschule (spezielle Schule) zu besuchen.

Staat und Bildung   Staat und Politik haben die äußeren Rahmenbedingungen für Bildung zu gewährleisten. Sie haben Schulen und Universitäten zu errichten und für deren Erhalt und Ausstattung zu sorgen, genügend Personal einzustellen und sich um die Organisation zu kümmern.

Bildungsinstitutionen in staatlicher Trägerschaft haben nur eine allgemeine Bildung zu befördern, während die berufsspezifische Bildung den speziellen Interessengruppen zukommen mag. Sowohl für das politische als auch das berufliche Leben des Menschen gilt, dass nur auf der Grundlage einer allgemeinen Bildung Staat und Gesellschaft gedeihen können. Die berufliche Praxis ist ein wesentlicher Teil des öffentlichen Zusammenlebens, aber eben nur ein Teil. Wichtiger ist es für von Humboldt, überhaupt erst an einem öffentlichen Zusammenleben teilhaben zu können, und zwar ungeachtet des Standes und der Herkunft. Wilhelm von Humboldt geht es darum, alle Möglichkeiten des Menschen zu berücksichtigen und vor der Inanspruchnahme von „Außen" zu schützen.

„Jede Beschäftigung vermag den Menschen zu adeln [...]. Nur auf die Art, wie sie betrieben wird, kommt es an; und hier lässt sich wohl als allgemeine Regel annehmen, dass sie heilsame Wirkung äussert, so lange sie selbst, und die darauf verwandte vorzüglich die Seele füllt, minder wohlthätige, oft nachtheilige hingegen, wenn man mehr auf das Resultat sieht, zu dem sie führt, und sie selbst nur als Mittel betrachtet." (ebd., S. 78)

Die Beschäftigungen der Menschen müssen sich daran messen lassen, ob sie eine allgemeine Wechselwirkung des Bildungsprozesses in der beschriebenen Weise ermöglichen und fördern.

Gestuftes   Wilhelm von Humboldt entwickelt die Vorstellung eines dreistufigen und
Bildungswesen   aufeinander aufbauenden Bildungswesens, bestehend aus Elementar-, Schul- und universitärem Unterricht, das sich um eine allgemeine, nicht fach- oder ständespezifische Bildung zu mühen habe. Die damaligen Realschulen – eher lebenspraktisch zweckgerichtet – werden in seinem Konzept nicht berücksichtigt, wohl aber Schulen, die im Anschluss an eine allgemeine Bildung Spezialkenntnisse vermitteln. Für von Humboldt ist ausschließlich die allgemeine Bildung Gegenstand des staatlichen Bildungswesens, das sich in drei allgemein bildenden Unterrichtsstadien entfaltet. Deren einzelne Stufen werden von ihm zwar getrennt betrachtet, doch sind sie im Gedanken einer allgemeinen Bildung geeint.

Elementarunterricht   Der Elementarunterricht, vergleichbar mit dem heutigen Grundschulunterricht, soll vorwiegend die wichtigsten und elementarsten Kenntnisse vermitteln, möglichst allgemein und nicht schon im Hinblick auf ein künftiges berufliches Leben. Er bezieht sich zunächst nur auf diejenigen Kenntnisse und Fertigkeiten, vor allem Lesen, Schreiben und Rechnen, die für die Teilnahme am späteren Schulunterricht unabdingbar sind. Er solle „in Stand setzen, Gedanken zu vernehmen, auszusagen, zu fixieren, fixiert zu entziffern" (W IV, S. 169) und hat in erster Linie für eine Grundbildung zu sorgen. Wilhelm von Humboldt räumt ein, dass geographischer, geschichtlicher und naturhistorischer Unterricht hinzugefügt werden müsse, und zwar zum einen zur Übung elementarer Kenntnisse, aber auch gedacht für jene, die nach kurzer Zeit „ins Leben übergehen" (ebd.), die also sehr früh arbeiten müssen. Das war im 19. Jahrhundert keine Seltenheit, und auch Wilhelm von Humboldt trägt dieser Praxis – letztlich entgegen seiner eigenen Konzeption – Rechnung. So spiegelt sich in der von Humboldtschen Gliederung des Schulwesens durchaus auch eine funktionale Differenzierung der Gesellschaft in unterschiedliche, ständebedingte Bildungslaufbahnen. Mit den elementaren Grundkenntnissen sollte für alle Menschen zumindest eine rudimentäre Teilnahme am öffentlichen Leben möglich werden.

Der Schulunterricht, der als gymnasialer gedacht ist, schließt sich unmittelbar an den Elementarunterricht an und zielt neben der allgemeinen Bildung auch auf das, was man Wissenschaftspropädeutik nennen kann, also die Ermöglichung, die Universität als drittes Stadium zu besuchen. Die Schulen sind so anzuordnen, dass eine wissenschaftliche Bildung an Universitäten möglich wird (vgl. ebd., S. 260). Das „Lernen des Lernens" wird für von Humboldt zu einem wichtigen Moment des Unterrichts, sofern es um die Übung der Fähigkeiten und den Erwerb von Kenntnissen geht. Doch darf dieser Zweck nicht mit dem Ziel der Menschenbildung verwechselt werden, die zwar von Außen veranlasst werden kann, aber eine beständige Aufgabe im Prozess der bildenden Wechselwirkung ist. *Schulunterricht*

„Der Zweck des Schulunterrichts ist die Uebung der Fähigkeiten, und die Erwerbung der Kenntnisse, ohne welche wissenschaftliche Einsicht und Kunstfertigkeit unmöglich ist; der junge Mensch soll in Stand gesetzt werden, den Stoff, an welchen sich alles eigne Schaffen immer anschliessen muss, theils schon jetzt wirklich zu sammeln, theils künftig nach Gefallen sammeln zu können, und die intellectuell-mechanischen Kräfte auszubilden. Er ist also auf doppelte Weise, einmal mit dem Lernen selbst, dann mit dem Lernen des Lernens beschäftigt." (ebd., S. 169 f.)

Im Lernen des Lernens geht es von Humboldt in erster Linie um das selbständige Aufsuchen von Gegenständen, an die sich Bildungsprozesse anschließen, sowie insgesamt um die Ausbildung der „intellectuell-mechanischen" Kräfte. Ein zentraler Lernbereich der Schule ist auf die (a.) Sprachen, insbesondere das Griechische, Lateinische und Deutsche, bezogen und wird von Wilhelm von Humboldt als linguistischer Lernbereich bezeichnet. Dazu gehören auch die philosophische Reflexion (philosophischer Lernbereich), die moralische Erziehung und die politische Bildung, die allesamt in der Beschäftigung mit Sprache vermittelt werden. Der (b.) „historische" Lernbereich nimmt die geschichtliche Gewordenheit der Menschenwelt und die der Natur – Geschichte, Geographie, Naturkunde – in den Blick und ist ebenfalls philosophisch fundiert. Weiter nennt er (c.) den Lernbereich der Mathematik, hinzu kommen der (d.) ästhetisch-künstlerische und der (e.) gymnastische (vgl. ebd., S. 170 u. S. 189). Im Wesentlichen haben diese Lernbereiche bis heute Bestand. *Lernbereiche*

Ziel des jeweiligen Unterrichts ist das eigenständige Lernen. Der Unterricht ist abgeschlossen, wenn Schülerinnen und Schüler es verstehen, sich z. B. selbst eine Sprache anzueignen oder zu erarbeiten. Der Lehrer hat sich also in seinem Unterricht „überflüssig" zu machen. Wilhelm von Humboldt *Ziel des Unterrichts* beschreibt den Übergang vom Schulunterricht zum Universitätsunterricht und zur Wissenschaft wie folgt: Die Schule müsse

„nur auf harmonische Ausbildung *aller* Fähigkeiten in ihren Zöglingen sinnen; nur seine Kraft in einer möglichst geringen Anzahl von Gegenständen an, so viel möglich, allen Seiten üben, und alle Kenntnisse dem Gemüth nur so einpflanzen, dass das Verstehen, Wissen und geistige Schaffen nicht durch äussere Umstände, sondern durch seine innere Präcision, Harmonie und Schönheit Reiz gewinnt. […] Ein so vorbereitetes Gemüth nun ergreift die Wissenschaft von selbst" (ebd., S. 261).

Universitäts-
unterricht
Der Universitätsunterricht schließt sich an den Schulunterricht und das durch ihn geweckte Interesse an. Er entbehrt letztendlich den eigentlichen Lehrer, vielmehr wird die Universität zu einem gemeinsamen Ort des Forschens. Es gehe darum, sich mit anderen Menschen dem wissenschaftlichen Nachdenken zu widmen, um wissenschaftliche Einsicht hervorzubringen. Bildung wird somit in ihrer Ausrichtung auf ein Universitätsstudium eine Bildung durch und zur Wissenschaft.

„Wo der Gedanke um des Gedankens willen entzückt, da führt ächt wissenschaftlicher Sinn das Denken bis nahe zu seinem Urquell hin. Wo dasselbe zu Zwecken gebraucht wird, die nicht in ihm selbst liegen, da kann Wissenschaft vorhanden seyn, aber ihr Geist ist wenigstens alsdann nicht lebendig. Das wissenschaftliche Bedürfniss, in seinen mannigfaltigsten Erscheinungen, ist, wenn man es auf sein einfaches Wesen zurückführt, immer das Erkennen des Unsichtbaren im Sichtbaren." (W I, S. 559f.)

Forschende Tätigkeit
Die Schule habe es mit „fertigen" Kenntnissen zu tun. Die Anlage des Universitätsunterrichtes verdeutlicht zugleich auch das über das Sammeln von Kenntnissen hinausragende Ziel, Einsicht zu erlangen (vgl. W IV, S. 257f.), Nachdenklichkeit zu ermöglichen, Standpunkte auszutauschen und sich über Probleme und Fragen zu verständigen – das macht das gemeinsame, wissenschaftliche Durchdringen der Gegenstände aus. Wichtig ist auch hier, dass nicht vorgegebene Zwecke und Absichten dieses freie Spiel des „Zusammenwirkens" verhindern, Forschung und Lehre also unabhängig bleiben. Im Zentrum des Universitätsunterrichtes steht nicht die Vermittlung von gewusstem Wissen, sondern die Begeisterung für eine gemeinsam forschende Tätigkeit (vgl. ebd., S. 255f.). Wissenschaft wird dabei von Wilhelm von Humboldt als etwas nicht Abschließbares betrachtet.

Wissenschaftliche
Bildung
„Sobald man aufhört, eigentlich Wissenschaft zu suchen, oder sich einbildet, sie brauche nicht aus der Tiefe des Geistes heraus geschaffen, sondern könne durch Sammeln extensiv aneinandergereiht werden, so ist Alles unwiderbringlich und auf ewig verloren […]. Denn nur die Wissenschaft, die aus dem Innern stammt und in's Innere gepflanzt werden kann, bildet auch den Charakter um […]." (ebd., S. 257f.)

Die Universität darf keine äußere Einschränkung in Forschung und Lehre erfahren. Nur eine gemeinsame, nachdenkende Arbeit an der Wissenschaft gibt ihr das Gepräge. Wilhelm von Humboldt geht natürlich nicht davon aus, dass jeder Studierende in gleicher Weise die Begeisterung für Forschung und das Streben nach Wissenschaft aufbringt. Allerdings müsse immer die „Achtung" für dieses wissenschaftliche „Streben" bei „denen, die es ahnen", und „Scheu bei denen, die es zerstören möchten", herrschend sein (vgl. ebd., S.

258f.). Das Anliegen der Universität im Sinne von Humboldts ist eine wissenschaftliche Bildung des Menschen und somit eine Beförderung der Wissenschaft um ihrer selbst willen. Es gehe darum, „innerlich die objective Wissenschaft mit der subjectiven Bildung, äusserlich den vollendeten Schulunterricht mit dem beginnenden Studium unter eigener Leitung zu verknüpfen" (ebd., S. 255). Dabei hat von Humboldt noch die Vorstellung einer traditionell philosophisch orientierten Einheitswissenschaft, die danach fragt, „was die Welt im Innersten zusammenhält". Die modernen Wissenschaften haben sich in ihren Ausdifferenzierungen weit von diesem Ideal entfernt und betonen dagegen das empirische Wissen ihrer Einzel- und Teildisziplinen.

6.6 Zusammenfassung und Wirkungsgeschichte

Wilhelm von Humboldts Bildungskonzeption formuliert die wichtige Differenz von allgemeiner und beruflicher Bildung. Insbesondere arbeitet sie Bedingungen für die Bildung des Menschen heraus: Freiheit und Selbsttätigkeit, Mannigfaltigkeit der Situationen, Sozialität, Sprache und Sprachlichkeit. Bildung in ihrer Unbestimmtheit wird zur Bestimmung des Menschen. Als höchste und zugleich proportionierlichste entfaltet sie sich als Wechselwirkung in unterschiedlichen Kontexten sowie Verhältnissen und findet in der Sprache ihren Ort der Reflexion. Die sprachliche Bildung ist aber nicht nur Medium der bildenden und gestaltenden Wechselgespräche. Sie markiert zugleich eine Sicht auf Welt, die es zu erweitern, zu bereichern und auszuarbeiten gilt. Zu fragen ist allerdings auch, ob die Gegenüberstellung von Mensch und Welt, wie sie zunächst von Wilhelm von Humboldt im Zusammenhang seiner Beschreibung des Bildungsprozesses formuliert wird, das letzte Wort ist. Der Mensch in seiner leiblichen Existenz ist doch auch zugleich Bestandteil von „Welt", was die Konsequenz einer eigenen Fremdheit hätte. Die Überlegungen zur Sprache legen durchaus eine solche Lesart nahe, zumindest unterlaufen gerade sie die scharfe Trennung von Mensch und Welt.

Was Sie wissen sollten, wenn Sie Kapitel 6 gelesen haben:

Sie sollten in der Lage sein,
– den historischen Hintergrund des so genannten Neuhumanismus zu erläutern,
– das Menschenbild Wilhelm von Humboldts zu beschreiben,
– das Verhältnis zwischen Mensch und Welt zu erörtern,
– die Bedingungen für Bildung und Bildungsprozesse zu nennen,
– den Zusammenhang zwischen Bildung und Sprache herzustellen,
– das Verhältnis von allgemeiner und beruflicher Bildung zu bestimmen,
– die Bildungsorganisationstheorie von Humboldts in ihren Stufen und ihrem Anspruch darzulegen,
– weiter zu diskutieren, ob es sich bei der von Humboldtschen Bildungskonzeption um eine formale oder materiale handelt.

Weiterführende Literatur zu Kapitel 6

Quellen
HUMBOLDT, WILHELM VON (2002): **Werke in fünf Bänden**

Für die Bildungskonzeption Wilhelm von Humboldts sind vor allem die folgenden Schriften, die in der genannten Werkausgabe enthalten sind, grundlegend:
Ideen zu einem Versuch, die Gränzen der Wirksamkeit des Staates zu bestimmen, Bd. I, S. 56–233, insbesondere S. 56–69
Theorie der Bildung des Menschen (Bruchstück). Bd. I, S. 234–240
Ueber den Nationalcharakter der Sprachen (Bruchstück). Bd. III, S. 64–81
Brief an Schiller: Über Sprache und Dichtung (Sept. 1800). Bd V, S. 195–200
Der Königsberger und der Litauische Schulplan. Bd. IV, S. 168–195
Ueber die innere und äußere Organisation der höheren wissenschaftlichen Anstalten in Berlin. Bd. IV, S. 255–266

Zur Biografie Wilhelm von Humboldts:
HUMBOLDT, Wilhelm von ([2]1986): **Sein Leben und Wirken, dargestellt in Briefen, Tagebüchern und Dokumenten seiner Zeit**

Eine gute Einführung in das Denken Wilhelm von Humboldts:
BORSCHE, T. (1990): **Wilhelm von Humboldt**

Als einführende Forschungsliteratur ist geeignet:
MENZE, C. (1975): **Die Bildungsreform Wilhelm von Humboldts**
BENNER, D. ([3]2003): **Wilhelm von Humboldts Bildungstheorie**

Zur Sprachtheorie und zum Zusammenhang von Bildung und Sprache:
BORSCHE, T. (1981): **Sprachansichten. Der Begriff der menschlichen Rede in der Sprachphilosophie W. v. Humboldts**
KOLLER, H.-C. (2003): **„Alles Verstehen ist daher immer zugleich ein Nicht-Verstehen"**

Weitere wichtige Quellentexte zur Bildungskonzeption aus der Zeit des Neuhumanismus:
HERDER, J. G. ([3]1985): **Humanität und Erziehung**
SCHILLER, F. (2000): **Über die ästhetische Erziehung des Menschen in einer Reihe von Briefen**
GOETHE, J. W. (1988): **Wilhelm Meisters Lehrjahre**
NIETHAMMER, F. I. (1968): **Philanthropismus – Humanismus**

Zum historischen Hintergrund und zur Wirkungsgeschichte der neuhumanistischen Bildungskonzeption:
KOSELLECK, R. (Hrsg.) (1990): **Bildungsbürgertum im 19. Jahrhundert**
BOLLENBECK, G. (1996): **Bildung und Kultur. Glanz und Elend eines deutschen Deutungsmusters**

7 Bildung als Aneignung des Allgemeinen und als gesellschaftliche Integration

Wilhelm von Humboldt hatte die bildungstheoretische Wechselwirkung von Mensch und Welt als Selbstentfaltung des individuellen Menschen – als „höchste und proportionierlichste Bildung seiner Kräfte zu einem Ganzen" – bezeichnet und die Bildung vieler unterschiedlicher Individualitäten als Momente einer Geschichte der Vervollkommnung der Menschheit gedeutet. Im Unterschied zu Humboldts normativem Bild idealer Bildung bestimmt Georg Wilhelm Friedrich Hegel im Kontext seiner Analyse der Widersprüche und der Zerrissenheit der Moderne die individuelle Bildung in ihrer Abhängigkeit von Gesellschaft, Staat und Geschichte. Auch für Hegel ist die Bildung des einzelnen Menschen ein Moment im Fortgang der Weltgeschichte, die er als „Fortschritt im Bewusstsein der Freiheit" (TW 12, S. 32) interpretiert und als „eine schwere lange Arbeit der Bildung" (ebd., S. 31) bezeichnet. Bildung zielt auf Versöhnung, ist aber durch Entzweiung und Entfremdung gekennzeichnet. Die Bildung des einzelnen Menschen geschieht in Abhängigkeit von Gesellschaft, Staat und Geschichte, von Natur und Kultur und bleibt nach Hegel diesen Abhängigkeiten verpflichtet, wenn diese sich als notwendig und vernünftig ausweisen lassen. Im Gegensatz zu Humboldts Gewichtung von Individualität verweist die Hegelsche Bildungstheorie auf die Übermächtigkeit des Allgemeinen, und zwar als Beschreibung von Bildungsprozessen – als Aneignung von Welt – einerseits und als Verpflichtung der Individuen auf die Unterordnung und den Dienst am Allgemeinen andererseits.

Primat des Allgemeinen

Auch wenn Hegel viele seiner pädagogischen Ansichten mit dem Neuhumanismus teilt, so betont er doch insbesondere die Notwendigkeit der Aneignung der Kultur, die Integration des Individuums in die Gesellschaft und in den Staat und seine schicksalhafte Abhängigkeit vom Gang der Geschichte.

7.1 G. W. F. Hegel und seine Philosophie

Georg Wilhelm Friedrich Hegel, geboren am 27. 8. 1770 in Stuttgart, studierte zusammen mit seinen Freunden Friedrich Hölderlin (1770–1843) und Friedrich Wilhelm Joseph Schelling (1775–1854) am Tübinger Stift Philosophie und Theologie, war eine Zeit lang Hauslehrer in Bern und Frankfurt am Main und habilitierte sich 1801 an der Universität Jena. Gemeinsam mit Schelling gab er das „Kritische Journal der Philosophie" heraus (1802–1803), in dem er mehrere seiner wichtigen Aufsätze veröffentlicht. 1805 wurde Hegel zum außerordentlichen Professor in Jena ernannt, er verließ die Stadt aber nach der Schlacht bei Jena und Auerstedt, wurde 1807 Redakteur der Bamberger Zeitung und 1808 Professor und Rektor am Aegidiengymnasium in Nürnberg. 1816 wurde er an die Universität Heidelberg, zwei Jahre später als Nachfolger von Johann Gottlieb Fichte (1762–1814) an die Universität Berlin (heute Humboldt-Universität) berufen. Seine Hauptwerke sind die „Phänomenologie des Geistes" (erschienen 1807), die „Wissenschaft der Logik" (1. Band in zwei Teilen 1812 und 1813, 2. Band 1816) sowie „zum Gebrauche seiner Vorlesungen" die „Enzyklopädie der philosophi-

G. W. F. Hegel

schen Wissenschaften im Grundrisse" (1817, 2. überarbeitete und erweiterte Auflage 1827, 3. überarbeitete und erweiterte Auflage 1830) und – ebenfalls „zum Gebrauche für seine Vorlesungen" – die „Grundlinien der Philosophie des Rechts oder Naturrecht und Staatswissenschaft im Grundrisse" (1821).

Hegels Ruhm und große Wirkung beruhen vor allem auf seinen Vorlesungen. Nach seinem Tod am 18. 11. 1831 gaben seine Schüler recht bald Hegels Werke in 18 Bänden (1832–1845) heraus und veröffentlichten seine Vorlesungen über Logik, Natur-, Geist- und Rechtsphilosophie, über Geschichtsphilosophie, Ästhetik, Religionsphilosophie und Philosophiegeschichte, die sie aufgrund ihrer Mitschriften und anhand Hegels Manuskripten in recht eigenwilliger – und die Rezeptionsgeschichte folgenreich prägender – Weise zusammenstellten und bearbeiteten. Hegels unmittelbare Schüler wollten seine Philosophie als geschlossenes System darstellen und bewahren, sie interessierten sich nicht für Hegels Entwicklung. Dabei verweisen Hegels ständige Umarbeitungen seiner Manuskripte auf offene Fragen und ungelöste philosophische Probleme; in den Änderungen zeigt sich Hegels Erkenntnisstreben und sein Anspruch an ein in sich stimmiges System.

Hegels Grundgedanken Die Hegelsche Philosophie wird dem Deutschen Idealismus zugerechnet, mit dem in der Zeit von 1790 bis 1830 eine Strömung bezeichnet wird, die als Reaktion auf die Philosophie Immanuel Kants entstand und die nach Kants Kritik der alten Metaphysik (der Antike und des Mittelalters) die Metaphysik neu zu begründen suchte, zugleich aber an dem Grundprinzip der neuzeitlichen Philosophie, dem menschlichen Subjekt, dem Ich, festhielt. Die Kantische Philosophie war für die Deutschen Idealisten nicht das letzte Wort, denn mit ihr ließ sich keine einheitliche Theorie der Wirklichkeit konzipieren. Diese einheitliche Theorie, zu der für Hegel physikalische, biologische, psychische, soziale und politische Phänomene wie auch Kunst, Religion und Philosophie gehörten, sollte alle diese Formen aus einem einzigen Prinzip, der Vernunft, systematisch erklären (vgl. EMUNDTS/HORSTMANN 2002, S. 9f.).

Hegel kritisiert philosophische Positionen, die davon ausgehen, dass eine Erkenntnis der Wirklichkeit nicht möglich sei. Er bemängelt an den erkenntnisskeptischen Positionen, dass sie die Wirklichkeit und das erkennende Subjekt einander gegenüberstellen, diese Trennung fixieren und nicht bedenken, dass sie selbst den Zusammenhang voraussetzen, von dem sie Teil sind. Hegel versteht die Wirklichkeit als ein zusammenhängendes Ganzes. Dieses Ganze ist aber keine unterschiedslose Einheit, sondern in sich selbst differenziert. Nach Hegel sind Einheit und Differenz nicht entgegengesetzt, sondern zusammengehörig: als Einheit von Einheit und Differenz.

Vernunft und Wirklichkeit So denkt er auch Vernunft und Wirklichkeit nicht als getrennt in dem Sinne, dass die Vernunft die Wirklichkeit nicht bestimme oder gestalte und die Wirklichkeit in weiten Teilen unvernünftig sei. Für Hegel ist die Vernunft eine reale Macht in der Wirklichkeit, er identifiziert sogar die Vernunft und die Wirklichkeit: „Was vernünftig ist, das ist wirklich; und was wirklich ist, das ist vernünftig" (Rph, TW 7, S. 24). Hegel war der Überzeugung, dass trotz aller Mängel und Unzulänglichkeiten die Wirklichkeit im Prinzip und in Grundzügen vernünftig eingerichtet ist (vgl. SCHNÄDELBACH 1999, S. 147 ff.; 2000, S. 327 ff., vor allem S. 333 ff.). Insofern ist Entzweiung nicht das letzte

Wort, trotz aller Gegensätze ist in der Wirklichkeit Versöhnung möglich. Hegel setzt Vernunft und Wirklichkeit also nicht einfach gleich. Mit einer anderen Akzentsetzung beschreibt er in seinen Vorlesungen die Wirklichkeit als einen Prozess, in dem sich die Vernunft durchsetzt bzw. durchsetzen wird: „Was vernünftig ist, das wird wirklich; und das Wirkliche wird vernünftig", so eine anonyme Vorlesungsnachschrift von 1818/19. Er denkt die Wirklichkeit als einen zielgerichteten Prozess der Differenzierung und versucht, sie als ein dynamisches, in sich differenziertes und vernünftiges Ganzes darzustellen (vgl. EMUNDTS/HORSTMANN 2002, S. 32 ff.). Das ist das Programm seiner „dialektischen Philosophie".

Dialektik ist für Hegel keine Methode des Denkens und schon gar nicht *Dialektik* das Schema eines Dreisatzes von These, Antithese und Synthese. Dialektisch ist für ihn vielmehr ein Denken, das alle Wirklichkeit erkennt und der notwendigen Bewegung seiner Unterschiede und Zusammenhänge folgt (vgl. SCHNÄDELBACH 1999, S. 14 ff.). In diesem Sinne stellt Hegel die kategorialen Grundlagen der Wirklichkeit als einen notwendigen und systematischen Zusammenhang dar (in der „Enzyklopädie der philosophischen Wissenschaften"), denn „ein Philosophieren ohne System kann nichts Wissenschaftliches sein" (Enz § 14 A).

7.2 Bildung als ‚Sich-allgemein-Machen'

Hegel thematisiert Bildung in unterschiedlicher Bedeutung (vgl. PLEINES *Hegels Bildungs-* 1983, WIGGER 1994). Er spricht von Bildung (1.) in Bezug auf die Selbstver- *philosophie* wirklichung des Geistes (als Weltgeist, als Gott, als Absolutes), dessen dialektische Entwicklung er in seinem System der Philosophie darzustellen beansprucht (vgl. Enz § 387 A). Geist ist der Prozess, sich von sich selbst im Verhältnis zu einem anderen zu trennen und in diesem Verhältnis zu sich selbst zu kommen. Deshalb ist der Geist auch das Ergebnis dieses Prozesses als eine neue, differenzierte und reichere Einheit. Der Philosoph und Pädagoge Theodor Litt hat deshalb Hegels Philosophie als Bildungsphilosophie bezeichnet, da Hegel die ganze Geschichte, und nicht nur die Geschichte der Philosophie oder die der Religion oder Kunst als Entwicklung und Bildung des Geistes begreift und sein philosophisches System als Selbstentfaltung und Selbstverwirklichung des Geistes konstruiert (vgl. LITT 1925, S. 60).

Hegel spricht (2.) von Bildung im Hinblick auf den einzelnen Menschen. *Bildung als Aneig-* Dessen individuelle Bildungsgeschichte wird von ihm als integrales Moment *nung von Kultur* eines allgemeinen Geschehens, des Gangs der Geschichte, der Entwicklung des Geistes, begriffen, und sie erfährt so ihre wesentlichen Bestimmungen, ihr Ziel und ihre Notwendigkeit. Bildung und Erziehung bedeuten in Bezug „auf die einzelnen Subjekte als solche, dass der allgemeine Geist in ihnen zur Existenz gebracht werde" (Enz § 387 A). Mit „allgemeinem Geist" meint Hegel das, was wir heute als „Kultur" bezeichnen. Dazu gehören nicht nur Kunst, Religion und Wissenschaft bzw. Philosophie, sondern vor allem Recht, Moral, Gesellschaft, Staat und Weltgeschichte. Kultur ist also alles Nicht-Natürliche, alles „von Menschen Gemachte und zu Erhaltende" (SCHNÄDELBACH 1999, S. 116). In diesem Sinne ist Bildung Aneignung von Kultur.

Was meint Hegel also damit, dass die Bildung des Menschen darin besteht, dass er sich allgemein macht? Der gebildete Mensch ist ein Mensch, der „denkt", das heißt, jemand, der die allgemeinen Bestimmungen einer Sache erfassen, sie beurteilen und sich dementsprechende Ziele setzen kann. In praktischer Hinsicht ist ein gebildeter Mensch ein sittlicher Mensch. Sittlichkeit im Sinne Hegels ist allerdings mehr als nur moralisches Denken oder Verhalten, nämlich ein Zusammenhang von Verhältnissen, Institutionen, Denk- und Handlungsweisen, der insgesamt gut und vernünftig ist (vgl. Rph §§ 142 ff.).

Bildung als Sittlichkeit

Ein Handeln gemäß dem, was in einer Kultur, einer Epoche, einem Staate allgemein als „Sitte" gilt, soll für die Individuen zur „Gewohnheit" werden. Hegel nennt die Gewohnheit eines allgemeinen sittlichen Denkens und Handelns „eine zweite Natur, die an die Stelle des ersten bloß natürlichen Willens gesetzt" ist (Rph § 151). Deutlich wird bereits hier, dass Hegel nicht von einer Harmonie zwischen menschlicher Natur und Sitte ausgeht, sondern von einem unversöhnlichen Gegensatz. Er ist der Überzeugung, dass nur eine Unterordnung der ersten Natur unter die zweite „Natur" zu rechtfertigen sei. Bildung und Erziehung sind durch Entzweiung und Entfremdung charakterisiert. Zugleich beschreibt Hegel Bildung und Erziehung aber auch als Befreiung und Versöhnung, denn im sittlichen Handeln, d.h. im Einklang von individuellem Tun und allgemeinen Regeln, gibt es keinen Gegensatz mehr zwischen individuellen Überzeugungen (dem Gewissen) und allgemeinen Gesetzen und Anforderungen (von Recht, Wirtschaft, Staat). Hegel hat das Ideal der Bildung der Individuen als Übereinstimmung ihrer Bestimmung zur Freiheit und ihrem (sittlichen) Gemeinwesen bestimmt und so zu erläutern versucht:

> „Auf die Frage eines Vaters nach der besten Weise, seinen Sohn sittlich zu erziehen, gab ein Pythagoreer [...] die Antwort: wenn du ihn zum *Bürger eines Staats von guten Gesetzen* machst." (Rph § 147 A)

Wie sich Bildung und Erziehung in der Moderne vollziehen und wie das bisher Dargestellte konkreter zu verstehen ist, das bedarf weiterer Ausführungen.

7.3 Bildung in Familie und Schule

Zucht als Anfang der Bildung

Die Bildung des einzelnen Menschen zur Sittlichkeit beginnt in der Moderne in der Familie. Hegel bestimmt das emotionsgeprägte Familienleben gegenseitiger Zuwendung und Liebe selbst als sittlich und sieht „in Liebe, Zutrauen und Gehorsam" der Kinder die Grundlegung für ein „sittliches Leben" als Erwachsene (Rph § 178). Aber auch wenn die Liebe das Familienleben bestimmt oder bestimmen soll, so ist die Erziehung nicht ohne Gegensatz zu denken. In seiner Beschreibung von Aufgabe und grundlegendem Problem nimmt Hegel die von Kant formulierte Paradoxie einer Erziehung zur Freiheit auf: „Wie kultiviere ich die Freiheit bei dem Zwange?" „Die Kinder sind an sich Freie" (Rph § 175), aber ihr Verhalten und ihr Wollen sind noch nicht vernünftig oder sittlich, sondern wird von Trieben oder Launen bestimmt, sie sind eigensinnig oder einfach unwissend und insofern unfrei, da von der Natur, den Umständen und Zufällen abhängig. Es ist Aufgabe und Pflicht der Eltern, für die Kinder zu sorgen, sie „in Zucht zu halten und zu erziehen" (Rph § 174), also sowohl die Triebe zu zähmen als auch die Grundsätze sittlichen Verhaltens zu vermitteln und die Kinder auf ein sittliches Verhalten zu verpflichten.

Das Ziel der Erziehung, die Selbständigkeit der Kinder für ein sittliches Leben, begrenzt Macht und Recht der Eltern über ihre Kinder und gibt ein Maß für Autorität und Strenge vor. Der durch die Vorlesungsmitschrift überlieferte Zweck der Zucht, „den Eigenwillen der Kinder zu brechen", verträgt sich also nicht mit dem Erziehungsziel der Selbständigkeit. Hegels Ausführungen bleiben ambivalent: einerseits zielt die Erziehung auf Disziplinierung und Unterbindung von Sinnlichem und Natürlichem, andererseits auf freie Persönlichkeiten, die in Einklang mit sich und der Welt leben (vgl. Schnädel-bach 2000, S. 260).

Neben der Familie kommt der staatlich organisierten Schule entscheidende Bedeutung für die Bildung des Einzelnen zu. Die Schule als „Mittelsphäre" zwischen Familie und wirklicher Welt stellt sachliche Anforderungen und bereitet so auf „den Ernst des öffentlichen Lebens" (TW 4, S. 352) vor. *Schulische Bildung als Vorbereitung*

„In der Welt gilt der Mensch durch das, was er leistet; er hat den Wert nur, insofern er ihn verdient [...] Die Welt macht ein von dem Subjektiven unabhängiges Gemeinwesen aus; der Mensch gilt darin nach der Geschicklichkeit und der Brauchbarkeit für eine ihrer Sphären, je mehr er sich der Besonderheit abgetan und zum Sinne eines allgemeinen Seins und Handelns gebildet hat." (ebd., 4, S. 349)

Zunehmend erhält die Tätigkeit des Kindes (und des Jugendlichen) eine ernsthafte Bedeutung und es „beginnt, nach dem zu gelten, was es leistet" (ebd.). Seine Leistungen werden an den Anforderungen der Schule gemessen, mit Konsequenzen für die weitere Schullaufbahn, Berufsmöglichkeiten und den Lebensweg, auch wenn Hegel betont, dass mit der schulischen Bildung nur „eine gewisse Stufe" (ebd., S. 353) der Bildung erreicht ist und die schulischen Urteile kein letztes Urteil über die Einzelnen sind.

Die Schule ist „ein Kreis von Beschäftigungen, vornehmlich um Vorstellungen und Gedanken" (ebd., S. 352), ihr „Hauptgeschäft" (ebd., S. 335) ist der Unterricht, die Vermittlung von Fertigkeiten, Kenntnissen, Wissenschaften. Es ist die Besonderheit des wissenschaftspropädeutischen Unterrichts im Gymnasium, dass nicht nur einiges nützliches Wissen, sondern eine wissenschaftliche Bildung angestrebt wird. Über vereinzelte Kenntnisse und dem Erleben verhaftete Vorstellungen hinaus zielt der Unterricht auf „allgemeine Bestimmungen" (ebd., S. 333), auf ein Zusammenhangs-, Regel- und Gesetzeswissen in Hinblick auf die Natur wie auch auf Handlungen und soziale Verhältnisse, Geschichte und Staat. *Wissenschaftliche Bildung*

„Zur Bildung gehört ein Urteil über die Verhältnisse und Gegenstände der Wirklichkeit. Dazu ist erforderlich, daß man wisse, worauf es ankommt, was die Natur und der Zweck einer Sache und der Verhältnisse zueinander sind. Diese Gesichtspunkte sind nicht unmittelbar durch die Anschauung gegeben, sondern durch die Beschäftigung mit der Sache, durch das Nachdenken über ihren Zweck und Wesen und über die Mittel, wie weit dieselben reichen oder nicht." (ebd., S. 259)

Zur Bildung gehört auch eine Betrachtung der Sache als solche, ohne subjektives Interesse, ohne Rücksicht auf einen eigenen Nutzen.

Selbsttätigkeit und schulisches Wissen

In seiner Kritik des alten Schulunterrichts und eines falschen Verständnisses des „Lernens als bloßes Empfangen und Gedächtnissache" (ebd., S. 332) charakterisiert Hegel die für eine wissenschaftliche Bildung angemessene Form des Lernens durch die selbsttätige Anwendung des Gelernten auf neue Fälle, durch das Üben „des wechselwirkenden Übergehens zwischen Einzelnem und Allgemeinem" (ebd., S. 333). Zugleich hält Hegel fest, dass die erforderliche Selbsttätigkeit des Lernens eine „Anwendung des Gelernten" und kein „eigenes Reflektieren und Räsonieren" (ebd., S. 332) sein soll. Gegenüber dem durch Unterricht vermittelten Wissen kommt den „eigenen Einfällen, Gedanken, Reflexionen" (ebd.) der Jugend kein Anspruch auf Geltung zu, die Schule hat sie zu verhindern, die Jugendlichen sollen sie aufgeben.

Aufgabe der Schule ist neben der wissenschaftlichen Bildung die sittliche Bildung. Hegel unterscheidet drei Aspekte.

Sittliche Bildung durch wissenschaftlichen Unterricht

Der „Unterricht in Künsten und Wissenschaften" ist auch wichtig für die sittliche Bildung des Menschen, denn er hat als „formelle Bildung" eine „mittelbare" moralische Wirkung (ebd., S. 345). Zum sittlichen Handeln gehört die „Fähigkeit, den Fall und die Umstände richtig aufzufassen, die sittlichen Bestimmungen selbst wohl voneinander zu unterscheiden und die passende Anwendung von ihnen zu machen" (ebd., S. 348), und diese Fähigkeit wird im wissenschaftlichen Unterricht eingeübt. Durch wissenschaftliche Bildung lernt der junge Mensch außerdem denken und befreit sich dadurch aus seiner Abhängigkeit von Gefühlen und Trieben, denn im Denken erlangt er Distanz zu ihnen und wird sich seiner Reaktionsweisen bewusst. In dieser durch das Denken erlangten „Macht über die unmittelbaren Vorstellungen und Empfindungen" sieht Hegel zugleich „die formelle Grundlage der moralischen Handlungsweise" (ebd.).

Sittliche Bildung durch moralische Belehrung

Trotz aller Vorbehalte gegen das „viele moralische Gerede" hält Hegel auch „die direkte Belehrung über moralische Begriffe und Grundsätze" (ebd., S. 346) für einen wesentlichen Teil des Unterrichts. Er will sich nicht „auf die natürliche Entwicklung des Guten aus dem Herzen und auf die Angewöhnung durch das Beispiel ohne Reflexion […] verlassen" (ebd.), sondern hebt für die Erziehung die Notwendigkeit hervor,

„das Bewußtsein mit den sittlichen Bestimmungen bekanntzumachen, die moralischen Reflexionen in ihm zu befestigen und es zum Nachdenken darüber anzuleiten. Denn an diesen Begriffen haben wir die Gründe und Gesichtspunkte, aus denen wir uns und anderen über unsere Handlungen Rechenschaft geben, die Richtungslinien, die uns durch die Mannigfaltigkeit der Erscheinung und das unsichere Spiel der Empfindungen hindurch leiten." (ebd.)

Gegen die Vorstellungen der Aufklärungspädagogik beharrt Hegel darauf, dass die moralischen Begriffe „früh eingeprägt" werden müssen, damit sie sich im Laufe der Zeit verfestigen, auch wenn die Kinder und Jugendlichen deren Sinn und Bedeutung noch nicht im vollen Umfang verstehen. Hegel begreift sittliche Bildung als eine das ganze Leben durchziehende Entwicklung, die mit einer „unverstandenen Kenntnis" der sittlichen Bestimmungen anfängt, in der sich die sittlichen Begriffe durch Erfahrung immer mehr bewähren und bestätigen, vertiefen und erweitern, so dass sie erst im Zuge dieser Erfahrungen „in ihrer ganzen Wahrheit" erfasst und verstanden werden.

„Unser ganzes Leben ist nichts weiter, als ihre Bedeutung und Umfang immer tiefer verstehen zu lernen, aus neuen und immer neuen Beispielen und Fällen sie herausspiegeln zu sehen und nur so das Vielbefassende ihres Sinnes, das Bestimmte ihrer Anwendung immer entwickelter zu erkennen." (ebd., S. 347)

Die sittliche Bildung durch den wissenschaftlichen Unterricht als formelle Bildung sowie durch direkte moralische Belehrung und die Aufforderung zur moralischen Reflexion im Unterricht wird ergänzt durch einen dritten Aspekt, die „praktische Bildung". Grundsätze und Handlungsweisen werden nicht nur in bewusster Reflexion angeeignet, sondern eine Institution oder ein Kulturbereich prägen die Menschen, die in ihnen leben und sich orientieren, da die Grundsätze als Sitte erfahren werden und zu Gewohnheiten werden (vgl. ebd., S. 346). Indem das Kind in der Schule „verweilt", d.h. dem Gang des Unterrichts folgt, die inhaltlichen Aufgaben erfüllt, den allgemeinen Disziplinanforderungen nachkommt und sich an diese Verhältnisse gewöhnt, macht es sich die Grundsätze zu eigen und wird so „praktisch gebildet" (ebd.). Es lernt damit, „sein Tun nach einem Zwecke und nach Regeln zu bestimmen" und „im Sinne der Pflicht und eines Gesetzes sich zu betragen" (ebd., S. 349).

Sittliche Bildung durch sittliche Institutionen

Wie versteht Hegel also Bildung als Allgemeinwerden von Subjektivität durch Familie und Erziehung, durch Schule und Unterricht? Zucht und Disziplinierung stehen am Anfang, die moralische Unterweisung und der (wissenschaftliche) Unterricht bauen darauf auf. Das pädagogische Versprechen ist die Entwicklung (eines Bewusstseins) von Autonomie: die früh vermittelte (und auch früh zu vermittelnde) Moral soll – unter entsprechenden pädagogischen Bedingungen bzw. im Laufe des ganzen Lebens – ihre zunehmende Bestätigung, Konkretisierung, Differenzierung und Begründung finden. Nach Hegels pädagogischen Ansichten wird vom Individuum ein Standpunktwechsel gefordert, ein Abstandnehmen von seinem als Willkür beschriebenen Willen und seinen als Einfällen und Meinungen gekennzeichneten Vorstellungen. Es wird ein Denken, Wollen und Handeln gemäß einem vorgegebenen Allgemeinen verlangt, das sich dann später nicht nur als notwendig, sondern zunehmend auch als begründet und vernünftig und als Sphäre von Anerkennung und Selbstbewusstsein erweisen soll. In dieser Übereinstimmung ist das Handeln des gebildeten Individuums sittlich. Der Widerspruch einer Erziehung und Bildung zur Freiheit, die mit repressiven Mitteln arbeitet, soll durch Einsicht in Notwendigkeit und Vernünftigkeit aufgelöst werden. Offen bleibt, ob die intendierte Versöhnung erreicht werden kann.

Bildung in Familie und Schule

7.4 Bildung in bürgerlicher Gesellschaft und Staat

Die Bildung des einzelnen Menschen endet nicht mit dem Ende der Schulzeit oder mit seiner Volljährigkeit. Hegel verwendet den Bildungsbegriff auch mit Blick auf die Gesellschaft als Wirkung und Folge des individuellen Handelns in den verschiedenen gesellschaftlichen Verhältnissen, Institutionen und Zusammenhängen.

Gesellschaftliche Bedingungen der Bildung
Hegel definiert Bildung vom Individuum aus als eine Leistung und eine Pflicht, sich allgemein, d. h. sittlich zu machen. Er denkt Bildung aber nicht allein aus der Perspektive subjektiven Wollens und Handelns, er interessiert sich vor allem für jene Mechanismen, die Allgemeinheit und Versittlichung hervortreiben und die Abstraktion von allem Subjektiven bewirken: die zivilisatorischen Prozesse der Verfeinerung und Vervielfältigung der Bedürfnisse und ihrer Mittel, die ökonomischen Prozesse der wechselseitigen Abhängigkeit und aufeinander bezogenen Arbeiten und Produktionen, die technologischen und technischen Prozesse der Vereinfachung und Mechanisierung der Arbeit u. a. m. (vgl. SCHNÄDELBACH 2000, S. 298).

Unter der Frage nach der Sittlichkeit der bürgerlichen Gesellschaft versteht und analysiert Hegel die geschichtlichen, ökonomischen, politischen und rechtlichen Bedingungen neuzeitlicher Subjektivität und ihrer Bildung. Damit gibt Hegel der Bildungstheorie ein gesellschaftstheoretisches Fundament und erweist sich als ein auch heute noch aktueller Theoretiker der modernen Gesellschaft.

Bildung als soziale Integration
Hegel nimmt den Grundgedanken der politischen Ökonomie von Adam Smith (1720–1790) auf, der durch eine „unsichtbare Hand" das Allgemeinwohl in der modernen Gesellschaft realisiert sah, obwohl alle Mitglieder der Gesellschaft nur selbstsüchtig ihrem eigenen Interesse nachgehen. So sieht Hegel in der bürgerlichen Gesellschaft und ihrer Entwicklung einen Prozess der Bildung, der sich ohne Absicht der Individuen, aber notwendigerweise vollzieht. Um ihren Interessen nachzugehen, müssen sie sich den ökonomischen Gesetzen und gesellschaftlichen Entwicklungen, die sie selbst nicht steuern, die sich aber aus dem Handeln der vielen Einzelnen ergeben, anpassen. Als „Privatpersonen" betrachten sie die gesellschaftlichen Bedingungen, das Allgemeine, als Mittel für ihre „selbstsüchtigen Zwecke", aber sie können ihr eigenes Interesse nur verfolgen, „insofern sie selbst ihr Wissen, Wollen und Tun auf allgemeine Weise bestimmen und sich zu einem Gliede der Kette dieses Zusammenhangs machen" (Rph §187). Die Realisierung ihrer Interessen hängt davon ab, ob sie im Rahmen der gegebenen rechtlichen, sozialen und politischen Ordnung und den Anforderungen des Marktes eine nützliche und anerkannte Arbeit im Zusammenhang der gesellschaftlichen Arbeitsteilung ausüben. In dieser Unterwerfung unter die Gesetze der Marktökonomie (wie des Staates) besteht nach Hegel die Bildung des Bürgers. „Das subjektive Pendant der Vergesellschaftung durch die ökonomische Objektivität ist für Hegel somit die Bildung, zu der die bürgerliche Gesellschaft ihre Mitglieder zwingt." (SCHNÄDELBACH 1999, S. 140)

Bildung als Arbeit
Auch wenn Hegel betont, dass der ökonomische und gesellschaftliche Zwang zur Bildung letztlich dem „Zwecke der Vernunft" (Rph §187A) dient

und er Bildung als „Befreiung und die Arbeit der höheren Befreiung" (ebd.) beschreibt, so ist die Bildung des Einzelnen durch Gegensätzlichkeit gekennzeichnet. Hegel bestimmt Bildung als Anstrengung, als Mühsal, als Arbeit. „Diese Befreiung ist im Subjekt die harte Arbeit gegen die Unmittelbarkeit der Begierde sowie gegen die subjektive Eitelkeit der Empfindung und die Willkür des Beliebens." (ebd.)

Hegel versteht Arbeit allgemein als Medium der Emanzipation des Menschen aus der unmittelbaren Abhängigkeit von der Natur und ihren Zwängen. Durch die Arbeit als zweckgemäße und Wert schaffende „Formierung" wird das von der Natur unmittelbar gelieferte Material zu vielfältigen Mitteln für die Befriedigung verschiedener Bedürfnisse (vgl. Rph § 196). In der modernen Gesellschaft gibt es sozusagen nichts Natürliches mehr; alles, was der Mensch konsumiert, ist bearbeitet. Durch die Arbeit werden aber nicht nur die Naturgegenstände geformt, sondern auch die Arbeitenden: die Arbeit bildet. Hegel unterscheidet eine theoretische und eine praktische Bildung als Wirkungen der Arbeit. *Arbeit als Bildung*

Theoretische Bildung durch Arbeit sieht Hegel in der Bildung des Verstandes und der Sprache, denn durch die ökonomischen Verhältnisse und technischen Entwicklungen wird der Fortschritt der Wissenschaften und Künste befördert, und es ergibt sich ein ungeheurer Reichtum an Vorstellungen, an Kenntnissen, an Wissen. Hinzu kommen „die Beweglichkeit und Schnelligkeit des Vorstellens und […] das Fassen verwickelter und allgemeiner Beziehungen usf." (Rph § 197), die – so Hegels Beispiele – den modernen bürgerlichen Menschen von Menschen anderer Kulturepochen oder auch Geschäftsleute von Bauern unterscheiden. *Theoretische Bildung*

Unter praktischer Bildung versteht Hegel die Gewohnheit der Beschäftigung überhaupt, die dem modernen Menschen zu einem Bedürfnis geworden ist. Praktische Bildung besteht weiterhin in der Aneignung spezifischer „Geschicklichkeiten" zur Bearbeitung und Herstellung nützlicher Produkte und in der Gewohnheit der Ausübung eines bestimmten Berufes und anerkannt brauchbarer Arbeiten (vgl. ebd.). *Praktische Bildung*

Hegel erkennt durchaus die Ambivalenz der fortschreitenden Arbeitsteilung und zunehmender wirtschaftlicher Verflechtung und Abhängigkeit. Durch die Arbeitsteilung werden einerseits die „Arbeiten des Einzelnen" „einfacher" und dadurch seine „Geschicklichkeit" und „die Menge seiner Produktionen größer" (Rph § 198). Folgen sind jedoch völlige Abhängigkeit des Arbeiters von seiner Arbeit in der Fabrik sowie seine „Abstumpfung" durch die Geistlosigkeit der Tätigkeit. Andererseits steigert die Arbeitsteilung die gegenseitige Abhängigkeit von Arbeit und Bedürfnisbefriedigung. Darin erblickt Hegel aber den Umschlag der „subjektiven Selbstsucht" „in den Beitrag zur Befriedigung der Bedürfnisse aller anderen" (Rph § 199). Die ökonomische Entwicklung verstärkt also die Abhängigkeit des Einzelnen von dem gesellschaftlichen Zusammenhang und den Druck der Anpassung, sie befördert insofern die Bildung und differenziert sie zugleich. *Widersprüchlicher Fortschritt*

Als Folgen der Arbeitsteilung entstehen nach Hegel unterschiedliche Berufsgruppen („Stände") als „besondere Systeme der Bedürfnisse, ihrer Mittel und Arbeiten, der Arten und Weisen der Befriedigung und der theoretischen und praktischen Bildung" (Rph § 201). Damit wird Bildung nach unterschiedlichen Arbeiten, Berufen und sozialen Positionen sowie historischen *Soziale Differenzierung* und regionalen Umständen ausdifferenziert. Die Wechselwirkung von gesellschaftlichen Bedingungen und Zufällen und individuellen Anlagen, Leistungen und Mitteln hat „die Ungleichheit des Vermögens und der Geschicklichkeiten der Individuen zur notwendigen Folge" (Rph § 200). „Die von der Natur […] gesetzte Ungleichheit der Menschen" wird in der bürgerlichen Gesellschaft weder kompensiert noch aufgehoben, sondern „zu einer Ungleichheit der Geschicklichkeit, des Vermögens und selbst der intellektuellen und moralischen Bildung" weiterentwickelt (Rph § 200A). Bildung ist nun als Ergebnis und Aufgabe in Bezug auf unterschiedliche Berufe zu beschreiben, in ihrer spezifischen Struktur und Funktionalität, mit unterschiedlichen Gehalten und einer berufsspezifischen Moral.

Bildung des Bürgers Hegels Analyse der bürgerlichen Gesellschaft zeigt Bildung als ein ‚Sich-allgemein-Machen' der Einzelnen in einem neuen Licht: Sittlichkeit ist zunächst soziale Integration und Funktionalität. Sittlichkeit ist weiterhin „Rechtschaffenheit" (Rph § 207) im Tun und in der Gesinnung. Bildung ist schließlich sozial differenziert nach den unterschiedlichen Berufen, mit inhaltlich unterschiedlichen Ausprägungen von Allgemeinheit bzw. Moralität. Bildung als Sich-allgemein-Machen bleibt in der Sphäre der bürgerlichen Gesellschaft allerdings auf die privaten Interessen bezogen und ist insofern immer von Gegensätzen bestimmt.

Hegel charakterisiert die bürgerliche Gesellschaft durch die Vervielfältigung von Bedürfnissen und Mitteln ihrer Befriedigung, durch unbegrenzten Luxus und „eine ebenso unendliche Vermehrung der Abhängigkeit und Not" (Rph § 195, vgl. § 243). Diese Gegensätze kann eine bürgerliche Gesellschaft aber nicht bewältigen, sie ist „bei dem Übermaße des Reichtums … nicht reich genug […] dem Übermaße der Armut und der Erzeugung des Pöbels zu steuern" (Rph § 245). Dazu bedarf es des Staates (vgl. Rph § 249).

Bildung des So ist auch die Bildung des Bürgers nicht die höchste Form von Bildung.
Staatsbürgers Die Gegensätze der bürgerlichen Gesellschaft sieht Hegel erst im Staat als sittlicher Gemeinschaft versöhnt. Während die Bildung des Bürgers immer von besonderen, privaten Zielen bestimmt ist, hat die Bildung des Staatsbürgers die allgemeinen und staatlichen Zwecke zum Inhalt. Der gebildete Mensch ist nicht nur rechtschaffener Bürger, sondern auch patriotischer Staatsbürger. Da für Hegel der Staat das „an und für sich Vernünftige" (Rph § 258), d. h. das Höchste ist, so ist es für die Individuen das „höchste Recht" und die „höchste Pflicht", Mitglieder des Staats zu sein (ebd.).

Ihr Ziel hat Bildung also in der „politischen Tugend" (Rph § 257A) und in der Gesinnung (und im Verhalten) des Staatsbürgers, für den „die allgemeine Sache seine eigene besondere Sache wird" (Rph § 261A). In der Identifikation mit dem Staat sieht der Bürger seine besonderen Interessen und Zwecke in den allgemeinen Interessen und Zwecken verwirklicht (Rph § 268). Der „Patriotismus" hat für die Individuen nach Hegel seine letzte Konsequenz im Krieg in der „Pflicht, durch Gefahr und Aufopferung ihres Eigentums und Lebens die Unabhängigkeit und Souveränität des Staates zu erhalten" (Rph § 324). Ungeachtet ihrer Berufe und sozialen Stellung haben alle Staatsbürger diese „politische Gesinnung", sei es als „Zutrauen", sei es als „mehr oder weniger gebildete Einsicht" (ebd.) in die Übereinstimmung des staatlichen mit dem eigenen Wohl und in die Vernünftigkeit der staatlichen Einrichtungen und des eigenen, demgemäßen Handelns. Voraussetzungen für die „öffentliche Meinung", die für Hegel eines der größten „Bildungsmittel" des Staatsbürgers ist (Rph § 315), sind Meinungs- und Pressefreiheit.

Hegel unterscheidet die Weltgeschichte, die im Wesentlichen Staaten- und Kriegsgeschichte ist, von der Kunstgeschichte, der Religionsgeschichte und der Philosophiegeschichte. Er versucht nachzuweisen, dass sich auch in der Weltgeschichte das Prinzip Vernunft durchsetzen wird (vgl. Rph § 342). Insbesondere ist er bemüht, das Verhältnis von Staat, Kunst, Religion und Philosophie nicht als Konflikt gegensätzlicher Prinzipien, sondern als grundsätzlich zusammenstimmend aufzuzeigen. Die Bildung des Einzelnen findet nicht in Kunst, Religion und Philosophie ihre eigentliche oder höchste Sphäre, sondern in deren Bestätigung und Unterstützung der bürgerlichen Rechtschaffenheit und politischen Gesinnung. Kunst, Religion und Philosophie sind autonom, und sie gehören zum „Staatsleben". Indem sie auf unterschiedliche Weise die Vernünftigkeit der Wirklichkeit artikulieren, rechtfertigen sie auch den Staat. In der Vielfalt ihrer Werke „entwickelt die Kunst keine eindeutige Orientierung der Sittlichkeit einer Gemeinschaft", vermittelt aber dem modernen Menschen „Alternativen zur bestehenden geschichtlichen Situation" (GETHMANN-SIEFERT in DRÜE U.A. 2000, S. 369). Sofern die Religion den Staat anerkennt und die geschichtlich gegebene Sittlichkeit sanktioniert, ist ihre Integrationskraft für den Staat von unschätzbarem Wert, da so für den Einzelnen die Gesetze und Pflichten „die höchste Bewährung und die höchste Verpflichtung" (Rph § 270 A) erhalten (vgl. JAESCHKE in DRÜE U.A. 2000, S. 458 ff.; WIGGER 1994, S. 268 ff.). Die höchste Form der Legitimation bietet nach Hegel schließlich die Philosophie.

Kunst und Religion

Philosophische Bildung

„Die Religion ist die Art und Weise des Bewußtseins, wie die Wahrheit für alle Menschen, für die Menschen aller Bildung ist; die wissenschaftliche Erkenntnis der Wahrheit aber ist eine besondere Art des Bewußtseins, deren Arbeit sich nicht alle, sondern nur wenige unterziehen. Der Gehalt ist derselbe." (Enz, TW 8, S. 34 f.)

Philosophisch gebildet sind nur wenige, aber deren Einsicht bestätigt letztlich die Haltung aller Anderen, die auf die grundsätzliche Vernünftigkeit ihrer Lebensverhältnisse vertrauen.

„Die Vernunft als die Rose am Kreuze der Gegenwart zu erkennen und damit dieser sich zu erfreuen, diese vernünftige Einsicht ist die Versöhnung mit der Wirklichkeit, welche die Philosophie denen gewährt, an die einmal die Aufforderung ergangen ist, zu begreifen." (Rph, TW 7, S. 26 f.)

7.5 Wirkungsgeschichte und Aktualität von Hegels Bildungstheorie

Für Hegel ist der Mensch einerseits ein natürliches Wesen, andererseits ein geistiges, vernünftiges Wesen. Aufgabe des Menschen ist es, „sich zu bilden", d.h. beide Seiten so in Übereinstimmung zu bringen, dass die vernünftige Seite zur herrschenden wird (TW 4, S. 258). Zugleich analysiert Hegel die sozialen Verhältnisse und Institutionen, die die Bildung der Einzelnen fordern und ermöglichen und in denen der gebildete Mensch seine Zwecke und Interessen realisieren kann. Die Bildung der Menschen erweist sich als eingebunden in eine bestimmte Kultur, in Staat und Gesellschaft einer geschichtlichen Situation. Hegel beansprucht mit seiner Philosophie, alle Wirklichkeit zu erkennen und ihre Vernünftigkeit nachzuweisen. Bei aller Differenziertheit und Gegensätzlichkeit der Strukturen und Prozesse legt Hegel Wert auf die Feststellung der Sinnhaftigkeit des Ganzen. Bildung als Versöhnung des Einzelnen mit der Wirklichkeit ist Hegels Anliegen.

Hegels Wirkung
Hegels Bildungstheorie gilt als „Höhepunkt und zugleich auch Abschluss der klassischen Bildungsreflexion" (JÄGER/TENORTH 1987, S. 80). Zu seinen Lebzeiten war sein spekulatives Denken „eine Art Modephilosophie" (HELFERICH 1979, S. 67), und er hatte – vermittelt durch seinen Schüler Johannes Schulze (1786–1869), der von 1818 an mehr als zwei Jahrzehnte im preußischen Ministerium für die Gymnasien zuständig war – auch großen Einfluss auf die Bildungspolitik. Bereits kurz nach seinem Tod spaltete sich die so genannte „Hegelschule" in einen „Rechtshegelianismus", der ein breites Spektrum politisch-liberalen Denkens repräsentierte und eher auf modifizierende Bewahrung der Hegelschen Philosophie zielte, und einen „Linkshegelianismus", der Hegels Philosophie praktisch zu verwirklichen suchte und sie als Philosophie der Revolution las. Der wirkungsgeschichtlich bedeutendste Hegel-Kritiker ist Karl Marx (1818–1883), der viele Begriffe und Gedanken Hegels aufnahm und kritisch weiterdachte (vgl. SCHNÄDELBACH 2000, S. 263 ff.), so z. B. die Bedeutung der Arbeit für die Bildung des Menschen. Marx hat sich in seinem umfangreichen Werk zwar nur selten über Erziehung und Bildung geäußert, aber seine Bildungskonzeption reicht vom Ideal eines allseitig gebildeten „wahren Menschen" in den Frühschriften über die Kritik der kapitalistischen Funktionalisierung von Bildung und ihren Klassencharakter bis zur Konzeption polytechnischer Bildung im Spätwerk (vgl. WITTIG 1968; SCHMIED-KOWARZIK 1988). Polytechnische Bildung als Verknüpfung von Schule und Produktion wurde dann ein Grundprinzip und Bildungsziel der sozialistischen Schulen, z. B. in der UdSSR und der DDR.

Geisteswissenschaftliche Pädagogik
Intensive Auseinandersetzungen und Einflüsse von Hegels Philosophie sind auch in der geisteswissenschaftlichen Pädagogik zu finden, insbesondere bei Theodor Litt (1880–1962) und Josef Derbolav (1912–1987). So hat Wilhelm Dilthey (1833–1911) über „die Jugendgeschichte Hegels" (1906) geschrieben, Herman Nohl (1879–1960) frühe Hegelmanuskripte mit dem Titel „Theologische Jugendschriften" herausgegeben. Litt veröffentlichte ein Buch „Hegel. Versuch einer kritischen Erneuerung" (1953), Derbolav befasste sich u. a. mit Hegels Handlungs- und Sprachtheorie (1987). Litt hat Hegels dialektische Denkmethode genutzt, um die Antinomien und Ambivalenzen der menschlichen Lebensweise aufzuzeigen (vgl. LITT 1927/1976; 1955; KLAFKI 1982). Derbolav hat in Hegels Denkfigur des „Im-Andern-zu-sich-selber-Kommen" die Grundstruktur jedes Bildungsgeschehens gesehen und sie zu einer Theorie der didaktischen Vermittlung und der individuellen Aneignung von Welt genutzt (vgl. DERBOLAV 1970; 1987; WIGGER 1997).

Aktualität Hegels
Hegels Einflüsse sind auch in den bildungstheoretischen Entwürfen enthalten, die Allgemeinbildung als Bildung im Medium des Allgemeinen konkretisieren (vgl. z. B. KLAFKI 1996) wie in jedem hermeneutischen Denken, das das eigene Denken und Verstehen als Moment eines ganzheitlichen Zusammenhangs wirkungsgeschichtlicher Überlieferung und kultureller Tradierung versteht (vgl. GADAMER 1960; SCHNÄDELBACH 2004, S. 133 ff.).

Was Sie wissen sollten, wenn Sie Kapitel 7 gelesen haben:

Sie sollten in der Lage sein,
- die Prinzipien von Familie, „wirklicher Welt" und Schule zu unterscheiden,
- die Aufgaben und Leistungen der Schule im Hinblick auf die Bildung des Menschen aus der Sicht Hegels zu erläutern,
- die Wirkungen der Arbeit und der Arbeitsteilung auf die Bildung der Menschen nach Hegel zu benennen,
- einen gebildeten Menschen im Sinne Hegels zu beschreiben,
- unterschiedliche Verwendungen des Bildungsbegriffes bei Hegel zu skizzieren,
- die allgemeine Struktur von Hegels Bildungsbegriff zu erläutern,
- Unterschiede zwischen der Bildungstheorie W. von Humboldt und der Bildungstheorie G. W. F. Hegels zu skizzieren.

Weiterführende Literatur zu Kapitel 7

Grundlegend als Quellen zur Erarbeitung von Hegels Bildungstheorie sind:
HEGEL, G. W. F. (1970): **Phänomenologie des Geistes** (zitiert als TW 3)
HEGEL, G. W. F. (1970): **Nürnberger und Heidelberger Schriften** (zitiert als TW 4), insbesonder S. 305–376 (die sog. „Gymnasialreden").
HEGEL, G. W. F. (1970): **Grundlinien der Philosophie des Rechts oder Naturrecht und Staatswissenschaft im Grundrisse** (zitiert als Rph)

Hilfreich zum Verständnis von Hegels Schriften sind die textnahen Kommentare:
SIEP, L. (2000): **Der Weg der Phänomenologie des Geistes**
SCHNÄDELBACH, H. (2000): **Hegels praktische Philosophie**
DRÜE, H. U. A. (2000): **Hegels „Enzyklopädie der philosophischen Wissenschaften" (1830)**

Zur Biographie Hegels und zu seiner Wirkungsgeschichte:
HELFERICH, Ch. (1979): **Georg Wilhelm Friedrich Hegel**

Eine gut verständliche Einführung in Hegels Philosophie:
SCHNÄDELBACH, H. (1999): **Hegel zur Einführung**

Zu Hegels Bildungstheorie in ihrem biografischen und zeitgeschichtlichen Kontext:
PÖGGELER, O. (1980): **Hegels Bildungskonzeption im geschichtlichen Zusammenhang**

Zu Hegels Pädagogik:
WIGGER, L. (1994): **Pädagogik und Religion in Hegels System**

Zur Einführung in die Marxsche Hegel-Kritik und in Ansätze marxistischer Bildungstheorie:
MARX, K. (1983): **Bildung und Erziehung. Studientexte zur Marxschen Bildungskonzeption**
SCHMIED-KOWARZIK, W. (1988): **Kritische Theorie und revolutionäre Praxis. Konzepte und Perspektiven marxistischer Erziehungs- und Bildungstheorie**

8 Zeitgemäße und unzeitgemäße Bildung

8.1 Privileg und Dekadenz

Theorien von Bildung widmen sich nicht nur der Frage, was unter Bildung zu verstehen ist, sondern auch, was Bildung verhindert und Dekadenz begünstigt. Dekadenz bezeichnet in der Regel den Niedergang und den Verfall von Kulturen. Das Augenmerk richtet sich dann auf den bildungstheoretischen Anspruch, der mit Bildung verbunden wird, und die empirische Wirklichkeit von Bildung. Bildung ist spätestens und vermehrt ab dem 19. Jahrhundert im Rahmen eines Berechtigungswesens – eines Systems staatlicher Prüfungen und Zertifikate – funktionalisiert und mit Privilegien verbunden, was bedeutet, dass Schullaufbahnen und Bildungsabschlüsse zu bestimmten beruflichen Karrieren und sozialen Privilegien berechtigen. Privilegien wiederum sind in der Regel etwas, was nicht alle haben, sonst wären es keine Privilegien. In diesem Sinne wird die Zuschreibung, jemand sei gebildet, als etwas verstanden, was ihn von anderen, ja von den meisten unterscheidet, wobei die Unterscheidung im Rahmen einer Gesellschaft getroffen wird, die den sozialen Status, das Ansehen und das Einkommen des Menschen auch von Bildungsgängen und -zertifikaten abhängig macht. Bildung wird zu einer Ware, die einen Marktwert hat und erworben werden kann.

Berechtigungswesen

Das Bildungswesen im 19. Jahrhundert — Ihren Ausgang nahm eine solche „Bildungslandschaft" im 19. Jahrhundert, also in einer Zeit, in der die Frage nach der Bildung des Menschen zunehmend in politische, ökonomische und gesellschaftlich-soziale Strukturen eingebunden war. Die Bildungsrealität war geprägt durch ein differenziertes und differenzierendes Bildungswesen, das durch Abschlüsse, Zertifikate und entsprechende Laufbahnen gesellschaftliche Unterscheidungen schuf. Zugleich entstand ein neuer Stand, das Bildungsbürgertum, das den Mangel an Besitz oder Adelstiteln durch Bildungszertifikate ausglich. Bildung ermöglichte es, ohne Adelsbrief und Besitz gehobene Positionen in Verwaltung, Wissenschaft und Wirtschaft zu erreichen. Sie stand individuell und gesellschaftlich für sozialen und ökonomischen Fortschritt.

Gymnasium — Das Gymnasium erteilte mit dem Abitur das wichtigste Berechtigungszertifikat und eröffnete den Zugang zu akademischen Berufen. Die Berechtigung dazu zeichnet das Gymnasium als Institution und mit ihr das privilegierte Selbstverständnis der Lehrer- und männlichen Schülerschaft aus. Auch konnte, wer den gymnasialen Bildungsweg bis zu einem bestimmten Punkte gegangen war, seinen Militärdienst auf ein Jahr (gegenüber zwei bzw. später drei Jahren) verkürzen, er musste allerdings seine Ausrüstung selbst finanzieren. Die Möglichkeit und die Inanspruchnahme dieser Verkürzung gingen einher mit gesellschaftlichem Ansehen. Von 1832 bis 1870 verdoppelten sich in Preußen nahezu die Gymnasien, die Schülerzahlen stiegen um das 2,5-fache, die höheren Schulen waren überlaufen. Diese Zunahme lässt sich durch die politisch-ökonomische Bedeutung der Bildung, die Attraktivität der Laufbahnen und die damit verbundenen Privilegien, aber auch mit dem Wachstum der Bevölkerung erklären, das allerdings proportional nicht dem Wachstum der Schülerzahlen an den Gymnasien entsprach (vgl. JEISMANN 1987, S. 8).

Die Bildung der gymnasialen Elite unterschied sich von der Volksbildung der Massen, war auf das Universitätsstudium ausgerichtet und zielte auf die Bekleidung staats- und gesellschaftstragender Positionen. Das „Volk" sollte durch das niedere Schulwesen mit dem notwendigen Bildungsminimum (Volksbildung) sowie nationaler und religiöser Gesinnung versorgt werden. Bildung für alle wurde somit tatsächlich zunehmend, allerdings mit Blick auf die Landbevölkerung mehr als zögerlich, organisiert. So konnten über den Bildungsweg gesellschaftliche Strukturen fortgesetzt und verfestigt werden. Die staatliche Kontrolle bewirkte, dass das Bildungswesen im Dienste einer politischen Stabilisierung wirtschaftlicher Effekte, der Rekrutierung loyaler Staatsbeamter, der Steuerung und Kontrolle von Bevölkerungsstrukturen und nicht zuletzt von Modernisierungs- und Industrialisierungsprozessen durch Wissenschaft und Technik stand. Man darf sich allerdings nicht vorstellen, dass das Bildungswesen in Preußen, Bayern und anderen Ländern mit einem Male geschaffen worden wäre. Es entwickelte sich vielmehr durch beständige Differenzierungen, Reformen und Gewichtungen von etwa 1800 bis 1870 und auf dieser Grundlage schließlich zu seiner heutigen Form.

Volksbildung

8.2 Zeitgemäße Bildung

Bildung wird zu einer bürgerlichen Lebensform, mit der sich „Gebildete" von „Ungebildeten" unterscheiden; es gibt eben Dinge, die man wissen, Umgangsformen, die man kennen, einen Geschmack, den man haben und Werte, die man schätzen sollte. Nun kann man sich zu Recht fragen, ob hier noch von Bildung die Rede ist. Es stehen nicht mehr die Menschen, ihre Lebensführung und die Einrichtung der Welt nach vernünftigen Gesichtspunkten im Mittelpunkt. Diesen Zusammenhang hat Friedrich Nietzsche in seinen Vorträgen „Über die Zukunft unserer Bildungsanstalten" (1872) aufgezeigt.

Friedrich Nietzsche (1844–1900) wurde nach seinem Studium der Theologie und klassischen Philologie bereits 1869 als Professor für klassische Philologie an die Universität Basel berufen. Seine frühen Schriften sind an der Philosophie Arthur Schopenhauers (1788–1860) orientiert. Hervorzuheben sind hier besonders die „Unzeitgemäßen Betrachtungen" (1873–1876). Aus Krankheitsgründen gab er im Jahre 1879 seine Lehrtätigkeit an der Universität auf. Es folgten zahlreiche bedeutende Veröffentlichungen, insbesondere schrieb er in den Jahren 1883–1885 sein berühmtes Werk „Also sprach Zarathustra" und im Jahre 1886 erschien die Schrift „Jenseits von Gut und Böse". Ein Zusammenbruch auf der Piazza Carlo Alberto in Turin am 3. Januar 1889 bedeutete das Ende seines Schaffens. Es folgten Aufenthalte in Nervenkliniken. Nietzsche starb am 25. August 1900 in Weimar.

F. Nietzsche

Bildung als Mittel zur Erreichung politischer und ökonomischer Zwecke ist für Nietzsche Zeichen einer zeitgemäßen Bildung. Sie führt zur Dekadenz, weil sie sich dem Geist und den kurzfristigen Bedürfnissen der Zeit andient. Nietzsche thematisiert systematisch die Unverträglichkeit von Bildungsanspruch im Geiste des Neuhumanismus und tatsächlicher Bildungsrealität.

Nietzsches Kritik setzt an der Zeitgemäßheit der Bildungsinstitutionen an, die den Menschen als ein Mittel für Zwecke der Ökonomie, des politischen

Bildungsinflation und Humankapital

Machterhalts und für nutzbare wissenschaftliche Spezialisierung ansehen. Seine Analyse: Die Dekadenz von Bildung und Kultur ist Wirkung zweier Momente, die auf den ersten Blick einander ausschließen: Die „Erweiterung der Bildung" und ihre „Verminderung und Abschwächung".

„Dem ersten Triebe gemäß soll die Bildung in immer weitere Kreise getragen werden, im Sinne der anderen Tendenz wird der Bildung zugemuthet, ihre höchsten selbstherrlichen Ansprüche aufzugeben und sich dienend einer anderen Lebensform, nämlich der des Staates unterzuordnen." (ebd., S. 667)

Bildung hat dem Staat, seinen politischen Vorstellungen und wirtschaftlichen Interessen zu dienen. In diesem Sinne sollten alle Menschen an ihr teilhaben; Bildung wird inflationär. Die von Nietzsche kritisierte Bildungsinflation folgt einer eigenen Logik.

„Ich glaube bemerkt zu haben, von welcher Seite aus der Ruf nach möglichster Erweiterung und Ausbreitung der Bildung am deutlichsten erschallt. Diese Erweiterung gehört unter die beliebten nationalökonomischen Dogmen der Gegenwart. Möglichst viel Erkenntniß und Bildung – daher möglichst viel Produktion und Bedürfniß – daher möglichst viel Glück: – so lautet etwa die Formel." (ebd., S. 667)

Bildung als Ware   Bildung wird als eine zeitgemäße verstanden, um sich auf der Höhe der Zeit zu halten, ein learning on demand. Der Mensch wird unter dieser Perspektive zum Humankapital: Sein Wert bemisst sich daran, wie viel er aufgrund seiner Bildung erwirtschaftet; „Erwerb" und möglichst großer „Geldgewinn" sind die eigentlichen Zwecke und versprechen „Glück". Bildung wird zur Ware, deren Erwerb sich durch mögliche Laufbahnen rentiert. Das bedeutet, der Mensch braucht gerade so viel Qualifikationen, Kenntnisse und Fertigkeiten, als es „im Interesse des Erwerbs" (ebd., S. 668) liegt. In dieser Ausbildung darf keine Zeit verloren gehen, eine „rasche Bildung" sei gewünscht, „um schnell ein Geld verdienendes Wesen werden zu können, und doch eine so gründliche Bildung, um ein sehr viel Geld verdienendes Wesen werden zu können" (ebd., S. 338). Eine Bildung, die über Geld und Erwerb hinaus Ziele steckt, ist hinderlich.

„Das heisst eben doch nur: die Menschen sollen zu den Zwecken der Zeit abgerichtet werden, um so zeitig als möglich mit Hand anzulegen; sie sollen in der Fabrik der allgemeinen Utilitäten arbeiten, bevor sie reif sind, ja damit sie gar nicht mehr reif werden – weil dies ein Luxus wäre, der „dem Arbeitsmarkte" eine Menge von Kraft entziehen würde." (ebd., S. 299)

Spezialistentum   Nietzsches Bildungskritik bezieht auch die Wissenschaft mit ein, die sich seines Erachtens unter den Maßgaben von Fortschritt, Technisierung und marktfähigen Innovationen zum Spezialistentum verändert hat. Ihre Einheit, die Wilhelm von Humboldt noch fordert, ist zerbrochen. Ihre Spezialisierung, die Arbeitsteilung (vgl. KSA 7, S. 378) bringt es mit sich, dass der Wissenschaftler nur in einem eng begrenzten Bereich forscht. Dieser „engen Fachmäßigkeit" entspricht laut Nietzsche eine Unbildung, die als „edle Genügsamkeit" kaschiert wird.

„So ein exklusiver Fachgelehrter ist dann dem Fabrikarbeiter ähnlich, der, sein Leben lang, nichts anderes macht als eine bestimmte Schraube oder Handhabe, zu einem bestimmten Werkzeug oder zu einer Maschine, worin er dann freilich eine unglaublche Virtuosität erlangt." (KSA 1, S. 670)

Der vormals gelehrte Wissenschaftler wird von Nietzsche mit einem Fabrikarbeiter verglichen, um zu verdeutlichen, dass Wissenschaft nur noch auf die Anwendung von Kenntnissen und Fertigkeiten abzielt. Universitäten werden zu Fabriken, die Wissenschaft selbst zur „Maschinerie". Bildung dient nur dazu, ein funktionierendes Glied dieser Maschinerie zu sein. Eine Wissenschaft, die ausschließlich an der Produktivität ihrer Einrichtungen und der Nützlichkeit ihrer Ergebnisse gemessen wird, gehört für Nietzsche in den Prozess zunehmender kultureller Dekadenz.

„Die gediegene Mittelmässigkeit wird immer mittelmässiger, die Wissenschaft im ökonomischen Sinne immer nutzbarer. […] [W]ollt ihr die Wissenschaft möglichst schnell fördern, so werdet ihr sie auch möglichst schnell vernichten; wie euch die Henne zu Grunde geht, die ihr künstlich zum allzuschnellen Eierlegen zwingt." (ebd., S. 301)

Nietzsche versucht deutlich zu machen, dass das, was unter dem Titel Bildung firmiert, richtiger Ausbildung und Qualifizierung genannt werden müsste. Es ist keineswegs so, dass er die Notwendigkeit von Ausbildung oder von nützlichen und für die Lebensführung wichtigen Kenntnissen bestreitet. Ihm geht es um die Trennung der Begriffe und die mit ihnen erhobenen Ansprüche.

Ausbildung und Qualifikation

„Also, meine Freunde, verwechselt mir diese Bildung, diese zartfüßige, verwöhnte, aetherische Göttin nicht mit jener nutzbaren Magd, die sich mitunter auch ‚die Bildung' nennt, aber nur die intellektuelle Dienerin und Beratherin der Lebensnoth, des Erwerbs, der Bedürftigkeit ist. Jede Erziehung aber, welche an das Ende ihrer Laufbahn ein Amt oder einen Brodgewinn in Aussicht stellt, ist keine Erziehung zur Bildung, wie wir sie verstehen, sondern nur eine Anweisung, auf welchem Wege man im Kampfe um das Dasein sein Subjekt rette und schütze. Freilich ist eine solche Anweisung für die allermeisten Menschen von erster und nächster Wichtigkeit: und je schwieriger der Kampf ist, um so mehr muß der junge Mensch lernen, um so angespannter muß er seine Kräfte regen." (ebd., S. 715)

Nietzsche unterscheidet in dieser Differenz von Bildung und Ausbildung zwei Institutionen: Bildungsanstalten und Anstalten der „Lebensnot". Die von ihm kritisierten Bildungsinstitutionen seiner Zeit, Schulen und Universitäten, sind ihm keine Bildungsanstalten, sondern Anstalten der Lebensnot. Es stellt sich also im Anschluss an Nietzsches Bildungskritik die Frage, was für ihn Bildung ist, woran sie sich orientiert, wovon sie sich leiten lässt. Er wehrt sich ausdrücklich dagegen, dass seine Vorstellungen „nur" lebensferne Ideale seien. Vielmehr sei Bildung ein menschliches Verlangen.

Bildungs-institutionen

„Wer dies ein ‚ideales Verlangen' und überhaupt ‚ideal' zu nennen beliebt und wohl gar damit wie mit einem Lobe mich abzufinden meint, dem diene zur Antwort, daß das Vorhandene einfach eine Gemeinheit und Schmach ist, und daß wer in klapperdürrem Frost nach Wärme verlangt, wild werden muß, wenn man dies ein ‚ideales Verlangen' nennt. Hier handelt es sich um lauter aufdringliche, gegenwärtige, augenscheinliche Wirklichkeiten: wer etwas davon fühlt, der weiß, daß es hier eine Noth gibt, wie Frost und Hunger. Wer aber nichts davon fühlt – nun, der hat dann wenigstens einen Maßstab, um zu messen, wo das aufhört, was ich ‚Bildung' nenne […]." (ebd., S. 725 f.)

8.3 Unzeitgemäße Bildung

Lebensführungen Nietzsche beschreibt zwei Weisen der Lebensführung, eine zeitgemäße und eine unzeitgemäße.

„Denn jetzt seid ihr an den Kreuzweg gestellt, jetzt wißt ihr, wohin die beiden Wege führen. Auf dem einen wandelnd, seid ihr eurer Zeit willkommen, sie wird es an Kränzen und Siegeszeichen nicht fehlen lassen: ungeheure Parteien werden euch tragen, hinter eurem Rücken werden ebensoviel Gleichgesinnte wie vor euch stehen. Und wenn der Vordermann, ein Losungswort ausspricht, so hallt es in allen Richtungen wider. Hier heißt die erste Pflicht: in Reih' und Glied kämpfen, die zweite: alle die zu vernichten, die sich nicht in Reih' und Glied stellen wollen. Der andre Weg führt euch mit seltnern Wandergenossen zusammen, er ist schwieriger, verschlungener und steiler: die, welche auf dem ersten gehen, verspotten euch, weil ihr dort mühsamer schreitet, sie versuchen es auch wohl, euch zu sich hinüberzulocken. Wenn aber einmal beide Wege sich kreuzen, so werdet ihr mißhandelt, bei Seite gedrängt, oder man weicht euch scheu aus und isolirt euch." (ebd., S. 728)

Sein Leben unter dem „Leitstern" von unzeitgemäßer Bildung zu führen, ist unwegsam und gefährlich; es erwarten den Menschen dort nicht die Begeisterung der Massen, vielmehr ihr Spott und Hohn. Vor allem ist es ein Weg, der die Einordnung in „Reih und Glied" verhindert.

„Also, nicht Bildung der Masse kann unser Ziel sein: sondern Bildung der einzelnen ausgelesenen, für große und bleibende Werke ausgerüsteten Menschen: wir wissen nun einmal, daß eine gerechte Nachwelt den gesammten Bildungsstand eines Volkes nur ganz allein nach jenen großen, einsam schreitenden Helden einer Zeit beurtheilen und je nach der Art, wie dieselben erkannt, gefördert, geehrt, oder sekretirt, mißhandelt, zerstört worden sind, ihre Stimme abgeben wird." (ebd., S. 698f.)

Elitenbildung als Privileg Wahre Bildung ist elitär und privilegiert. Und so setzt Nietzsche der Bildungsinflation die Forderung nach „Verengung und Koncentration" auf wenige, der Verflachung von Bildung ihre „Stärkung und Selbstgenugsamkeit" (ebd., S. 647) entgegen. Die Elitenbildung ist nicht für einen Kreis gesellschaftlich privilegierter oder am Ende „besserer" Menschen gedacht. Im Gegenteil: Nietzsche wendet sich gegen eine Elite, die unter dem Leitstern von Staat, Politik und Ökonomie ausgebildet wird und gesellschaftliche Hierarchien verfestigt. Ihm geht es um eine Elite, die sich an kritischem Denken sowie an künstlerischem Schaffen orientiert und bedeutende kulturelle Werke hervorbringt, die die Zeit überdauern. Anders formuliert: Er stellt eine andere Ordnung vor, in der sich die so genannte Elite positioniert. Genau genommen geht es ihm weniger um den einzelnen Menschen, sondern um seine schöpferischen Werke auf dem Boden einer Kultur, die sich in ihrem Wert durch ihre Werke artikuliert. Denn Nietzsche gibt zu bedenken, dass sich die Bewertung einer Zeit nach ihren kulturell bedeutsamen Werken bemisst. Auch heute noch wird zum Beispiel die Zeit der „Klassik" in der deutschen Literatur hoch geschätzt, indem sie mit den Namen und Werken eines J. W. Goethe (1749–1832) und F. Schiller (1759–1805) verbunden ist.

Eine Gesellschaft und Kultur, die nur das fördert, was ihr nutzt, wird dekadent und kulturell verrohen. Daher ist es von Gewicht, wie eine Zeit mit den Menschen umgeht, die sich mit ihrer Bildung einer unmittelbaren Nutzbarmachung entziehen. Die Elitenbildung ist nicht Resultat der Förderungen von Einzelnen, sondern das Werk einer Kultur und Sozialität. Ihr Privileg ist am Ende das Privileg einer Kultur und Gesellschaft, die erkennt, dass Bildung – neben politisch-gesellschaftlich-ökonomischen Interessensbereichen – eine eigene Sphäre und Lebensform ist, die es zu schützen gilt.

Für Nietzsche ist Bildung eine schöpferische und gestaltende Leistung des *Ästhetische Bildung* Menschen. Das Bemühen um Erkenntnis und Wahrheit findet nicht in der Wissenschaft ihren Ort, sondern in der Kunst und, weil mit dieser untrennbar verwoben, in der Philosophie. Bildung ist eine ästhetische. Was ist damit gemeint? Wahrheiten sind Werke sprachlicher Interpretationen und Deutungen des Menschen; sie haben keinen von Menschen unabhängigen Anspruch, sondern sind Ausdruck der Verhältnisse des Menschen zu seinem Leben, zu seinen Mitmenschen und zur Welt. Diese Verhältnisse des Menschen sind grundlegend perspektivisch. Der Mensch als leibliches Wesen ist zur Welt hin gerichtet und artikuliert sein Verhältnis zu ihr anthropomorph, das heißt aus seiner menschlichen Sicht. Dann gibt es aber keine Tatsachen mehr, sondern nur menschliche Interpretationen der Dinge. Dies gilt Nietzsche besonders für den Bereich der Moral. Gut und böse sind nur moralische Interpretationen, die aber selbst außermoralischen Ursprungs sind, eben jenseits von gut und böse.

In seiner kleinen Schrift „Über Wahrheit und Lüge im außermoralischen *Wahrheit als Illusion* Sinne" wird dies deutlicher:

„Die verschiedenen Sprachen neben einander gestellt zeigen, dass es bei den Worten nie auf die Wahrheit, nie auf einen adäquaten Ausdruck ankommt: denn sonst gäbe es nicht so viele Sprachen. Das ‚Ding an sich' (das würde eben die reine folgenlose Wahrheit sein) ist auch dem Sprachbildner ganz unfasslich und ganz und gar nicht erstrebenswerth. Er bezeichnet nur die Relationen der Dinge zu den Menschen und nimmt zu deren Ausdrucke die kühnsten Metaphern zu Hülfe. […] Wir glauben etwas von den Dingen selbst zu wissen, wenn wir von Bäumen, Farben, Schnee und Blumen reden und besitzen doch nichts als Metaphern der Dinge, die den ursprünglichen Wesenheiten ganz und gar nicht entsprechen." (ebd., S. 879)

Der Mensch ist, sofern er neue Interpretationen der Welt in und durch Sprache schafft, ein künstlerisches Subjekt, das durch diese Deutungen seine Wirklichkeit schafft und gestaltet. Diese Schöpfung ist als Antwort auf eine Welt zu verstehen, in der er lebt und der er Sinn verleihen will. Da der Mensch jedoch vergisst, dass er in einer von Menschen interpretierten Welt lebt, glaubt er, dass die Welt – unabhängig von ihm – so ist, wie sie ihm erscheint. Doch die Wirklichkeit bewegt sich in einer Sprache, die immer schon die Welt interpretiert hat. Die von den meisten Menschen so geschätzte Wahrheit ist eine Illusion, ohne die die Menschen nicht leben können.

Der Mensch gestaltet sprachliche Bilder, die sein Verhältnis zur Welt arti- *Sprachliche Bildung* kulieren und ihr Sinn verleihen. So wird verständlich, dass Nietzsche auf die Sprache großen Wert legt. Bereits in seinen „Vorträgen über die Zukunft unserer Bildungsanstalten" dreht sich die Möglichkeit von Bildung immer wieder um die Sprache und ihren Gebrauch. Die sprachliche Bildung des Menschen ist das Fundament und der Keim jeder höheren Bildung (ebd., S. 676). Ist der Mensch aber erst einmal an einen „kultivierten" Umgang mit Sprache gewöhnt, so erregt alle undifferenzierte Flachheit der Sprache ein Gefühl des „Ekels".

Die Schüler sollen daher von Beginn an lernen, mit dem kunstvollen Gebrauch der Sprache in Literatur und Philosophie umzugehen, denn der Niedergang von Kultur und Bildung spiegelt sich in der „Verarmung der Sprache" (KSA 7, S. 830). Selbst der Gelehrte wird zum geschwätzigen Journalisten (vgl. ebd., S. 245). Nietzsche betont dagegen, dass „künstlerisch mit der Sprache verfahren" (ebd., S. 833) werden müsse, so wie es die klassische Rhetorik der Antike aufzeigt. Vor allem die Klassiker der Literatur, aber auch antike Schriftsteller und Philosophen sind ihm in dieser Hinsicht ein Vorbild. Sie gehen kunstvoll mit Sprache um und versuchen in ihr, „große" Gedanken auszudrücken. An der kunstvollen Sprache und dem scharfen Denken können Schülerinnen und Schüler sich messen.

Kritik der historischen Bildung Nun könnte leicht der Verdacht entstehen, Nietzsche wollte eine historische Bildung, also vergangene traditionsstiftende Bildungsklassiker bewahren, weil sie Klassiker sind. Doch diese „großen" Denker zeichnen sich für ihn durch ein Denken aus, das an Aktualität nicht verliert. Allerdings muss ihre Bedeutung für die Gegenwart erarbeitet werden. Insofern sind sie keine veralteten Klassiker.

„Nur aus der höchsten Kraft der Gegenwart dürft ihr das Vergangene deuten: nur in der höchsten Anspannung werdet ihr errraten, was in dem Vergangnen wissenswürdig. Gleiches durch Gleiches! Sonst seid ihr verloren, sonst zieht ihr das Vergangene zu euch nieder." (ebd., S. 675)

Erfahrungen Nietzsche kritisiert eine historische Bildung, die nur „alles, was man wissen sollte", umfasst. Bildung muss in der eigenen Erfahrung wurzeln und darf nicht als bloßer Wissensbestand tradiert werden. Die eigenen Erfahrungen des Menschen aus der „unmittelbaren Anschauung des Lebens" (KSA 1, S. 327) sollten Grundlage seines Denkens, Handelns und Urteilens sein. Die Menschen seien bereits „zum richtigen und einfachen Sehen und Hören, zum glücklichen Ergreifen des Nächsten und Natürlichen verdorben" (ebd., S. 328). Dabei hat der Heranwachsende eine „Begierde, selbst etwas zu erfahren und ein zusammenhängend lebendiges System von eigenen Erfahrungen in sich wachsen zu fühlen" (ebd., S. 327). Der Mensch muss das, was er lernt, verstehen, muss es zu seiner Erfahrung machen. Andernfalls bleibt die Beschäftigung mit Gegenständen äußerlich, trägt nur ein Wissen zur Schau, ohne dass dies in seiner Bedeutung verstanden wird. Bildung, vor allem historische, wird Dekoration.

„Der moderne Mensch schleppt zuletzt eine ungeheure Menge von unverdaulichen Wissenssteinen mit sich herum, die dann bei Gelegenheit auch ordentlich im Leibe rumpeln, wie es im Märchen heisst. Durch dieses Rumpeln verräth sich die eigenste Eigenschaft dieses modernen Menschen: der merkwürdige Gegensatz eines Inneren, dem kein Aeusseres, eines Aeusseren, dem kein Inneres entspricht [...]." (ebd., S. 272)

Der freie Geist Nietzsches Überlegungen zur unzeitgemäßen Bildung zielen auf einen freien Geist.

„Man nennt Den einen Freigeist, welcher anders denkt, als man von ihm auf Grund seiner Herkunft, Umgebung, seines Standes und Amtes oder auf Grund der herrschenden Zeitansichten erwartet. Er ist die Ausnahme, die gebundenen Geister sind die Regel […]." (KSA 2, S. 189)

Der freie Geist löst sich von Leitvorstellungen, von vorgegebenen Normen und Werten. Er durchschaut sie als Illusionen, als Weltdeutungen, die sich zu einem bestimmten Zeitpunkt durchsetzen konnten und seitdem unbefragt tradiert werden. Die großen Orientierungen des Abendlandes, z. B. Gott, Moral oder auch die Wahrheit, wertet Nietzsche um. Neue Interpretationen von Mensch und Welt sollen an ihre Stelle treten, Orientierungen, die sich von der christlichen Moral und ihren Werten lösen. „Gott ist tot", heißt seine Feststellung, die nicht etwa Ausdruck einer atheistischen Einstellung, sondern ein Appell ist, der Mensch möge die Freiheit in der Gestaltung seines Lebens erlernen. Das heißt, der Mensch muss bestehende Werte umwerten und sich von ihnen befreien, sodass er aus sich heraus Orientierungen schafft. Dies ist die ästhetische Leistung des freien Geistes, die sich darin wiederum als eine kritische erweist: *Kritische Bildung*

„unzeitgemäss – das heisst gegen die Zeit und dadurch auf die Zeit und hoffentlich zu Gunsten einer kommenden Zeit – zu wirken" (KSA 1, S. 247).

Die „Umwertung der Werte" ist eine Gestaltung neuer Orientierungen (vgl. KSA 3, S. 422). Diese stellen aber nicht den Anspruch auf Wahrheit und ewige Gültigkeit. Sie sind als geschaffene transparent und sollen als solche transparent bleiben. „Es geht immer darum zu erfahren, ob wir in der Lage sind, in einer Welt, in der ,Gott tot ist', ohne Neurosen zu leben, in der sozusagen klar geworden ist, daß es keine festen, gesicherten, wesentlichen Strukturen, sondern im Grund nur Justieren gibt." (VATTIMO 1986, S. 34)

Mit Nietzsche werden Weisen der Lebensgestaltung unterschieden: Sein Leben nach einem „Du sollst" einzurichten heißt, ein zeitgemäßes Leben in Unfreiheit und Gehorsam zu führen, von vorgegebenen Werten abzuhängen. Erst ein „Ich will" des freien Geistes sucht nach eigenen „unzeitgemäßen" Orientierungen. Es bleibt dennoch in seiner Befreiung an jenes gebunden, von dem es sich befreit. Diese Befreiung ist aber zugleich auch der Übergang dazu, der zu werden, der man ist. Nietzsche appelliert: „Werde der, der du bist" (KSA 8, S. 340, vor allem KSA 3, S. 563, auch KSA 9, S. 555). Bildung ist dann nicht nur Befreiung, sondern eine Lebenskunst, verbunden mit dem Wagnis zu scheitern: „Wozu die ,Welt' da ist, wozu die ,Menschheit' da ist, soll uns einstweilen gar nicht kümmern […], aber wozu du Einzelner da bist, das frage dich" (KSA 1, S. 319). *Lebensgestaltungen*

Werde der du bist: Dichter deines Lebens

Nun darf gerade ein „Werde der, der du bist" nicht verwechselt werden mit Selbstverwirklichungsformeln. „Werde der, der du bist" wird zur Befreiung hin zu dem, was der Mensch ist: nämlich leibliche Existenz und Leben. Man könnte dann sagen, dass es nach Nietzsche nicht nur darauf ankommt, denken (KSA 6, S. 109), sondern vor allem leben zu lernen (vgl. KSA 1, S. 325 ff.) und sich zu sich, seinen Leidenschaften, Gefühlen, Ängsten, Hoffnungen, seinem Denken und seinem Handeln in ein Verhältnis zu setzen. Für Nietzsche ist das Leben eine basale Dimension des Menschen, die nicht hintergehbar ist. Das führt dazu, dass nicht mehr die Vernunft ,Herr im Hause' Mensch ist, sondern die leibliche Existenz des Menschen Vorrang hat. Der Leib, nicht der Intellekt, ist die große Vernunft, die die Weichen des Denkens stellt, denn *Leiblichkeit* menschliches Bewusstsein kommt immer erst nach der leiblichen Erfahrung des Lebens und kann diese nicht einholen.

Anders gefragt: Wieso sollte man der werden, der man ohnehin schon ist? Wenn diese Forderung sinnvoll sein soll, dann müsste der Mensch jemand sein, der er nicht ist, ein von sich Entfremdeter. Nietzsches Kritik an der zeitgemäßen und an der historischen Bildung verdeutlicht dies. Nach ihm soll sich der Mensch selbst auf der Grundlage seiner leiblichen Verfasstheit zur Quelle der Erfahrung werden. Er soll von sich heraus Orientierungen schaffen und sein Leben, ähnlich einem Kunstwerk, gestalten. Dazu hat er einen schöpferischen Willen, den Willen zur Macht. Dies ist der Übergang zum *Kritische Lebenskunst* „Über-Menschen", der den unfreien Menschen überwunden hat. „Werde der, der du bist" wird zur Formel eines aktiven Nihilismus, einer Lebenskunst ohne Netz und doppelten Boden.

> „Es ist Mythologie zu glauben, daß wir unser eigentliches Selbst finden werden, nachdem wir dies und jenes gelassen oder vergessen haben. So dröseln wir uns auf bis ins Unendliche zurück: sondern *uns selber machen,* aus allen Elementen eine Form *gestalten* – ist die Aufgabe! Immer die eines Bildhauers! Eines produktiven Menschen!" (KSA 9, S. 361)

In der Sorge um sich als Lebenskunst wird der Mensch zum „Dichter" seines Lebens (vgl. KSA 3, S. 538) und zum Bildner seiner selbst (vgl. KSA 9, S. 555). Doch, was heißt dies letztlich? Bildung wird zu einer kritischen Lebenskunst, zu einem Ethos, also zu einer Haltung seinem eigenen Leben gegenüber, dem es Sinn zu verleihen gilt und dessen Verhältnisse in der unzeitgemäßen Befreiung zugleich selbst zu gestalten sind, eben so, wie der Künstler zu gestalten sucht. Aber wie soll man dann sein Leben ausrichten? Die Aufgabe sei,

> „*so* leben, daß du *wünschen* mußt, wieder zu leben […]. Wir wollen ein Kunstwerk immer wieder erleben! So soll man sein Leben gestalten, daß man vor seinen einzelnen Theilen denselben Wunsch hat! Dies der Hauptgedanke!" (ebd., S. 505).

8.4 Wirkungsgeschichte und Aktualität Nietzsches

Nietzsches Kritik der Bildung richtet sich gegen den Anspruch zeitgemäßer Bildung, die sich bei genauem Hinsehen als dekadente Bildung entlarvt. Der zeitgemäßen Bildung geht es nicht um die Bildung der Menschen, sondern um ihre Nutzbarmachung, und zwar in den Bereichen der Politik, der Ökonomie und der Wissenschaft. Der Mensch sei zur Bildung geboren und zur Unbildung erzogen, heißt es (vgl. KSA 3, S. 258). Gegen die Ordnung der Privilegien eines Berechtigungswesens setzt Nietzsche eine Ordnung des freien Geistes, der für seine Vorstellung unzeitgemäßer Bildung steht. Dabei kommt Nietzsche zu einer komplexen Vorstellung von Elitenbildung, die nicht gedacht werden kann als Förderung Einzelner, sondern als Ermöglichung der Elite durch ihren Schutz vor zeitgemäßer Indienstnahme. Die Elite ist dem Schöpfungsprozess großer Werke und Deutungen als orientierenden Welt- und Menschenbildern verpflichtet. Nietzsches ästhetische Konzeption von

Bildung verweist auf die Grundlage der leiblichen Existenz als Quelle von Erfahrung. Er betont die Gestaltung des Lebens und die Gestaltung des Verhältnisses zu sich (vgl. MEYER-DRAWE 2000); weiter stellt er eine Praxis der Freiheit gegen die Macht des Vorgedachten heraus und setzt gegen eine zeitgemäße die unzeitgemäße Bildung.

Die Wirkungsgeschichte Nietzsches ist ebenso vielfältig wie seine Vorstellung von Bildung. Er wurde zum Denker der künstlerischen Avantgarde sowie zur Leitfigur des Expressionismus zu Beginn des 20. Jahrhunderts und hat auch heute noch über die Rezeption Ästhetischer Bildung in der Pädagogik und Erziehungswissenschaft eine nicht zu überschätzende Wirkung. Seine Ansichten beeinflussten die Jugendbewegung und die Reformpädagogik, die aber der Tiefe weder seines Denkens im Allgemeinen noch seines Bildungsgedankens im Besonderen gerecht wurden. Vor allem für die Erziehungs- und Bildungsphilosophie, insbesondere in der Diskussion von Subjektivitätskonzeptionen und Autonomiekritik, ist die Bildungsvorstellung Nietzsches in aktuellen Bildungsdiskursen von großer Bedeutung. Auch die Gewichtung von Sprachkritik und sprachlicher Bildung in pädagogisch-erziehungswissenschaftlichen Überlegungen geht auf Nietzsche zurück. Eine Theorie der Leiblichkeit findet in ihm eine Referenz ebenso wie machtanalytische Reflexionen auf Praktiken des Erziehungs- und Bildungswesens. Insgesamt steht Nietzsche für vielfältige Neuorientierungen und Umwertungen traditioneller Werte pädagogisch-erziehungswissenschaftlich bedeutender Kategorien.

Wirkungsgeschichte

Was Sie wissen sollten, wenn Sie Kapitel 8 gelesen haben:

Sie sollten in der Lage sein,
- die Grundzüge des Bildungswesens im 19. Jahrhundert zu beschreiben,
- die Verhinderung der Bildung durch „Bildungsinflation" und Spezialistentum zu erläutern,
- zu erklären, warum für Nietzsche Bildungsanstalten Anstalten der Lebensnot sind,
- Nietzsches Umwertung der Elitenbildung zu diskutieren,
- die Verbindung unzeitgemäßer Bildung zum freien Geist herzustellen,
- den Zusammenhang von ästhetischer und sprachlicher Bildung zu explizieren,
- zu erläutern, was unter kritischer Lebenskunst zu verstehen ist.

Weiterführende Literatur zu Kapitel 8

Quellen
NIETZSCHE, F. (1980): **Sämtliche Werke**. Kritische Studienausgabe in 15 Bänden (= KSA).

Für die Bildungskonzeption des jungen Nietzsches sind vor allem grundlegend:
Über die Zukunft unserer Bildungsanstalten (KSA 1, S. 641–763), hierzu auch die Vorstudien (KSA 7, S. 243–268 und S. 378–385)
Unzeitgemäße Betrachtungen, Teil II und Teil III (KSA 1, S. 243–427)

Über Wahrheit und Lüge im außermoralischen Sinne (KSA 1, S. 873–890)

Unter pädagogischen Gesichtspunkten besonders lesenswerte Quellentexte:
Menschliches, Allzumenschliches I und II (KSA 2)
Fröhliche Wissenschaft (KSA 3, S. 343–651)
Jenseits von gut und böse (KSA 5, S. 9–243)
Zur Genealogie der Moral (KSA 5, S. 245–412)
Also sprach Zarathustra (KSA 4)

Zur Einführung in die Philosophie und zur Biographie F. Nietzsches:
RIES, W. (2001): **Nietzsche zur Einführung**

Zur Einführung in die Bildungskonzeption sind geeignet:
BLASS, J. L. (1977): **Kritik und Neuentwurf der Bildung in Nietzsches Basler Vorträgen „Über die Zukunft unserer Bildungsanstalten"**
BLASS, J. L. (1978): **Nietzsche – Die Destruktion des Begründungszusammenhanges der Pädagogik**
NIEMEYER, C./DRERUP, H./OELKERS, J. (Hrsg.) (1998): **Nietzsche in der Pädagogik?**

Eine materialreiche und detaillierte Untersuchung bietet:
HOYER, T. (2004): **Nietzsche und die Pädagogik**

Für die Wirkungsgeschichte:
NIEMEYER, C. (2002): **Nietzsche, die Jugend und die Pädagogik**

Zur Vertiefung der Sozialgeschichte von Bildung im 19. Jahrhundert:
LUNDGREEN, P. (1980): **Sozialgeschichte der deutschen Schule im Überblick**

9 Kritik der Halbbildung

Die Thematisierung von Bildung erfährt eine neue Akzentuierung durch die kritische Gesellschaftstheorie. Neu ist nicht die Reflexion über die soziale Dimension von Bildung, auf die sozialgeschichtlichen Voraussetzungen oder die gesellschaftliche Funktionalität von Bildung, sondern die Bestimmung von Bildung im Kontext der Kritik an der bürgerlichen Gesellschaft. Die Gesellschaftskritik in der Tradition des Marxismus impliziert auch eine Analyse und Kritik der Bildung (vgl. die Kritik am „Widerspruch von Bildung und Herrschaft" bei H.-J. Heydorn [1970]).

Klagen über Bildungsverfall

Immer werden Klagen über eine Krise der Bildung oder über den Verfall von Bildung laut. So sehen ältere Menschen häufig bei der nachkommenden Generation nicht mehr das realisiert, was sie für Bildung halten und an gebildeten Äußerungen erwarten; in ihren Augen sind die Jüngeren ungebildet, bestenfalls halb gebildet. Auch wird beklagt, dass die zuständigen Institutionen nicht mehr Bildung vermitteln, sondern die Unbildung fördern.

Gesellschaftstheorie als Bildungskritik

Theodor W. Adorno stellt diese Klagen und Krisendiagnosen wie auch die Bildungsreformen in Frage. Er leugnet nicht „die allerorten bemerkbaren Symptome des Verfalls von Bildung" (GS 8, S. 93), aber er fordert und beansprucht, sie als Momente des gesellschaftlichen Gesamtzusammenhangs zu begreifen, in einer systematischen Theorie darzulegen und in dieser Theorie auch den Begriff der Bildung neu zu fassen.

„Was aus Bildung wurde und nun als eine Art negativen objektiven Geistes, keineswegs bloß in Deutschland, sich sedimentiert, wäre selber aus gesellschaftlichen Bewegungsgesetzen, ja aus dem Begriff von Bildung abzuleiten. Sie ist zu sozialisierter Halbbildung geworden, der Allgegenwart des entfremdeten Geistes." (ebd.)

Gerade das Paradox, dass – entgegen den Ansprüchen von Aufklärung – Halbbildung sich vermittels Aufklärung verbreitet und durchgesetzt hat, fordert theoretische Anstrengung und rückhaltlose Kritik heraus. Adorno beansprucht eine streng systematische Erklärung der Geschichte der Bildung, abgeleitet aus den Gesetzmäßigkeiten der Gesellschaft und ihrer Entwicklung, und stellt die These auf, dass der Verfall der Bildung und die Verbreitung von Halbbildung von Anfang an zur Bildung, d.h. dass zum Bildungsbegriff die Verfallsgeschichte gehöre. Dieses Konzept hat weitreichende Konsequenzen.

Gemeinhin wird Bildung von Unbildung oder Halbbildung unterschieden; der Gebildete grenzt sich von den halbgebildeten oder den ungebildeten Massen ab. Aber diese Unterscheidungen lässt Adorno so nicht mehr gelten, denn Bildung ist „zu sozialisierter Halbbildung geworden". An die Stelle von Bildung sei nun Halbbildung getreten, die überall anzutreffen sei und das geistige Leben bestimme. Halbbildung geht seiner Ansicht nach nicht – wie die Unbildung – der Bildung voraus oder ist nur eine Vorstufe der Bildung, sondern verhindert geradezu das, was Bildung ausmacht.

9.1 Theodor W. Adorno und die Kritische Theorie

Theodor W. (Wiesengrund) Adorno (1903–1969) hat nach seinem Studium der Philosophie, Musikwissenschaft, Psychologie und Soziologie 1924 in Frankfurt/Main mit einer Arbeit über Edmund Husserl promoviert. 1924 nahm er in Wien bei Alban Berg ein Kompositionsstudium auf. Er veröffentlichte musiktheoretische und -kritische Arbeiten. 1931 habilitierte er sich in Frankfurt/Main mit einer Arbeit über Søren Kierkegaard. 1933, nach der Machtergreifung der Nationalsozialisten, wurde ihm seine Lehrbefugnis für Philosophie entzogen. 1934 emigrierte er nach England, 1938 in die Vereinigten Staaten. 1938 wurde Adorno Mitglied des Instituts für Sozialforschung, dem er schon lange verbunden war. Max Horkheimer hatte das Institut, das ebenfalls in die Vereinigten Staaten emigrierte, 1931 in Frankfurt/Main gegründet und 1950 in Frankfurt/Main erneut etabliert. Mit Max Horkheimer verfasste Adorno 1942–1944 die „Dialektik der Aufklärung", die 1947 in Amsterdam erschien. Adorno kehrte 1949 nach Frankfurt/Main zurück und lehrte dort bis zu seinem Tod als Professor für Philosophie und Soziologie. 1950 erschien „The Authoritarian Personality" als Ergebnis empirischer Studien, an denen Adorno mitgearbeitet hatte. Seine Hauptwerke sind die „Minima Moralia" (1951), die „Negative Dialektik" (1966) und die „Ästhetische Theorie" (erschienen posthum 1970).

Theodor W. Adorno

Adorno gehört neben Max Horkheimer (1895–1973), Herbert Marcuse (1898–1979) und Jürgen Habermas (geb. 1929) zu den bekanntesten Vertretern der „Frankfurter Schule", mit der ein Kreis von Philosophen und Sozialwissenschaftlern um das „Institut für Sozialforschung" und die „Zeitschrift für Sozialforschung" bezeichnet wird. Charakteristisch für diese Gruppe von Wissenschaftlern ist die von Horkheimer programmatisch begründete „Kritische Theorie der Gesellschaft", die er der so genannten „traditionellen Theo-

Die „Frankfurter Schule"

rie" der herkömmlichen Philosophie und Wissenschaft entgegensetzt (vgl. HORKHEIMER 1937/1988).

„Kritische Theorie" Ihr Ziel ist eine Gesellschaftslehre, die die Zusammenhänge zwischen den ökonomischen Gesetzen der Gesellschaft, der psychischen Verfasstheit der Individuen und der Entwicklung der verschiedenen Kulturgebiete aufzuzeigen sucht. In dieser Analyse wird auch die gesellschaftliche Bedingtheit des eigenen Denkens reflektiert. Sie verbindet die kritische Analyse der gesellschaftlichen Verhältnisse mit dem Anspruch der Emanzipation des Menschen von Herrschaft und Ausbeutung. Die kritische Theorie stützt sich auf die Kritik der Politischen Ökonomie von Karl Marx, steht aber selbst nicht für ein dogmatisch marxistisches Denken. Das Ausbleiben einer sozialistischen Revolution durch das Proletariat in den dominanten kapitalistischen Ländern und die Integration der proletarischen Massen in autoritäre Systeme (des Faschismus und Stalinismus) versucht sie im Rahmen einer Erweiterung der marxistischen Theorie durch die Psychoanalyse Sigmund Freuds zu erklären. Angesichts des zweiten Weltkrieges und des Holocaust, aber auch durch Erfahrungen mit der amerikanischen Kulturindustrie der 1940er Jahre, wurden die Arbeiten von Horkheimer und Adorno immer skeptischer und pessimistischer.

Kritik der instrumen-
tellen Vernunft In ihrem gemeinsamen Werk „Dialektik der Aufklärung" (1947/1981) wird die Kritik an der kapitalistischen Gesellschaft und bürgerlichen Herrschaft ersetzt durch eine grundsätzliche Kritik an der abendländischen Vernunfttradition. Horkheimer und Adorno interpretieren die Geschichte der Vernunft nicht als Fortschritt im Bewusstsein der Freiheit (Hegel) oder als Befreiung der Menschen in einer klassenlosen Gesellschaft (Marx), sondern als Umschlagen der Vernunft in ihr Gegenteil, als Scheitern der Idee der Humanität in unmenschlicher Herrschaft. Die Dialektik der Zivilisation besteht darin, dass die Vernunft dem Menschen die Beherrschung und technische Verfügung über die Natur und die Welt ermöglicht, aber die Dominanz dieser „instrumentellen Vernunft" zu totaler Herrschaft und Barbarei führt. Nachdem die Kritische Theorie ihre revolutionären Hoffnungen aufgegeben und ihren Adressaten, das revolutionäre Subjekt, verloren hat, geht es ihr und insbesondere Adorno darum, Refugien bzw. andere Formen der Vernunft zu finden, in denen die Herrschaft der instrumentellen Vernunft, des „identifizierenden Denkens", gebrochen ist und das Unterdrückte, das „Nichtidentische" erfahrbar ist. Ein solches Medium sieht Adorno in der Kunst. In diesem theoretischen Rahmen stehen auch die bildungstheoretischen Analysen Adornos. Andere Vertreter der Frankfurter Schule, wie z. B. J. Habermas, haben sich später wieder stärker an dem emanzipatorischen Programm der frühen Konzeption Horkheimers orientiert.

9.2 Das Scheitern der klassischen Bildungsidee

Die klassische Idee
der Bildung Im Sinne Adornos ist Bildung Emanzipation, Befreiung des Menschen aus Abhängigkeiten und Gewinnung von Autonomie. Bildung meint zunächst die Überwindung eines Ausgeliefertseins an die eigene Natur, im Sinne einer Kultivierung der Triebe und unmittelbaren Bedürfnisse und des Weiteren die Beherrschung des Ausgeliefertseins an die äußere Natur im Sinne eines Fort-

schritts in wissenschaftlicher Naturerkenntnis und zunehmender technischer Möglichkeiten des Nutzbarmachens von Natur. Die Bearbeitung der inneren und äußeren Natur ist aber nicht als Unterdrückung oder Zerstörung gedacht, sondern als Umformung und Bewahrung. „Die philosophische Bildungsidee auf ihrer Höhe wollte natürliches Dasein bewahrend formen." (GS 8, S. 95; vgl. HORKHEIMER 1952/1985, S. 410) Bildung, bezogen auf soziale Verhältnisse, bedeutet die Überwindung von Fremdbestimmung durch vorgegebene Autoritäten oder durch illegitime Herrschaftsstrukturen. Bildung zielt auch in dieser Dimension auf möglichst weitreichende Selbstbestimmung des Individuums.

Die klassische Bildungstheorie – und darin folgt ihr Adorno – verstand die Bildung des Individuums als ein wesentliches Moment im geschichtlichen Fortschritt der Menschheit hin zu einem besseren gesellschaftlichen und weltpolitischen Zustand. Charakterisiert wurde dieser Fortschritt durch einen Zugewinn an Freiheit und Selbstbestimmung, ermöglicht durch Aufklärung und Bildung. Je aufgeklärter der Einzelne, umso aufgeklärter und fortschrittlicher werde die ganze Gesellschaft sein (vgl. GS 8, S. 97).

Diese von Adorno aufgenommene Idee der Bildung wurde gegen Ende des 18. Jahrhunderts und zu Beginn des 19. Jahrhunderts theoretisch entfaltet und ist charakteristisch für die Epoche der bürgerlichen Gesellschaft. Die Idee der Bildung „emanzipierte sich mit dem Bürgertum" (ebd.). Sie richtete sich gegen tradierte Erziehungsziele und Menschenbilder des christlichen Mittelalters und der feudalen Ständegesellschaft, gegen die alten Machtstrukturen und Autoritäten. „Ihre Verwirklichung sollte der einer bürgerlichen Gesellschaft von Freien und Gleichen entsprechen." (ebd.) Dieses Versprechen aber ist nicht eingelöst worden.

Widerspruch zwischen Bildung und bürgerlicher Gesellschaft

Den Anspruch von Bildung wie den von Freiheit und Gleichheit hat die bürgerliche Gesellschaft zwar für alle Menschen formuliert, aber nur für einige praktisch realisiert. Nach Adorno ist die bürgerliche Gesellschaft eine Klassengesellschaft, in der die einen über die gesellschaftlichen Quellen des Reichtums verfügen, während die anderen, und zwar die große Mehrheit der Bevölkerung, genau davon ausgeschlossen sind. Für das Bürgertum war Bildung Mittel und Zeichen seines ökonomischen Erfolgs und seiner politischen Durchsetzung. Von Bildung ausgeschlossen waren dagegen all jene, die nichts besaßen und für ihren Lebensunterhalt arbeiten mussten.

„Die Besitzenden verfügten über das Bildungsmonopol auch in einer Gesellschaft formal Gleicher; die Entmenschlichung durch den kapitalistischen Produktionsprozeß verweigerte den Arbeitenden alle Voraussetzungen zur Bildung, vorab Muße." (ebd., S. 98 f.)

Auch wenn alle Gesellschaftsmitglieder in rechtlicher Hinsicht als gleich angesehen werden und der Zugang zu Bildung grundsätzlich allen offen steht, so schließen ökonomische Unterschiede Bildung für jene aus, die nicht über Mittel zur Finanzierung von Bildungsangeboten verfügen, die das Schulgeld nicht aufbringen können oder schon als Kinder oder Jugendliche zum Unterhalt der Familie beitragen müssen. Das Bildungsmonopol für die einen und der Ausschluss von Bildung für andere ist nach Adorno vor allem durch die Arbeit im Kapitalismus begründet. Die Arbeit ist nach dem Maßstab der Profit-

Bildungsmonopol und Ausschluss von Bildung

maximierung organisiert und für die Arbeitenden vorgegeben und fremdbestimmt, extensiv und Kräfte verschleißend, vereinseitigend und verrohend. Die „freie Zeit" der Arbeitenden in einem von Not und dem Zwang zur Arbeit diktierten Leben lässt keinen Raum für „Muße", die für Adorno eine elementare Voraussetzung von Bildung ist. Ausbeutung und Entfremdung stehen Bildung diametral entgegen. Insofern bleiben die Arbeitenden ungebildet.

Aber nicht nur die Lebens- und Arbeitsverhältnisse des Proletariats und der Bauern widersprechen dem Ideal der Bildung. Auch das Bürgertum kann seiner Bildungsidee nicht entsprechen, obwohl ihm das Bildungsmonopol zukommt und es im Unterschied zu den Arbeitenden über die erforderliche Muße verfügt. Adorno geht in seiner Analyse der (gescheiterten) Realisierung der Bildungsidee noch einen Schritt weiter.

Doppelcharakter der Kultur Adorno verdeutlicht die Problematik der klassischen Bildungsidee, indem er den Widerspruch von Kultur in der bürgerlichen Gesellschaft darlegt. „Bildung ist nichts anderes als Kultur nach der Seite der subjektiven Zueignung. Kultur aber hat Doppelcharakter." (ebd., S. 94) Unter Kultur wird zumeist „Geisteskultur" (ebd.) verstanden, Literatur, Malerei, Musik, Philosophie usw., darum gelten die Künste und die Sprachen als das Medium der Bildung. In diesen Sphären kann sich das Individuum frei betätigen und seine Kräfte frei entfalten. Ein solches Kultur- und Bildungsverständnis ist aber einseitig, da es Politik und Wirtschaft, Naturwissenschaften und Technik ausschließt. Wird Kultur auf das bloße Geistesleben beschränkt, so sind die grundlegenden Bereiche „des realen Lebens" (ebd., S. 95) der bürgerlichen Gesellschaft nicht nach den Prinzipien der Freiheit und der Humanisierung der Verhältnisse gestaltet. Kultur beansprucht Universalität, mit ihr ist – gerade auch im Kontrast zur kapitalistischen Ökonomie – das Versprechen von Freiheit und Humanität verbunden. Aber in ihrer Beschränkung auf die nicht-konstitutiven Bereiche, in ihrer Selbstgenügsamkeit als Geisteskultur ist und bleibt sie ohnmächtig gegenüber dem ungehinderten Wirken der ökonomischen Gesetzmäßigkeiten in der bürgerlichen Gesellschaft. „Der Doppelcharakter der Kultur, dessen Balance gleichsam nur augenblicksweise glückte, entspringt im unversöhnten gesellschaftlichen Antagonismus, den Kultur heilen möchte und als bloße Kultur nicht heilen kann." (ebd., S. 96)

Widersprüchlichkeit der Bildungsidee Wie der Kultur kommt auch der Bildung ein zwiespältiges Verhältnis zur Gesellschaft zu. Die Idee der Bildung verspricht nach Adorno eine Humanisierung der Gesellschaft und die Überwindung von Herrschaft und Ungleichheit, Ausbeutung und Entfremdung. Das Bildungsideal steht in kritischem Gegensatz zu einer Gesellschaft, in der der Eigennutz des Geldvermehrens regiert und sich das Wohl aller nicht realisieren lässt.

„Fraglos ist in der Idee der Bildung notwendig die eines Zustands der Menschheit ohne Status und Übervorteilung postuliert, und sobald sie davon etwas sich abmarkten läßt und sich in die Praxis der als gesellschaftlich nützliche Arbeit honorierten partikularen Zwecke verstrickt, frevelt sie an sich selbst. Aber sie wird nicht minder schuldig durch ihre Reinheit; diese zur Ideologie." (ebd., S. 97 f.)

Bildung wird nach Adorno ihrem Anspruch nicht gerecht, wenn sie sich auf die Interessen des ökonomischen Erfolgs einlässt und in deren Dienst tritt. Als Mittel kapitalistischer Geschäftsinteressen und der Durchsetzung in der Konkurrenz widerspricht sie ihrem Anspruch einer humanen Gestaltung gesellschaftlicher Verhältnisse. Sie wird aber ihrem Anspruch auch dann nicht gerecht, wenn sie sich von der gegebenen „Einrichtung der menschlichen Dinge" (ebd., S. 95) entfernt und sich – als von ökonomischen und politischen Zwecken gereinigte Bildung – in einen ästhetischen Bereich zurückzieht. „Der Traum der Bildung, Freiheit vom Diktat der Mittel, der sturen und kargen Nützlichkeit, wird verfälscht zur Apologie der Welt, die nach jenem Diktat eingerichtet ist." (ebd., S. 98)

9.3 Halbbildung

Adorno versucht mit „der These vom Absterben der Bildung ebenso wie von der Sozialisierung der Halbbildung, ihrem Übergreifen auf die Massen" (GS 8, S. 101 f.), eine allgemeine Tendenz zu konstruieren, die das geistige Leben in der bürgerlichen Gesellschaft charakterisiert. Er verweist auf unterschiedliche Sachverhalte um seine These zu explizieren: die Prüfungen und Zertifikate am Ende von Ausbildungsgängen oder -abschnitten, Bildung als Frage des Status' und Prestiges, die Verdummung durch die Kulturindustrie. Allgemein beschreibt er Halbbildung wie folgt: „Im Klima der Halbbildung überdauern die warenhaft verdinglichten Sachgehalte von Bildung auf Kosten ihres Wahrheitsgehalts und ihrer lebendigen Beziehung zu lebendigen Subjekten." (ebd., S. 103) Die Bedeutung dieser Bestimmung erschließt sich am besten anhand der Beispiele Adornos. *(Definition von Halbbildung)*

Bildung, die durch Examina gewährleistet, womöglich getestet werden kann" (ebd., S. 106), ist für Adorno nur ein „Desiderat" (ebd.). *(Schulbildung als Halbbildung)*

„Die sich selbst zur Norm, zur Qualifikation gewordene, kontrollierbare Bildung ist als solche so wenig mehr eine wie die zum Geschwätz des Verkäufers degenerierte Allgemeinbildung." (ebd., S. 106 f.)

Bildung im eigentlichen Sinn lässt sich weder testen oder kontrollieren noch in legitimer Weise normieren. Die bildende Auseinandersetzung des Individuums fügt sich nicht in vorgegebene Zeitrahmen von Ausbildungsgängen, die Erfahrungen des Individuums, beispielsweise mit Literatur oder Musik, sind durch Tests nicht zu erfassen, der Wahrheitsgehalt von Kunst, Philosophie oder Wissenschaft entzieht sich der singulären Kontrolle. Das, was nach Adorno Bildung ausmacht, wird durch die schulische Organisation verhindert. Die Parzellierung von Wissen für Tests und Prüfungen, die Normierungen und Beschränkungen subjektiver Erfahrungen, die Nützlichkeitsorientierung von Qualifikationen, letztlich die Kontrollierbarkeit und Kontrolle des Individuums sind für Adorno kennzeichnend für Halbbildung. Auch wenn die höhere Schule und die Universitäten „hinter den Mauern ihres Privilegs" (ebd., S. 108) Bildung als Entfaltung humaner Kräfte für einige wenige ermöglicht haben, organisieren sie durch ihre Lehrpläne und -ziele, ihre Zensuren und Prüfungen die Halbbildung und befördern sie an Stelle von Bildung.

Bildung ist individuell verschieden, nach Interessengebieten und Erfahrungen, dem Grad der Aneignung von Weltausschnitten und der Kombination subjektiver Fähigkeiten. In der bürgerlichen Gesellschaft mit ihrer Berufshie- *(Prätention von „Bildung")* rarchie, Konkurrenz und den durch Schule erworbenen Berechtigungen ist individuelle Bildung Bedingung und Ausdruck einer gesellschaftlichen Differenzierung und Platzierung. „Die perennierende Statusgesellschaft saugt die Reste von Bildung auf und verwandelt sie in Embleme des Status." (ebd.) Halbbildung ist dann daran zu erkennen, dass der Oper- oder Theaterbesuch nicht um der Erfahrung des Stückes willen erfolgt, sondern um bei dieser Aufführung dabei gewesen zu sein, um gesehen zu werden, um zu dem Kreis der Liebhaber des Stückes, um zu einem exklusiven sozialen Zirkel zu gehören. Oder sie zeigt sich in der Präsentation von Büchern in der heimischen Bibliothek als Symbole einer herausgehobenen gesellschaftlichen Stellung, wobei der Besitz der Bücher wichtiger ist als deren Lektüre und die Auseinandersetzung mit den Themen und ihrem Wahrheitsgehalt. Der Halbgebildete ahmt den Gebildeten nach und will an dem Prestige von Bildung teilhaben, ohne sich auf den Prozess der Bildung, die ernsthafte Auseinandersetzung mit einer Sache, einzulassen. Adorno beschreibt die Halbbildung als „Attitüde [...] des Verfügens, Mitredens, als Fachmann sich Gebärdens, Dazu-Gehörens" (ebd., S. 114f.). Der Halbgebildete weiß immer schon Bescheid, hat alles schon einmal gesehen oder gehört, hat zu allem eine eigene Meinung. Aber seine Informiertheit und Kennerschaft ist nur ein vermeintliches Wissen und keine genuine Erfahrung.

Integriertheit des *Halbgebildeten* In der Auseinandersetzung mit dem „Begriff der Sache" geht der Halbgebildete nicht prüfend ihren Ansprüchen auf Wahrheit oder normative Gültigkeit oder ästhetischer Qualität nach, sondern begnügt sich damit, die fraglichen Sachverhalte als gegebene Tatsachen zur Kenntnis zu nehmen und seinen mitgebrachten Schemata und Vorurteilen einzuordnen. Er meidet die Anstrengung, eine Sache erkennen und begreifen zu wollen, da sie ihm schon bekannt ist und ihm dieses Kennen genügt. Das Gegebene wird als solches akzeptiert. Dem Halbgebildeten fehlen nach Adorno die kritische Distanz und die Unabhängigkeit, die der Bildung eigen ist. Er will mit den Ansprüchen der Gesellschaft zurechtkommen und sucht in dem Vorgegebenen seinen Erfolg. „Integriertheit" ist insofern Maßstab und Merkmal geworden. Selbst Kritik wird gesellschaftlich integriert.

„Damit aber ist der Geist von Halbbildung auf den Konformismus vereidigt. Nicht nur sind ihr die Fermente der Kritik und der Opposition entzogen, die Bildung im achtzehnten Jahrhundert gegen die etablierten Mächte in sich trug, sondern die Bejahung und geistige Verdoppelung dessen, was ohnehin ist, wird zu ihrem eigenen Gehalt und Rechtsausweis. Kritik aber ist zur puren Schlauheit erniedrigt, die sich nichts vormachen läßt und den Kontrahenten drankriegt, ein Mittel des Vorwärtskommens." (ebd., S. 115)

Mit dem Absterben von Bildung geht auch deren kritisches Potential verloren. Der Halbgebildete kritisiert Autoritäten oder gesellschaftliche Herrschaftsverhältnisse nicht mit dem Ziel eines besseren gemeinschaftlichen Lebens, sondern als Beweis eigener intellektueller Überlegenheit. Seine „Kritik" dient der Durchsetzung in der Konkurrenz, nicht ihrer Überwindung.

Vermarktung von *„Kulturgütern"* Adorno beschreibt und kritisiert aber nicht nur die Haltung der Halbgebildeten. Er sucht nach den gesellschaftlichen Mechanismen, die diese Halbbildung ermöglichen und befördern, er kritisiert nicht nur die subjektive Seite, den Halbgebildeten, sondern auch die objektive Seite der Halbbildung, die Kultur und ihre gesellschaftlichen Voraussetzungen. Bildung und Kultur sind im Kapitalismus zu einem Markt geworden, Bildungs- und Kulturgüter werden als Waren gehandelt. Der Verfall von Bildung und die Sozialisierung von Halbbildung werden nach Adorno von der Kulturindustrie betrieben. In seinen Ausführungen hatte er insbesondere die Filmindustrie Hollywoods und die Massenmedien Radio und Fernsehen vor Augen. Die Kulturindustrie versorgt die „Massen", die Angestellten und Arbeiter, mit Bildungsgütern und leistet damit die „Integration" derjenigen, die vom Bildungsprivileg und von gesellschaftlicher Macht ausgeschlossen sind. „Über den Marktmechanismus" werden die Bildungsgüter dem Bewusstsein der Massen angepasst, das Adorno in drastischer Weise als „dumm" bezeichnet. Bildung wird so zur Halbbildung und dient eben nicht zur Aufklärung und Kritik. Die Kulturindustrie setzt nach Adorno Halbbildung voraus und verstärkt sie wiederum durch ihre nachgefragten Programme, d. h. die Kulturindustrie zieht ihren Nutzen aus der Dummheit und bekräftigt, ja produziert sie.

Adorno bleibt skeptisch gegenüber „dem unbedingt aufklärenden Wert der Popularisierung der Bildung unter den gegenwärtigen Bedingungen" (ebd., S. 111), weil im besten Fall die allgemeine Zugänglichkeit der Bildungsgüter als käufliche Waren eine vorschnelle Aneignung ermöglichen, die im Ergebnis, halbverstanden und halberfahren, aber gerade Bildung verhindert, da „nichts, was mit Fug Bildung heißen darf, voraussetzungslos ergriffen werden kann" (ebd., S. 113). Im schlimmsten Fall führt die Vermarktung und Popularisierung zu einer Verfälschung der Objektivität von Kunstwerken, beispielsweise durch die Beschränkung auf eine Wiedergabe der „schönsten Stellen", von einzelnen Zitaten oder Arien aus Gedichten oder Opern, oder durch eine sich auf Biographisches beschränkende Interpretation. Auch so wird Bildung verhindert.

Adorno charakterisiert das Denken des Halbgebildeten u. a. durch

Kritik der
Halbbildung

„die Tendenz zur Personalisierung: objektive Verhältnisse werden einzelnen Personen zur Last geschrieben oder von einzelnen Personen das Heil erwartet. Ihr wahnhafter Kult schreitet mit der Depersonalisierung der Welt fort." (ebd., S. 118)

Kurzschlüssig – und deshalb Sachverhalte nicht angemessen begreifend – ist das Denken der Halbbildung, da es soziale Phänomene (wie z. B. Arbeitslosigkeit oder Kriminalität) nicht auf gesellschaftliche Strukturen (des Kapitalismus) zurückführt, sondern als Versagen oder Schuld einzelner Individuen deutet und sich eine Besserung der Lage von anderen Personen oder einem erlösenden Führer, nicht aber von einer solidarischen Veränderung der Gesellschaft erhofft. Die Kulturindustrie entspricht diesem personalisierenden Denken, wie Adorno in seiner Kritik an einem Fernsehskript über den Zusammenbruch einer Diktatur exemplarisch darlegt:

„Erweckt wird der Eindruck, totalitäre Staaten seien die Folge der Charakterdefekte ehrgeiziger Politiker, und ihr Sturz sei der Noblesse derer zuzuschreiben, mit denen das Publikum sich identifiziert. Eine infantile Personalisierung der Politik wird betrieben." (GS 10.2, S. 523)

Zugleich bestärkt die Kulturindustrie weit verbreitete Vorurteile und Stereotype über Mann und Frau, über Berufsgruppen und fremde Völker, über den Lauf der Welt und die Methoden des besten Zurechtkommens (vgl. die Beispiele Adornos ebd., S. 518 ff.).

Unveränderbarkeit der Halbbildung

Erfahrung als unvoreingenommene Begegnung mit Fremdem und als Bereitschaft für etwas Neues ist dem Halbgebildeten aufgrund seiner fixierten Vorstellungen, seiner Vorurteile nicht möglich. Das unterscheidet ihn vom Ungebildeten.

„Die gegenwärtig in Wahrheit wirksamen Leitbilder sind das Konglomerat der ideologischen Vorstellungen, die in den Subjekten sich zwischen diese und die Realität schieben und die Realität filtern. Sie sind affektiv derart besetzt, daß sie nicht ohne weiteres von der ratio weggeräumt werden können. Halbbildung faßt sie zusammen. Unbildung, als bloße Naivetät, bloßes Nichtwissen, gestattete ein unmittelbares Verhältnis zu den Objekten und konnte zum kritischen Bewußtsein gesteigert werden kraft ihres Potentials von Skepsis, Witz und Ironie – Eigenschaften, die im nicht ganz Domestizierten gedeihen. Der Halbbildung will das nicht glücken." (GS 8, S. 104 f.)

Während der Halbgebildete über alles schon Bescheid weiß, ihm insofern ein unvoreingenommener Zugang zur Sache und die Möglichkeit der Erfahrung verstellt ist, könnte sich der Ungebildete in der Auseinandersetzung mit einer Sache bilden. Bloßes Nichtwissen verhindert keine Bildungsprozesse, ideologische Vorstellungen und Konformismus nach Adorno dagegen schon.

9.4 Bildung als kritische Selbstreflexion

Dilemma der Kritik

Adornos Analyse, Halbbildung als unausweichliches Ergebnis der Entwicklung von Bildung in der bürgerlichen Gesellschaft aufzuzeigen, offenbart ein Dilemma der Kritik.

„Taugt jedoch als Antithese zur sozialisierten Halbbildung kein anderer als der traditionelle Bildungsbegriff, der selber zur Kritik steht, so drückt das die Not einer Situation aus, die über kein besseres Kriterium verfügt als jenes fragwürdige, weil sie ihre Möglichkeit versäumte." (ebd., S. 102)

Adorno kritisiert die Phänomene der Halbbildung mit Hilfe der Idee der Bildung und muss zugleich das Ideal der Bildung kritisieren, da die mit ihr verbundenen Versprechen der Humanisierung und Emanzipation nicht eingelöst wurden. Deshalb verbietet sich auch der Wunsch einer Rückkehr zu einer vermeintlich besseren Zeit. Wenn aber dieser Rückweg verschlossen ist, die Gelegenheiten einer gesellschaftlichen Emanzipation versäumt wurden und die Kritik an der Halbbildung ihre Gültigkeit behält, worin kann dann Bildung heute bestehen? Ist in dieser Gesellschaft überhaupt eine andere Bildung möglich?

„Eitel aber wäre auch die Einbildung, irgend jemand – und damit meint man immer sich selber – wäre von der Tendenz zur sozialisierten Halbbildung ausgenommen. Was mit Fug Fortschritt des Bewußtseins heißen darf, die illusionslos kritische Einsicht in das, was ist, geht mit Bildungsverlust zusammen; Nüchternheit und traditionelle Bildung sind unvereinbar." (ebd., S. 120)

„Die illusionslos kritische Einsicht in das, was ist", ist für Adorno ohne Alternative, der Verlust der Bildung ist unumgänglich. „Im widerspruchvollen

Ganzen verstrickt auch die Frage nach der Bildung in eine Antinomie." (ebd., S. 119) Adornos Analysen und Konsequenzen sind wesentlich radikaler und skeptischer als die Überlegungen und Empfehlungen Max Horkheimers in seiner Rektoratsrede zur Bildung (1952/1985, S. 415 ff.), zu der Adorno einen Entwurf geschrieben hat (vgl. PAFFRATH 1992, S. 69 ff.). Weder lässt sich an Kultur festhalten und auf sie hoffen, wegen ihrer Machtlosigkeit und ihrer ideologischen Funktion, noch darf die Tendenz zu ihrer Liquidation unterstützt werden, was einer Beteiligung am „Rückfall in die Barbarei" (GS 8, S. 119) gleichkäme. Aus dieser Antinomie gibt es kein Entkommen.

„Tut indessen der Geist nur dann das gesellschaftlich Rechte, solange er nicht in der differenzlosen Identität mit der Gesellschaft zergeht, so ist der Anachronismus an der Zeit: an Bildung festzuhalten, nachdem die Gesellschaft ihr die Basis entzog. Sie hat aber keine andere Möglichkeit des Überlebens als die kritische Selbstreflexion auf die Halbbildung, zu der sie notwendig wurde." (ebd., S. 121)

Bildung als Selbst- und Gesellschafts- kritik

   Nach Adorno kann es in der Gegenwart, unter den widersprüchlichen Bedingungen der bürgerlichen Gesellschaft, Bildung nur als kritische Selbstreflexion auf die eigene Verfallsgeschichte geben. Bildung, die an ihren Ansprüchen festhält, ist gegenwärtig nur als Selbst- und Gesellschaftskritik möglich.

9.5 Die Rezeption und Aktualität von Adornos Bildungstheorie

In der bürgerlichen Gesellschaft ist – so Adornos These – „Bildung heute zur sozialisierten Halbbildung geworden" (GS 8, S. 574), zur „Allgegenwart des entfremdeten Geistes" (ebd., S. 93). War für die Denker der klassischen Bildungstheorie „Geist" die Sphäre der Realisierung von Freiheit und Vernunft und der Bestimmung des Menschen, so sind für Adorno das gesellschaftliche Leben und die geistige Verfassung der Einzelnen „entfremdeter Geist", da in der kapitalistischen Gesellschaft die Ansprüche von Freiheit, Vernunft, Humanität nicht realisiert sind, vielmehr uneingeschränkt die Gesetze des Marktes und der Macht gelten und den Einzelnen egoistische Nutzenkalküle und Anpassung vorschreiben. In der Instrumentalisierung von Bildung für Status, Konkurrenz und Karriere und in der marktförmigen Zurichtung der „Bildungsgüter" durch die Kulturindustrie gehen der Wahrheitsgehalt der Sache sowie die Möglichkeiten authentischer Erfahrung durch die Individuen verloren. Bescheidwissen und Überall-Mitreden, Ressentiments und Überheblichkeit, Irrationalismus und Konformität charakterisieren die Halbgebildeten (vgl. ebd., S. 111 ff.). Den Tendenzen der Halbbildung „im Netz der universal vergesellschafteten Gesellschaft" (ebd., S. 575) kann sich niemand entziehen. Bildung kann es deshalb in dem fast undurchdringlichen Verblendungszusammenhang einer total verwalteten Welt nur geben als nicht nachlassende Anstrengung der Kritik an der Gesellschaft und ihren Ideologien und der kritischen Selbstreflexion, als Kritik, die an dem Glücksversprechen einer humanen Gesellschaft festhält auch ohne Aussicht einer praktischen Realisierung dieser Utopie.

Nicht-Rezeption von Adornos Bildungstheorie

Die kritische Erziehungswissenschaft, neben der geisteswissenschaftlichen Pädagogik und der empirischen Erziehungswissenschaft seit Ende der 1960er Jahre eine der zentralen und die erziehungswissenschaftliche Theorie-Diskussion – zumindest für ein Jahrzehnt – bestimmende Richtung, hat sich in ihrer Rezeption der Fragestellungen und Theorien der Frankfurter Schule vor allem auf die Arbeiten von J. Habermas bezogen. Dagegen hat sie „einen Bogen um die Theorie Adornos gemacht" (SCHÄFER 2004, S. 7). Adornos Kritik an der Aufklärung, das Aufzeigen ihrer selbstdestruktiven Tendenzen, und seine aporetischen Konsequenzen einer selbstkritischen Kritik, die Reflexion auf die notwendige gesellschaftliche Korrumpierung der Gesellschaftskritik, sperren sich gegen die Inanspruchnahme durch eine in der Tradition der Aufklärung stehende Erziehungswissenschaft, die auch in ihren praktischen Umsetzungsversuchen programmatisch auf Emanzipation abzielt (so zum Beispiel W. KLAFKI [1996]; vgl. unten Kap. 10). In der Regel vermissen Pädagogen an Adorno „die positiven Perspektiven". In dem „fehlenden Positiven" lässt sich „ein bedeutsamer Grund für die Nichtrezeption Adornos in der Pädagogik" (ebd., S. 129) sehen.

Rezeption von Adornos Bildungstheorie

Trotzdem gibt es eine Rezeption Adornos, trotzdem ist seine „Theorie der Halbbildung" ein zentraler Text der bildungstheoretischen Diskussion. (Zur Wirkungsgeschichte Adornos vgl. WIGGERSHAUS 1987, S. 126ff.) So versucht Alfred Schäfer in Anschluss an Adorno die aporetische Situation einer Bildungstheorie zu verdeutlichen und bewusst zu halten, nämlich an Ansprüchen von Vernunft und Autonomie festzuhalten, die als Illusionen durchschaut sind, da die gesellschaftlichen Verhältnisse ihrer Realisierung entgegenstehen, und gleichwohl nicht auf sie verzichten zu können, um sich von den gesellschaftlichen Zwecken nicht vereinnahmen zu lassen (vgl. SCHÄFER 1988; 1996). Neben den eher philosophisch orientierten Versuchen, die Bedeutung Adornos für die Pädagogik auszuloten und mit den Mitteln seiner radikalen Theorie die Grenzen einer jeden Bildungstheorie und -ambition zu bestimmen, steht der Versuch der Fortführung von Adornos kritischer Zeitdiagnose in den so genannten „Kältestudien". Diese Kritik an der „Kälte der bürgerlichen Welt" (BREMER/GRUSCHKA 1987, S. 19) und die Erforschung ihrer Ontogenese (vgl. GRUSCHKA 1994) erfolgt durchaus in praktischer Absicht und ist verknüpft mit empirischer Forschung (vgl. GRUSCHKA 2004, S. 27ff.). Während Schäfer vor dem Hintergrund von Adornos Kritik am „selbstdestruktiven Charakter der Aufklärung" allen pädagogisch aufklärerischen Ambitionen gegenüber reserviert bleibt (vgl. SCHÄFER 2004, S. 56ff.), kommt es nach Andreas Gruschka angesichts des Niedergangs der pädagogischen Theorie als Organ kritischer Aufklärung darauf an,

„Theorie als Kritik zu organisieren und den Maßstab für sie in der Zielsetzung der Pädagogik zu fixieren. Denn richtig an der Rede von der Eigenstruktur der Erziehung zur Mündigkeit ist die kontrafaktische Unterstellung der Gültigkeit des Erziehungszieles. Damit ist das Wesen der Pädagogik am Widerspruch zu untersuchen, den Gründen, warum Erziehung nicht ist, was sie zu sein beansprucht. (…) Das Motiv der zeitdiagnostischen Aufklärung über das Verhältnis von Pädagogik und Gesellschaft bleibt dabei ein praktisches: vorzudenken für eine Pädagogik, die sich überflüssig macht, weil sie zu sich selbst gekommen ist." (GRUSCHKA 1987, S. 13; zur Kritik vgl. SCHÄFER 2004, S. 134f.)

Im Kontext dieses Ansatzes wird Adornos „Theorie der Halbbildung" nicht nur als die historisch angemessene grundlegende Theorie der Bildung gelesen, sondern auch seine kritische Zeitdiagnose aktualisiert. 30 Jahre nach ihrer Veröffentlichung fragt M. Tischer: „Veraltet die Halbbildung?" Adornos Beispiele von Halbgebildeten, die ohne Vorkenntnisse und Vorbildung und mit umso mehr Missverständnissen zur Lektüre philosophischer Klassiker greifen (vgl. GS 8, S. 112), erscheinen heute antiquiert. Wer liest – um seiner Bildung willen oder weil er gebildeten Menschen nacheifert – heute schon noch Kants „Kritik der reinen Vernunft" oder Spinozas „Ethik"? „Der „echte" Halbgebildete gilt vielen bereits als verschroben" (TISCHER 1990, S. 10), weil Bildung weithin ihre Aura verloren hat und immer seltener erstrebenswert ist. Halbbildung wird deshalb aber nicht seltener, im Gegenteil, sie scheint sogar zu expandieren, der Museumsboom der Gegenwart, Ausstellungen mit 6- bis 7-stelligen Besucherzahlen wären ein Indiz, genauso wie die Verkaufszahlen von Büchern oder der Besuch von Theater und Oper. Adornos Analyse ist also nicht veraltet, sondern Halbbildung hat sich gewandelt. Kultur wird jetzt als ein Erlebnis verstanden und dient der Unterhaltung. Damit verändert sich auch Halbbildung, sie hat mit ihrem Vorbild, der Bildung, ihren Maßstab und ihre Ernsthaftigkeit verloren und ist nun „ironisch geläutert" (ebd.). Die Eitelkeit des Halbgebildeten wird durchschaut, aber nicht kritisiert oder abgelehnt.

Veralten der Halbbildung?

Für die kritische Pädagogik verschärft sich ihr Dilemma: „Wenn sich die Mehrzahl der Schülerinnen und Schüler auf Bildung und somit auch auf Halbbildung gar nicht verpflichten lässt, sondern achselzuckend die Irrelevanz schulischer Inhalte für den eigenen Interessenbereich notiert" (ebd., S. 18), wird „das kritische Insistieren auf den sinnorientierenden Wert der Bildung" (ebd.) fraglich und wirkt hilflos. Aber auf den Bildungsanspruch von Bildungsinstitutionen verzichten angesichts der „verrohenden/verdummenden Wirkung des selbstverständlich gewordenen Umgangs mit den kulturindustriellen Erzeugnissen" (ebd.) kann und will sie auch nicht. In diesem Dilemma bleibt nur das Bündnis mit den Bildungsinstitutionen und mit der Halbbildung, die sie kritisiert (vgl. GRUSCHKA 2002).

Dilemma der kritischen Pädagogik

Was Sie wissen sollten, wenn Sie Kapitel 9 gelesen haben:

Sie sollten in der Lage sein,
- zwischen Bildung, Halbbildung und Unbildung unter Bezugnahme auf Adornos Definitionen und Beispiele zu unterscheiden und diese Unterscheidung sozialgeschichtlich zu interpretieren,
- Adornos Argumente für das notwendige Scheitern der Realisierung der klassischen Bildungsidee anzugeben,
- Phänomene (Verhaltensweisen, Handlungsmaximen, Persönlichkeitsstrukturen, gesellschaftliche Einrichtungen etc.) zu beschreiben, die Adorno als Halbbildung charakterisieren würde,
- Phänomene und Geschehnisse aus dem kulturellen Leben der Gegenwart aus der Sicht Adornos kritisch zu analysieren,
- Möglichkeiten und Grenzen von Bildung heute mit Hilfe von Adornos Argumenten (und gegen sie) zu erörtern.

Weiterführende Literatur zu Kapitel 9

Unter pädagogischen Gesichtspunkten besonders lesenswerte Quellentexte:
HORKHEIMER, M. (1985): **Begriff der Bildung**
ADORNO, T. W. (1972): **Theorie der Halbbildung**

Zur Geschichte der Frankfurter Schule:
WIGGERSHAUS, R. (1986): **Die Frankfurter Schule**
ALBRECHT, C. U. A. (2000): **Die intellektuelle Gründung der Bundesrepublik. Eine Wirkungsgeschichte der Frankfurter Schule**

Zur Einführung in die Philosophie Th. W. Adornos:
SCHWEPPENHÄUSER, G. (1996): **Theodor W. Adorno zur Einführung**
BEHRENS, R. (2003): **Adorno-ABC**

Zur Biographie Th. W. Adornos:
SCHEIBLE, H. (2002): **Theodor W. Adorno**
Adorno. Eine Bildmonographie (2003)

Zur Rezeption der Kritischen Theorie in der Pädagogik:
PEUKERT, H. (1983): **Kritische Theorie und Pädagogik**

Zur Weiterführung des Ansatzes von Adorno in der Pädagogik:
SCHÄFER, A. (2004): **Theodor W. Adorno. Ein pädagogisches Portrait**
GRUSCHKA, A. (1988): **Negative Pädagogik. Einführung in die Pädagogik mit Kritischer Theorie**

10 Bildungstheorien der Gegenwart – Positionen und Perspektiven

Äußere und innere Pluralität

Will man am Ende eines Durchgangs durch die wichtigsten Konzeptionen von Bildung einen kurzen Überblick über aktuelle Themen und Entwicklungen sowie offene Probleme der gegenwärtigen Diskussion geben, steht man vor mehreren Schwierigkeiten. Die gleichsam äußere Pluralität der bildungstheoretischen Diskussion von heute hängt damit zusammen, dass das Thema Bildung, wie das erste Kapitel gezeigt hat, nicht nur aus wissenschaftlichen Sichtweisen in den Blick kommt, sondern auch literarische, politische, populärwissenschaftliche und journalistische Redeweisen von und über Bildung möglich sind. Innerhalb des wissenschaftlichen Zugriffs stehen zudem unterschiedliche, mehr oder weniger bildungstheoretisch relevante Perspektiven nebeneinander, wie etwa soziologische, ökonomische, rechtliche oder philosophische. Selbst der für dieses Kapitel gewählte philosophische Blickwinkel gewährt keine einheitlichen oder eindeutigen Antworten auf die Fragen nach Möglichkeiten und Grenzen, Art und Umfang von Bildung in Theorie und Praxis.

„Neuere bildungstheoretische Reflexionen setzen sich von hierher skeptisch mit Annahmen einheitswissenschaftlicher Modelle sowie Programmen einer universalen praktischen Vernunft auseinander. Sie suchen des weiteren die Rationalitätsstruktur neuzeitlichen und modernen Denkens durch Berücksichtigung der leiblich-endlichen Verfasstheit des Menschen und der ästhetisch-sinnlichen Qualitäten seines Weltverhältnisses zu erweitern und Tendenzen zur Monopolisierung einzelner Rationalitätsstrukturen und Praxisbereiche durch nicht-hierarchisierende Verständigungs- und Beratungsformen entgegenzuwirken." (BENNER 2004, S. 213)

Konkret heißt das, dass die Möglichkeiten vernünftiger Thematisierung von Bildung nicht nur auf eine Sichtweise zu beschränken sind, und dass innerhalb der wissenschaftlichen Thematisierung keine einseitige Blickrichtung zu favorisieren ist. Hinzu kommt der Anspruch, den eigenen Standpunkt im Feld der bildungstheoretischen Diskussion nicht absolut zu setzen und sich nicht gegenüber Anschlüssen durch oder an andere Position zu sperren (vgl. POENITSCH 2004a). Zu den „neueren bildungstheoretischen Reflexionen", wie sie im Zitat angesprochen werden, zählen etwa die Umschreibungen von Bildung als Umgang mit Schlüsselproblemen, als Selbständigkeit im Denken, als doppelte Kommunikation, als offene Identität, als plurale Kritikfähigkeit, als skeptisch-kritische bzw. problematisierende Haltung oder als Umgang mit vielfältigen Widerständigkeiten. Ihre Auswahl ist zu lesen als ein Beleg für die doppelte Pluralität und zugleich als eine Bestandsaufnahme der Bildungstheorie von sich selbst, als eine Art „Blick von innen" (vgl. RUHLOFF 2002).

10.1 Bildung als Umgang mit Schlüsselproblemen

In mehreren Studien hat der Marburger Erziehungswissenschaftler Wolfgang Klafki (geb. 1927) seine zunächst in der Geisteswissenschaftlichen Pädagogik der sechziger Jahre verankerte Position umgearbeitet und unter dem Namen „Kritisch-konstruktive Erziehungswissenschaft bzw. Didaktik" zu einer Bildungstheorie aktualisiert, in der neben den historisch-hermeneutischen Wurzeln auch erfahrungswissenschaftliche und gesellschaftskritisch-ideologiekritische Züge erkennbar sind (vgl. KLAFKI 1996).

Wolfgang Klafki geht zunächst von einer Wiedererinnerung klassischer *Klassische Bildungs-* Bildungstheorien und deren Bedeutung für ein zeitgemäßes Allgemeinbil- *theorie* dungskonzept aus. Bildung wird dabei charakterisiert als „Befähigung zu vernünftiger Selbstbestimmung" und als „Subjektentwicklung im Medium objektiv-allgemeiner Inhaltlichkeit" (ebd., S. 19f.). Das Verhältnis von „Individualität und Gemeinschaftlichkeit im klassischen Bildungsbegriff" wird ebenso thematisiert wie dessen „moralische, kognitive, ästhetische und praktische Dimensionen" (ebd., S. 26f.).

Vor dem Hintergrund dieser historischen Erinnerung gelangt Klafki zu *Grundzüge eines* einem aktuellen Verständnis von Bildung: *neuen Allgemein-* *bildungskonzepts*

„Bildung muss m. E. heute als selbsttätig erarbeiteter und personal verantworteter Zusammenhang dreier Grundfähigkeiten verstanden werden:
– als Fähigkeit zur Selbstbestimmung jedes einzelnen über seine individuellen Lebensbeziehungen und Sinndeutungen zwischenmenschlicher, beruflicher, ethischer, religiöser Art;
– als Mitbestimmungsfähigkeit, insofern jeder Anspruch, Möglichkeit und Verantwortung für die Gestaltung unserer gemeinsamen kulturellen, gesellschaftlichen und politische Verhältnisse hat;
– als Solidaritätsfähigkeit, insofern der eigene Anspruch auf Selbst- und Mitbestimmung nur gerechtfertigt werden kann, wenn er nicht nur mit der Anerkennung, sondern mit dem Einsatz für diejenigen und dem Zusammenschluss mit ihnen verbunden ist, denen eben solche Selbst- und Mitbestimmungsmöglichkeiten aufgrund ge-

sellschaftlicher Verhältnisse, Unterprivilegierung, politischer Einschränkungen oder Unterdrückungen vorenthalten oder begrenzt werden." (ebd., S. 52)

Dreifache Differen-
zierung des
Allgemeinen

Allgemeinbildung wird beschrieben als Zusammenhang der drei Grundfähigkeiten, nämlich der Fähigkeiten zu Selbstbestimmung, Mitbestimmung und Solidarität. Zudem richtet sich Allgemeinbildung im Sinne Wilhelm von Humboldts auf die Entwicklung von Vielseitigkeit der Interessen und Fähigkeiten.

„Allgemeinbildung muß, sofern das Grundrecht auf die ‚freie Entfaltung der Persönlichkeit' gewährleistet werden soll, als Bildung in allen Grunddimensionen menschlicher Interessen und Fähigkeiten verstanden werden, also als Bildung
– des lustvollen und verantwortlichen Umgangs mit dem eigenen Leib,
– der kognitiven Möglichkeiten,
– der handwerklich-technischen und der hauswirtschaftlichen Produktivität,
– der Ausbildung zwischenmenschlicher Beziehungsmöglichkeiten, m. a. W.: der Sozialität des Menschen,
– der ästhetischen Wahrnehmungs-, Gestaltungs- und Urteilsfähigkeit,
– schließlich und nicht zuletzt der ethischen und politischen Entscheidungs- und Handlungsfähigkeit." (ebd., S. 54)

Epochaltypische
Schlüsselprobleme

Im Kern dieses Allgemeinbildungskonzepts steht jedoch der überlieferte Gedanke einer „Bildung im Medium des Allgemeinen":

„Den historischen Hintergrund des damit angesprochenen Fragenkreises bildet das sog. Kanonproblem. Dieses Problem ist lange Zeit als Frage nach einem verbindlichen Kreis von Kulturinhalten verstanden worden, die im historischen Entwicklungsprozeß den Rang klassischer Leistungen menschlicher Produktivität – in Wissenschaft, Kunst, Geschichte, ethischer Lebensgestaltung und Reflexion – gewonnen hätten und die den substantiellen Kern der Allgemeinbildung ausmachen sollten, jeweils in die Verständnisebene von Kindern, Jugendlichen oder Erwachsenen übersetzt. Wir müssen die Frage heute neu, und zwar auf dem Stand eines kritischen, historisch-gesellschaftlich-politischen und zugleich pädagogischen Bewußtseins stellen. Meine Kernthese lautet: Allgemeinbildung bedeutet in dieser Hinsicht, ein geschichtlich vermitteltes Bewußtsein von zentralen Problemen der Gegenwart und – soweit voraussehbar – der Zukunft zu gewinnen, Einsicht in die Mitverantwortlichkeit aller angesichts solcher Probleme und Bereitschaft, an ihrer Bewältigung mitzuwirken. Abkürzend kann man von der Konzentration auf epochaltypische Schlüsselprobleme unserer Gegenwart und der vermutlichen Zukunft sprechen." (ebd., S. 56)

Als solche zur Zeit wichtigen Schlüsselprobleme nennt Klafki in einer gewissen Gewichtung die Friedensfrage, die in globalem Ausmaß zu behandelnden Umweltthemen, das unbewältigte Zentralproblem der vielgestaltigen sozialen Ungleichheiten und Ungerechtigkeiten, die sozialen und individuellen Auswirkungen der Weiterentwicklung von Informationstechnologien oder die in Liebe und Sexualität erlebte „Spannung zwischen individuellem Glücksanspruch, zwischenmenschlicher Verantwortung und der Anerkennung des bzw. der jeweils Anderen." (ebd., S. 60)

„Allgemeinbildung muß verstanden werden als Aneignung der die Menschen gemeinsam angehenden Frage- und Problemstellungen ihrer geschichtlich gewordenen Gegenwart und der sich abzeichnenden Zukunft und als Auseinandersetzung mit diesen gemeinsamen Aufgaben, Problemen, Gefahren." (ebd., S. 53)

10.2 Bildung als Selbständigkeit im Denken

Der Mainzer Bildungstheoretiker Theodor Ballauff (1911–1995) hat in seinen zahlreichen Arbeiten durchgängig die zentrale Rolle der Bildung innerhalb der Pädagogik herausgestellt. „Mit Pädagogik haben wir es nur dann zu tun, wenn eine Antwort auf die Frage nach Sinn und Maß der Bildung gegeben wird." (BALLAUFF 1966, S. 9; vgl. RUHLOFF/POENITSCH 2004) Er wendet sich damit gegen übliche Auffassungen, Pädagogik habe es vorrangig mit der Erschließung und Deutung einer so genannten „Erziehungswirklichkeit" zu tun oder leite ihre Fragen und Probleme primär aus den psychologisch, soziologisch oder gar biologisch interpretierten Themenfeldern von Unterricht und Schule ab.

„Bildung besagt das uns Menschen Auszeichnende, das Zentrum unserer Humanität; alles andere, was wir für uns Menschen als kennzeichnend halten, ist Fortsetzung unserer Animalität, ist deren Formation, Selektion, Kanalisation, Restriktion und Repression." (BALLAUFF 1987, S. 67)

Bildung, das uns auszeichnende Zentrum unserer Menschlichkeit, beschreibt Ballauff als „Selbständigkeit im Denken" (vgl. THOMPSON 2003).

Damit ist etwas grundsätzlich anderes gemeint als die geläufige Wendung vom „selbständigen Denken" nahe legt. Der entscheidende Unterschied liegt im Verständnis von Autonomie. Die Wendung vom selbständigen Denken zielt auf das menschliche Selbstverständnis, das Denken gleichsam nach Belieben und Wollen autonom einsetzen und ausrichten zu können. Infolge dieser Auffassung versteht sich der Mensch als Besitzer von Denken und Vernunft, die er eigenmächtig über alles andere, über alle anderen und schließlich auch über sich selbst – zum Zwecke von Selbstsicherung bzw. Selbstverwirklichung – walten lässt. In dieser neuzeitlichen Selbstinterpretation könnten jedoch eine verhängnisvolle Verkehrung und ein folgenreiches Missverständnis angelegt sein. In der Wendung „Selbständigkeit im Denken" deutet sich das Gegenteil an. Hier meint Autonomie gerade nicht die beliebige Verfügbarkeit über Denken und Vernunft, sondern deren Eigengesetzlichkeit und Eigenbeweglichkeit. Diese gilt es nach Ballauff in Argumenten und Begründungen zur Sprache zu bringen und ihnen entsprechende Handlungen folgen zu lassen. Die als Antithese formulierte Bildungsaufgabe lautet deshalb, dass sich niemand ein autonomes Selbst anzumaßen habe und dahingehend zu erziehen sei. Die nur durch Erziehung und Bildung erreichbare ausgezeichnete Möglichkeit des Menschen ist es, sich in „selbstloser Verantwortung der Wahrheit" vom Denken leiten zu lassen, statt darüber verfügen zu wollen. Dieses Denken ist allerdings in sich problematisch und keineswegs unbefragbar vorausgesetzt. Doch bliebe wohl alles im Dunkel, auch der Leib und die Gefühle, wenn man versuchen würde, das Denken einmal wegzudenken. Die daraus erwachsende Hauptaufgabe von Bildungstheorie ist die Ermöglichung jener Selbständigkeit im Denken durch Einbezug in bereits vollzogene Gedanklichkeit sowie durch Hervorrufen weiterer, neuer Gedanklichkeit.

Selbständiges Denken vs. Selbständigkeit im Denken

10.3 Bildung als doppelte Kommunikation

Mit seiner „Pädagogik der Kommunikation" hat der Bochumer Erziehungswissenschaftler Klaus Schaller (geb. 1925) eine Bildungstheorie konzipiert,
die das Übergangsproblem vom Wissen zum Handeln zu lösen verspricht.
Im Zentrum dieser Konzeption, die philosophisch-pädagogische Gedanken
von Comenius (1592–1670) mit sozialphilosophischen und sozialwissenschaftlichen Entwicklungen im 20. Jahrhundert verbindet, steht der Begriff
der Kommunikation in zweifacher Hinsicht:

Zweifache
Kommunikation
„Zum einen meint Kommunikation einen unserem Selbstsein und Selbstverständnis
in fundierendem Sinne vorausgehenden Vollzug von Zwischenmenschlichkeit oder
Inter-Subjektivität, in welchem sich sozialer Sinn herstellt und in dem es zur Verstän-
digung über die konkreten Alltagsprobleme unseres Zusammenlebens, also zur
Orientierung für unser Handeln als Menschen kommt [...], und zum anderen kann
man unter Kommunikation jene Prozesse verstehen, in denen bereits konstituierter
Sinn zwischen Subjekten vermittelt wird [...]. Der eine Prozess ist jeweils die Rück-
seite des anderen." (SCHALLER 1993, S. 190)

Individuelle und
gesellschaftliche
Verbesserung
Das Ziel der Pädagogik der Kommunikation ist das Ineinander von individueller Verbesserung und der Verbesserung der menschlichen bzw. gesellschaftlichen Lebensbedingungen. Individuelle Verbesserung wird erreichbar,
wenn es der Erziehung gelingt, „sozialen Sinn als humane Handlungstheo-
rie" so hervorzubringen und zu vermitteln, dass jemand damit zugleich die
politischen Möglichkeiten zur Verbesserung der Lebensbedingungen – heute etwa die fortschreitende Demokratisierung – erkennt und ergreift. Gesellschaftliche Verbesserung bedeutet die Gestaltung oder Umgestaltung der
Rahmenbedingungen für den im Idealfall symmetrischen Vollzug rationaler
Kommunikation.

„Wer Bildung in der Humanität unserer Lebensverhältnisse erwartet, wer sich also
zu einem kritischen Bildungsbegriff bekennt, der muss zugleich politisch für Verhältnisse eintreten, in [denen] eine solche, nicht nur auf die Kontur individueller Subjektivität verarmte kritische Bildung tatsächlich möglich ist." (ebd., S. 196)

Kritische Bildung im Sinne der Pädagogik der Kommunikation bedeutet,
für Rahmenbedingungen von Kommunikation einzutreten, die konkrete und
aktuelle Vollzüge von Kommunikation ermöglichen. Kritische Bildung äußert sich in einem Sprachhandeln, in dem das Wissen um die Verbesserungs-
bedürftigkeit und -fähigkeit der zwischenmenschlichen Angelegenheiten in
den entsprechenden Situationen kommunikativ verhandelt bzw. zielgerich-
tet ausgehandelt wird. In diesem Sinn steht Bildung für die eingangs angesprochene Verknüpfung von Wissen und Handeln ebenso wie für die Verbindung von Individuum und Gesellschaft.

10.4 Bildung als offene Identität

Der Göttinger Erziehungswissenschaftler Klaus Mollenhauer (1928–1998)
hat sich nach seinen früheren, ideologiekritischen Studien zur Pädagogik
und Sozialpädagogik vor allem in seinen letzten Arbeiten „Vergessene Zu-

sammenhänge" (1998), „Umwege" (1986) und „Grundfragen ästhetischer Bildung" (1995) mit bildungstheoretischen Fragen beschäftigt. In diesen Aufsätzen legt er dar, dass die Probleme von Erziehung und Bildung, so wie sie heute behandelt werden, überwiegend in alltäglichen und lebensweltlichen Zusammenhängen entstanden sind. Dokumentiert sind diese Zusammenhänge in einer Vielzahl von Kunstwerken sowie nicht originär pädagogischen Zeugnissen. Von Rekonstruktionen, Interpretationen und Wiedererinnerungen dieses weiten Rahmens ästhetischer Dokumente und kulturgeschichtlicher Verweise könne – so Mollenhauer – die wissenschaftliche Thematisierung heute profitieren.

Überliefertes pädagogisches Handeln beginnt für Mollenhauer über kulturelle Grenzen hinweg mit dem lebensweltlichen Zeigen, d.h. der „Präsentation" von elterlichen Lebensformen und geht über in die Auswahl, in die „Repräsentation" dessen, was und wie aus der Vielfalt der Welt den Heranwachsenden vermittelt werden soll. Den pädagogisch zentralen Begriff der vorauszusetzenden Bildsamkeit eines Menschen hält Mollenhauer für unbestimmbar im Sinne einer eindeutigen Definition und übersetzt ihn stattdessen mit „Vertrauen, daß Kinder lernen wollen" (MOLLENHAUER 1998, S. 78). Die wissenschaftlichen Festlegungen von Bildsamkeit sind für ihn nichts anderes als Erläuterungen der Unmöglichkeit, dieses Vertrauen exakt zu bestimmen. In ähnlicher Weise äußert sich im Begriff der Selbsttätigkeit des Menschen ein unbestimmtes und unbestimmbares Moment von Bildungsprozessen. Die Selbsttätigkeit ist einerseits die Voraussetzung dafür, „sich Aufgaben [zu] stellen, Probleme lösen [zu] können" (ebd., S. 114), andererseits jedoch ist sie als innerer Vorgang der geplanten und gezielten pädagogischen Intervention von außen unzugänglich. Mit der Betonung der unsicheren, nicht eindeutigen und unbestimmten Momente im pädagogischen Denken und Handeln stellt Mollenhauer den üblichen und oft ausgetretenen „Hauptwegen", zu theoretischen und praktischen Erkenntnissen zu gelangen, die wenig begangenen „Umwege" seiner ästhetisch-kulturellen Perspektive gleichberechtigt zur Seite.

Präsentation –
Repräsentation –
Bildsamkeit –
Selbsttätigkeit

Pädagogisches Handeln kommt für Mollenhauer nicht in einer geschlossenen und stabilen Identität zum Abschluss, die mit sich und der Welt keinerlei Differenzen und Reibungen mehr verspürt und keine Auseinandersetzungen mehr eingeht. Stattdessen bedeutet Bildung vielmehr, „Schwierigkeiten mit Identität" (ebd., S. 155) zu erkennen und damit umzugehen. Gebildet sein bedeutet demnach nicht primär die Balance, die ein Mensch zwischen seiner Selbsteinschätzung und der Einschätzung durch Andere, zwischen innen und außen zu erreichen hat, wie das gängige sozialwissenschaftliche Verständnis von Identität nahe legt. Gebildet sein bedeutet, die prinzipiell labile Differenz zwischen Selbstbild und Fremdbild wahrzunehmen. Gebildet ist demnach, wer anerkennt, dass die Differenz zwischen seinen Möglichkeiten und der Wirklichkeit nur als ein Prozess, als ein offenes Problem gedacht werden kann, wer also anerkennt, dass Identität nur als eine „Fiktion" zu haben ist. Wer etwa als Jugendlicher alles daransetzt, einem Idol der Pop-Musik-Szene nachzueifern, gleichsam genau so sein zu wollen wie dieses Idol, der vergisst zum einen, dass dieser Versuch immer nur ein *Nach*eifern sein kann, und zum anderen, dass es zu jedem Idol eine Fülle an Alternativen gibt. Erst die Einsicht in die Instabilität und Vergänglichkeit eines solchen

Identität als Fiktion

Identifizierungsversuchs kann Möglichkeiten aufzeigen, den schwierigen Weg vom Jugendalter zum Erwachsensein zu gehen. Erst diese Einsicht offenbart den fiktiven Charakter von Identität als eine Voraussetzung für Bildung.

10.5 Bildung als plurale Kritikfähigkeit

Praxeologie   In seiner mehrfach überarbeiteten „Allgemeinen Pädagogik" gibt der Berliner Erziehungswissenschaftler Dietrich Benner (geb. 1941) „eine systematisch-problemgeschichtliche Einführung in die Grundstruktur pädagogischen Denkens und Handelns" (BENNER 2001). Ausgangspunkt seiner Überlegungen ist eine in der Antike ansetzende, spezifisch philosophische Sicht auf das menschliche Handeln, seine „Praxeologie". Jeder Bereich des menschlichen Handelns, also auch die pädagogische Praxis, ist gleichberechtigt gegenüber den anderen Bereichen, etwa der Kunst, der Religion, der Politik oder der Wissenschaft. Das gleichberechtigte, nicht-hierarchische Verhältnis der einzelnen Bereiche untereinander ist die Voraussetzung dafür, dass die Gesamtheit menschlicher Praxis vernünftig, im Sinne von geordnet, funktioniert. Vor diesem praxeologischen Hintergrund entwickelt Benner denknotwendige „konstitutive" und konkretes Handeln ermöglichende „regulative" Prinzipien für Pädagogik, deren Begründung, Zusammenhang und Folgen sowohl für die systematische Erziehungswissenschaft – in den Theorien der Erziehung, der Bildung und der pädagogischen Institutionen – als auch für die pädagogische Praxis expliziert werden. Als konstitutive Prinzipien pädagogischen Denkens und Handelns nennt Benner auf der individuellen Seite die „Aufforderung zur Selbsttätigkeit" und die „Bildsamkeit als Bestimmtsein des Menschen zu Freiheit, Sprache und Geschichtlichkeit" (BENNER 2001, S. 128). Als regulative Prinzipien pädagogischen Denkens und Handelns nennt er auf der gesellschaftlichen Seite die „Überführung gesellschaftlicher Determination in pädagogische Determination" sowie den „nicht-hierarchischen Ordnungszusammenhang der menschlichen Gesamtpraxis" (ebd.).

Pluralisierung   Als kritische Erziehungswissenschaft in einem weitgefassten Sinn lassen *von Kritik*   sich die jüngsten bildungstheoretischen Arbeiten Benners lesen. Darin nimmt die bisherige, eher abstrakte Praxeologie eine auffällige Wendung hin zu konkreter praxisphilosophischer Kritik. In mehreren historischen und systematischen Anläufen werden Kritikmodelle und -formen auf ihre Leistungsfähigkeit hin geprüft, d.h. es wird untersucht, ob sie auch andere Modelle zulassen oder ihre eigenen Kriterien und Maßstäbe verabsolutieren (vgl. hierzu BENNER 1999, 2000, 2003). Ein Ziel dieser praxisphilosophischen Kritik ist es – wiederum ausgehend von dem Grundgedanken eines nicht-hierarchischen Verhältnisses zwischen den ausdifferenzierten Formen menschlichen Handelns –, fest etablierte und möglicherweise erstarrte Kritikmodelle und -formen um neue, noch nicht etablierte und möglicherweise noch experimentelle Formen und Modelle zu erweitern. Die herausgehobene kritische Funktion von solchen praxisphilosophischen Analysen liegt darin, dass sie dazu beitragen können, „die Vielzahl der in modernen Gesellschaften mit ausdifferenzierten Subsystemen möglichen Kritiken in einer Weise zur Geltung zu bringen, welche keiner von ihnen einen Primat vor den anderen zuerkennt" (BEN-

NER 2000, S. 33). Die besondere bildungstheoretische Bedeutung eines Plädoyers für die Pluralisierung von Kritik steckt in der wörtlichen Übersetzung von Kritik als „Unterscheidung": Gebildet sein bedeutet dann, eine besondere Art von Kritikfähigkeit zu haben, ein in jeder Hinsicht überdurchschnittlich ausgeprägtes Differenzierungsvermögen.

„So verstanden läßt sich Kritik als die Kunst beschreiben, in Unterscheidungen zu denken und durch Unterscheidungen denken zu lernen und hierbei auch solche Fragen zuzulassen und zu diskutieren, auf die wir noch keine Antwort gefunden haben und vielleicht nie eine definitive Antwort finden werden." (ebd., S. 34)

10.6 Bildung als skeptisch-kritische Haltung und Problematisierung

Die transzendentalkritisch-skeptische Pädagogik, die von Wolfgang Fischer (1928–1998) etwa seit der Mitte der 60er Jahre unter diesem Namen ausgearbeitet worden ist und von Jörg Ruhloff (geb. 1940) u. a. weitergeführt wird, verbindet unter bildungstheoretischen Fragestellungen Motive der Philosophie Kants mit der Methode des radikal skeptischen Fragens, Prüfens und Widerlegens, wie sie Sokrates vor 2500 Jahren in Athen praktiziert hat (vgl. FISCHER 1989 und FISCHER/RUHLOFF 1993). Kants These, dass unser Erkennen zwar an Erfahrungen gebunden ist, in seinem Anspruch auf allgemeine Gültigkeit jedoch bedingt ist durch Begriffe, Kategorien und Grundsätze, die allesamt von Erfahrung unabhängig, also solche „reiner", theoretischer Vernunft sind, ist der eine Bezugspunkt dieser Denkrichtung. Der andere ist die seit der griechischen Antike erkennbare Traditionslinie skeptischen Denkens, die zwar in ihrem Verlauf oft ins Abseits gedrängt, aber nie ganz vergessen war. Damit gemeint ist eine pädagogisch intendierte Haltung, in der durch konsequente Infragestellung, Überprüfung und gegebenenfalls Widerlegung selbstverständliche Überzeugungen, dogmatische Behauptungen und Gewissheitsansprüche unterschiedlicher Art kritisiert, relativiert und gegebenenfalls revidiert werden. In dieser Version betreibt die transzendentalkritisch-skeptische Pädagogik vorrangig die analytisch-methodische Prüfung und Präzisierung von Grundbegriffen, Grundsätzen und Geltungsansprüchen und ist weniger daran orientiert, mit ihren Analyseergebnissen Neues, Konstruktives bzw. „Praxisbezogenes" hervorzubringen und zu etablieren. Deshalb werden die gängigen Antworten und Lösungen auf Fragen und Probleme aus Unterricht, Erziehung und Bildung auf diesem Weg zwar ihrer Vorläufigkeit und vermeintlichen Gewissheit entzogen, sie werden aber nicht durch konstruktive und weiterführende Alternativen überboten oder ersetzt. Pädagogische Fragen und Probleme verbleiben stattdessen in einem für die meisten beunruhigenden Stadium von negativer Kritik und Zweifel ohne konkrete positive Gegenvorschläge (vgl. SCHÖNHERR 2003).

Skepsis als Methode

Vor allem die Auseinandersetzung mit den Vorbehalten gegenüber nur negativer Kritik und fehlender Konstruktivität hat zur Weiterentwicklung dieser Bildungstheorie geführt, deren aktuelle Version den Namen „Pädagogik des problematisierenden Vernunftgebrauchs" trägt (vgl. RUHLOFF 1996). Zentra-

Konstruktive Skepsis

ler Gedanke ist die Kombination der beschriebenen konsequenten Skepsis mit einem problembezogenen bzw. problematisierenden Gebrauch der Vernunft, der auf konkrete Antworten und Lösungen ausgerichtet ist.

Bildung im Sinne der beiden Versionen transzendentalkritisch-skeptischer Pädagogik lässt sich vereinfacht umschreiben als eine generelle skeptische und kritische Haltung, die sich in den Einsätzen problematisierenden Denkens und Handelns konkretisiert.

10.7 Bildung als Umgang mit Widerständigkeiten

Leiblichkeit Die bildungstheoretischen Arbeiten der Bochumer Erziehungswissenschaftlerin Käte Meyer-Drawe verbinden phänomenologische Erkenntnis-, Erfahrungs- und Wahrnehmungstheorien, wie sie von den Philosophen Edmund Husserl (1859–1938) in Deutschland und Maurice Merleau-Ponty (1908–1961) in Frankreich entwickelt worden sind, mit lerntheoretischen und im weit gefassten Sinne anthropologischen und sozialphilosophischen Fragestellungen. Unter Phänomenologie soll hier – sehr vereinfachend – die philosophische Denkrichtung im 20. Jahrhundert verstanden werden, die sich mit den Erscheinungen der Dinge, auch der vorgestellten oder gedachten, beschäftigt, ohne den Anspruch, deren Wesen zu erfassen. Im Zentrum der Überlegungen steht seit etwa der Mitte der 80er Jahre die Kategorie der Leiblichkeit. Damit soll zum einen die überlieferte Trennung von Körper und Geist begrifflich überwunden werden; zum anderen soll hervorgehoben werden, dass Menschen bereits vor jeder fragenden Reflexion auf sich selbst und ungeachtet aller kulturell geprägten Selbstbestimmungen die Antworten der gegenständlichen bzw. „widerständigen Welt" erfahren bzw. erfahren haben. Einen wichtigen Grund für die weitgehende Vernachlässigung der Leiblichkeit in der Bildungstheorie sieht Meyer-Drawe darin, „daß mit unserer geistigen Natur unsere Privilegien gegeben sind, mit unserer leiblichen aber auch unsere Hin- und Anfälligkeit" (MEYER-DRAWE 2000, S. 150). Bildungstheoretisch bedeutsam ist diese „präreflexive leibliche Verfasstheit" der Menschen insofern, als bislang verborgene Phänomene sichtbar und eingefahrene Denkweisen und verfestigte Begrifflichkeiten relativiert und revidiert werden können. So liegt es etwa nahe, phänomenologisch vom „Leib-sein" statt vom „Leib-haben" zu sprechen, da – in der ersten Formulierung – die Leiblichkeit als vorausgesetzt bereits in reflexive Vollzüge eingegangen ist, während sie – in der zweiten Formulierung – erst nachträglich reflexiv ins Spiel kommt.

Illusionen von Autonomie – Inter-Subjektivität Das spätestens seit der Aufklärung kaum bestrittene Selbstverständnis des Menschen, ein autonomes Subjekt zu sein und Kraft dieser Subjektivität über sich, über andere und über die Welt beliebig verfügen zu können, entlarvt Meyer-Drawe vor dem Hintergrund diverser Widerstände – etwa ausgehend vom Leib oder der Welt – als „Illusionen von Autonomie" (MEYER-DRAWE 1990). Vereinfacht könnte man etwa sagen, dass es illusionär ist, autonom über unseren Leib zu verfügen, da dieser ebenfalls über uns verfügt, etwa im Krankheitsfall oder im Wechsel der Stimmungen.

In dem Begriff der „Inter-Subjektivität" etabliert Meyer-Drawe eine grundlegende Kategorie pädagogischen Denkens, mit deren Hilfe die bisher weitgehend unbefragte Gegenüberstellung von Individualität und Kollektivität überboten wird.

Die fundierende leibliche Verfasstheit des Menschen hat neben der Neubestimmung von Sozialität als Inter-Subjektivität auch zu einer Kritik der gegenwärtig verbreiteten, aber kaum durchschauten Selbstinterpretation des Menschen über Maschinen und technische Vorgänge geführt: *Kritik am Maschinen-Denken*

„Das Eingeständnis, daß es im Geflecht der anonymen Dimensionen unserer individuellen und gesellschaftlichen Existenz und damit auch unseres Denkens Strukturen gibt, die wir external an unseren Maschinen nachstellen können – sei es das Funktionieren unserer Organe und Gliedmaßen oder unser Wissen als regelhaftes, selbstreferentielles System –, setzt uns frei für die Frage, was wir außer einer Maschine noch sind." (MEYER-DRAWE 1996b, S. 20)

In Anlehnung an diese Kritik sind neue Einsichten in menschliche Lernprozesse möglich geworden. Phänomenologisch interpretiertes Lernen ist nicht, wie in psychologischen Theorien verbreitet üblich, fixiert auf die jeweiligen Lernresultate und eine vermeintlich gesteigerte Sachkompetenz mit Blick auf die Lerngegenstände. Lernen wird nicht verstanden als eine Anhäufung von Lerninhalten, die sich gleichsam als Besitz in der Zukunft auszahlen können. Stattdessen stehen der Lernprozess als Erfahrungsvollzug, die gewandelten Erfahrungen des Lernenden über sich und der nicht planbare Ereignischarakter der interaktiven Lehr-Lernsituation im Mittelpunkt phänomenologischer Lernforschung. Lernen in diesem Verständnis bedeutet vorrangig Umlernen (vgl. MEYER-DRAWE 1982, 1996a).

10.8 Offene Probleme

Mit den beschriebenen Ansätzen ist die Pluralität der aktuellen Bildungstheorie bei weitem nicht ausgeschöpft, der Blick von innen ist eben nur ein Blick. Zu den bestehenden bildungstheoretischen Forschungsthemen, deren erschöpfende Bearbeitung noch aussteht, zählt neben der angedeuteten Wiedergewinnung des Problemfeldes Lehren und Lernen für pädagogische Fragestellungen u. a. das Kontingenzproblem. *Lehren – Lernen*

Damit gemeint sind die ungeklärten Fragen, ob die menschliche und menschheitliche Lebenslage insgesamt eher von schicksalhaften Bestimmungen oder eher von einer herrschenden und beherrschbaren Vernunft abhängt. Gerichtet sind jene Fragen „auf das weite und vermutlich größeren Teils wüste Feld der anonymen Vorgänge, die weder natürlich sind, weder Schicksals- oder statistische Wahrscheinlichkeitszuschreibungen dulden noch auch vernunftgeleitet sind" (RUHLOFF 2002, S. 88 f.). Hierzu zählen neben anderem die unter dem Begriff Sozialisation beschriebenen Vorgänge, die in ihren Auswirkungen nur schwer greifbare Durchdringung unserer Lebenswelt durch immer neue Medien sowie das angesprochene wachsende Selbstverständnis über Maschinen. *Kontingenz*

Als weitere Forschungsfelder sind – ohne nähere Ausführungen – zumindest noch zu nennen: Die erziehungs- und bildungswissenschaftliche Bio- *Weitere Forschungsfelder* grafieforschung, wie sie etwa von Winfried Marotzki (vgl. MAROTZKI 1990) und Hans-Christoph Koller (vgl. KOLLER 1999) betrieben wird, die Versuche zur Reetablierung der antiken theoretischen Rhetorik und Argumentationstheorie in der Pädagogik von Karl Helmer (vgl. HELMER 1992, 1996) und Andreas Dörpinghaus (vgl. DÖRPINGHAUS 2002) oder die Forschungen zum Problemkreis Interkulturalität, Alterität und Fremdheit (vgl. SCHÄFER 1999) sowie zur Kategorie Geschlecht (vgl. von FELDEN 2003).

Pluralität, Differenz, Widerstreit

Wenn Bildung zusammengefasst etwa bedeutet, vielfältige Differenzen und widerstreitende Erfahrungen zu reflektieren und mit ihnen kritisch und experimentierend umzugehen, und so verstandene Bildung den ganzen Menschen betrifft, dann dürfte eines der zentralen bildungstheoretischen Probleme der Zukunft – in Erinnerung an Wilhelm von Humboldt – darin liegen, dass Menschen sich nicht auf nur wenige oder gar nur eine Weltsicht, Denk- und Handlungsweise festlegen bzw. festlegen lassen. Diese Tendenz wird u. E. sichtbar, wenn Menschen etwa auf ökonomische Vergleichbarkeit reduziert werden. Anzeichen dafür findet man derzeit in der öffentlichen und auch fachinternen Diskussion, wo vermehrt über institutionelle Bildung in Schule und Universität, über deren Mess- und Vergleichbarkeit in nationalen und internationalen Vergleichsstudien und über deren Ersetzbarkeit in Qualifikations- und Kompetenzmodellen gestritten wird.

Was Sie wissen sollten, wenn Sie Kapitel 10 gelesen haben:

- Sie sollten benennen können, was mit „innerer" und „äußerer Pluralität" in der aktuellen bildungstheoretischen Diskussion gemeint ist und diese erörtern können,
- Sie sollten Aspekte der verschiedenen Bildungsbegriffe und -konzeptionen in den angesprochenen Beiträgen benennen und Gemeinsamkeiten bzw. Unterschiede herausstellen können,
- Sie sollten offene Probleme und Forschungsthemen der bildungstheoretischen Diskussion angeben können.

Weiterführende Literatur zu Kapitel 10

Die jüngste historische Auseinandersetzung mit dem Bildungsbegriff bieten:
BENNER, D./BRÜGGEN, F. (2004): **Bildsamkeit/Bildung**

Die folgenden drei Bände versammeln einen repräsentativen, auch international ausgerichteten Querschnitt durch die bildungstheoretische Diskussionslandschaft der neunziger Jahre des 20. Jahrhunderts:
BORRELLI, M. (Hrsg.) (1993): **Deutsche Gegenwartspädagogik**
BORRELLI, M./RUHLOFF, J. (Hrsg.) (1996): **Deutsche Gegenwartspädagogik Band II**
BORRELLI, M./RUHLOFF, J. (Hrsg.) (1998): **Deutsche Gegenwartspädagogik Band III**.

Einen knappen Überblick über die Entwicklung der spezifisch bildungs- und erziehungsphilosophischen Diskussion sowie einige der offenen Problembereiche gibt:
RUHLOFF, J. (2002): **Bildungs- und Erziehungsphilosophie – Ein Blick von innen.**

C Empirische Bildungsforschung

11 Ansätze quantitativer und qualitativer Bildungsforschung

Seit den 1960er Jahren hat sich Bildungsforschung als ein sehr weiter Forschungsbereich etabliert, der nicht allein von der Erziehungswissenschaft bearbeitet wird. So gibt es eine psychologische Bildungsforschung (vgl. PEKRUN 2002 a) oder eine soziologische Bildungsforschung (vgl. ALLMENDINGER/AISENBREY 2002), die zentrale Bezugsdisziplin aber ist die Erziehungswissenschaft (vgl. TIPPELT 2002, S. 10).

Der Deutsche Bildungsrat hat Bildungsforschung so definiert:

Definition von Bildungsforschung

„Man kann Bildungsforschung in einem weiteren und engeren Sinne auslegen. Im engeren Sinne hat es sie als Unterrichtswissenschaft immer schon gegeben. Im weiteren Sinne kann sie sich auf das gesamte Bildungswesen und seine Reform im Kontext von Staat und Gesellschaft beziehen, einschließlich der außerschulischen Bildungsprozesse. Wie weit oder eng aber auch die Grenzen gezogen werden, es sollte nur dann von Bildungsforschung gesprochen werden, wenn die zu lösende Aufgabe, die Gegenstand der Forschung ist, theoretisch oder empirisch auf Bildungsprozesse (Lehr-, Lern-, Sozialisations- und Erziehungsprozesse), deren organisatorische und ökonomische Voraussetzungen oder Reform bezogen ist.
Nach dieser Definition kann jede Wissenschaft einen Beitrag zur Bildungsforschung leisten, wenn sie sich auf die Lösung von Problemen ausrichtet, die das Bildungswesen, die Bildungsprozesse und deren Reform betreffen. So gibt es Pädagogische Psychologie, Soziologie des Bildungswesens, Bildungsökonomie, Bildungsverwaltungswissenschaft und so weiter. Diese Disziplinen werden aber, wenn sie sich auf Bildungsforschung einlassen, durch die pädagogische Ausrichtung und Zielsetzung modifiziert: sie werden dann auf pädagogische Fragen angewandte Wissenschaften. [...] Da [...] für (die Erziehungswissenschaft) – im Unterschied zu allen anderen Disziplinen – die pädagogische Orientierung konstitutiv ist, ist sie für die Bildungsforschung von besonderer Bedeutung." (DEUTSCHER BILDUNGSRAT 1974, S. 16)

Das erkenntnisleitende Interesse der Bildungsforschung in diesem erziehungswissenschaftlichen Kontext ist die Frage nach der Verbesserung und Reform der Gestaltung von Erziehungs- und Bildungsprozessen (vgl. zum Folgenden ZEDLER 2002, S. 21 ff.). Die Bildungsforschung untersucht mit einer pädagogischen Orientierung den Mikro- und Makrobereich von Bildungsprozessen und deren Voraussetzungen. Hatte die traditionelle Pädagogik sich auf den Mikrobereich des professionellen Handelns der Gestaltung des Unterrichts, des Lernens oder der Leistungsüberprüfung beschränkt, so beschäftigt sich der Makrobereich mit der Gestaltung des institutionellen Rahmens pädagogischen Handelns und des ganzen Bildungssystems.

Mit dem Ende der Bildungsreform Mitte der 1970er Jahre änderte sich auch das Verständnis von Bildungsforschung. Sie wird jetzt weniger über erziehungswissenschaftliche Fragestellungen und auch nicht mehr über das Interesse an Innovation und Reform definiert, sondern über die Verwendung

Phasen der Bildungsforschung

sozialwissenschaftlich-empirischer Forschungsmethodik. In dieser Phase ist Bildungsforschung geprägt durch die Dominanz psychologischer und soziologischer Fragestellungen und wird mit einer quantitativen und thematisch sehr heterogenen Forschung auf der Grundlage eines empirisch-analytischen Wissenschaftsbegriffs identifiziert.

In einer dritten Phase – seit den späten 1980er Jahren – gewinnt die Erziehungswissenschaft wieder an Gewicht, und es erweitert sich das Verständnis von Bildungsforschung in thematischer und methodischer Hinsicht.

„Bildungsforschung ist ein sehr weiter Forschungsbereich, der keineswegs nur von der Erziehungswissenschaft bearbeitet wird. […] Das Spektrum reicht von der Strukturanalyse des gesamten Bildungs- und Berechtigungswesens bis zur Durchleuchtung einzelner schulischer Modellversuche, von der Untersuchung kollektiven Lernens bis zur Entschlüsselung individueller Entwicklungsprozesse und von der Rekonstruktion curricularer Vorgaben bis zur Aufhellung aktualisierter Lehrerintentionen und deren Umsetzung in Lehrerhandeln." (BECK/KELL 1991, S. 5)

Zudem etabliert sich neben der quantitativen eine qualitative Bildungsforschung; Methodenpluralismus und „integrative Forschungsansätze" sind nun in der Bildungsforschung anerkannt.

Quantitative und Qualitative Bildungsforschung

Beansprucht die quantitative Forschung Hypothesen und Theorien empirisch zu überprüfen, so intendieren qualitative Ansätze die Entwicklung neuer Hypothesen und Theorien aus der systematischen Analyse von empirischen Daten. Die wissenschaftstheoretische Legitimation für die erste Variante von Bildungsforschung liefert zumeist der Kritische Rationalismus (vgl. POPPER 2002), für die zweite die „grounded theory" (vgl. GLASER/STRAUSS 1998). Die quantitative Forschung arbeitet mit standardisierten Verfahren vor allem der Beobachtung, der Befragung und der Inhaltsanalyse sowie mit statistischen Methoden der Datenauswertung, um Ausprägungen von Variablen und Relationen zwischen Variablen zu messen (vgl. KROMREY 2002). Die qualitative Forschung verwendet ethnographische, hermeneutische und biographieanalytische Methoden, um Sinnzusammenhänge zu interpretieren und zu rekonstruieren (vgl. FLICK 2002).

Beide Ansätze werden zur empirischen Bildungsforschung gerechnet, die sich an den Fragen „was ist der Fall und warum ist etwas der Fall" orientiert. Von ihr wiederum unterschieden wird neuerdings eine „nicht-empirisch basierte Bildungsforschung" (vgl. ZEDLER 2002, S. 26). Unter diesem erweiterten Begriff von Bildungsforschung werden anwendungsorientierte Forschungen, die an der unmittelbaren Lösung von Praxisproblemen arbeiten, genauso gefasst wie auch theoretisch-historische Ansätze. Damit die Grenzen des Verständnisses von Bildungsforschung nicht verfließen, schlägt Peter Zedler vor, im Unterschied zu den „klassischen Fragestellungen handlungstheoretischer Pädagogik" – „was kann und was soll auf welchem Wege durch erzieherisches und unterrichtliches Handeln bewirkt werden und was will die ältere mit der jüngeren Generation?" (ebd., S. 27) – das Themengebiet der „Erziehungswissenschaftlichen Bildungsforschung" durch die Fragen zu definieren, „was macht die ältere mit der jüngeren Generation tatsächlich, was bewirkt sie und wie erklärt sich, was innerhalb und mittels der Einrichtungen des Bildungssystems an nichtintendierten Wirkungen feststellbar ist?" (ebd.).

Im Folgenden wird der quantitative und qualitative Ansatz der Bildungsforschung ausführlicher dargestellt. Auf die historische Bildungsforschung, die sich ebenfalls in den letzten 40 Jahren als ein eigenes Forschungsfeld etabliert hat (vgl. TENORTH 2002), wird – im Hinblick auf die Behandlung dieses Themas in dem Band „Einführung in die Sozialgeschichte der Erziehung" in dieser Reihe – nicht eingegangen.

11.1 Quantitative Bildungsforschung

Aufgabe der quantitativen Bildungsforschung ist die „Entwicklung, Vermittlung und Anwendung erziehungswissenschaftlicher Erkenntnis mit dem Ziel der Optimierung von Bildungsverläufen" (SEEL 2002, S. 428). Ein wichtiger Aspekt ist die Frage nach der Effektivität von Lehrverfahren und Lernarrangements. Ausgehend von theoretischen Konzepten und hypothetischen Annahmen werden eine Versuchsplanung und ein Untersuchungsdesign entworfen, so dass die behaupteten Zusammenhänge zwischen Ursachen (z. B. einer bestimmten Lehrmethode) und Wirkungen (z. B. einem bestimmten Lernverhalten) empirisch überprüft werden können. Man unterscheidet zwei Forschungstypen: „die experimentelle Forschung (Labor- und Feldexperimente) und die Ex post facto-Forschung (Umfrage- und Feldstudien)" (ebd., S. 429f.). Experimentelle Untersuchungen sind in der Bildungsforschung selten, ihre Untersuchungen haben in der Regel Ex post facto-Charakter, da „viele bildungstheoretisch relevante Variablen sich der Kontrolle durch die experimentelle Variation entziehen" (ebd., S. 430). Ein großer Bereich der quantitativen Bildungsforschung ist die Erhebung und Analyse empirischer Informationen zur Beschreibung und Diagnose interessierender Sachverhalte („Survey-Forschung"), die auch als ein weiterer Forschungstyp bezeichnet werden kann (vgl. KROMREY 2002, S. 103ff.).

Ziel der quantitativen Bildungsforschung

Zentral für die quantitative Bildungsforschung ist das Messen. Unter Messen wird das Zuordnen von Zahlen zu Objekten verstanden. Eine angemessene Zuordnung zielt darauf ab, dass „Eigenschaften der Zahlen isomorph zu Eigenschaften der Objekte" (SEEL 2002, S. 431) sind (vgl. zu den unterschiedlichen Messniveaus und Skalentypen KROMREY 2002, S. 230ff.). Unter dieser Voraussetzung können die mit unterschiedlichen Methoden wie Tests oder Fragebögen erhobenen Daten statistisch ausgewertet (und theoretisch interpretiert) werden. Mit Hilfe der beschreibenden Statistik werden die in den Daten enthaltenen Informationen verdichtet dargestellt (Mittelwerte, Streuungen, Korrelationen zwischen Variablen) und mittels der schließenden Statistik werden die bei einer begrenzten Zahl von Fällen gefundenen Eigenschaften auf eine größere Gesamtheit verallgemeinert (Schluss von einer Stichprobe auf die Grundgesamtheit [vgl. ebd., S. 405ff.]). Solche allgemein gültigen Aussagen über eine große Gruppe von Menschen oder von Situationen sind ein Hauptziel der quantitativen Bildungsforschung.

Messen

Elementare Voraussetzung des Messens ist die Standardisierung der untersuchten Sachverhalte, denn nur unter der Voraussetzung standardisierter Eigenschaften der Gegebenheiten und standardisierter Relationen zwischen den einzelnen Fällen sind die Zuordnung von Zahlen und eine entsprechende statistische Auswertung zuverlässig. Eine Standardisierung erfolgt durch

Standardisierung

die kategoriale und klassifikatorische Konzeptualisierung des Objekts der Untersuchung (vgl. zur Operationalisierung und Indikatorenbildung ebd., S. 169 ff.) und dementsprechend durch die Methoden der Datenerhebung (z. B. durch vorgegebene Frage- und Antwortmöglichkeiten bei Befragungen oder durch gleiche Testaufgaben). Die Standardisierung der Verfahren soll neben der guten Dokumentation, Explikation und Begründung aller Entscheidungen im Forschungsprozess die Zuverlässigkeit und intersubjektive Überprüfbarkeit garantieren.

PISA Ein herausragendes Beispiel empirischer Bildungsforschung ist die unter dem Namen PISA (Programme for International Student Assessment) durchgeführte internationale Vergleichsuntersuchung der Leistung von Schülern am Ende der Pflichtschulzeit (vgl. BAUMERT U. A. 2001, 2002, 2003, PRENZEL 2004). An dieser – mit einem großen Aufwand und auf höchstem wissenschaftlichem Niveau der quantitativen Bildungsforschung durchgeführten – Untersuchung nahmen 2000 weltweit ca. 180 000 Schülerinnen und Schüler teil.

„Primäre Aufgabe des Programms ist es, den Regierungen der teilnehmenden Länder auf periodischer Grundlage Prozeß- und Ertragsindikatoren zur Verfügung zu stellen, die für politisch-administrative Entscheidungen zur Verbesserung der nationalen Bildungssysteme brauchbar sind." (BAUMERT/STANAT/DEMMRICH 2001, S. 15)

An PISA haben 32 Staaten teilgenommen, die gemeinsam das Programm einer international standardisierten Leistungsmessung entwickelt haben. Die Erhebungen erfolgen in einem periodischen Zyklus von 3 Jahren in 2000, 2003 und 2006, so dass sich Änderungen der Ergebnisse und Trends feststellen lassen werden. Im Fokus von PISA steht die Leistungsfähigkeit der nationalen Bildungssysteme; als Indikatoren für diese Leistungsfähigkeit wurden die Leistungen von 15-jährigen Schülerinnen und Schülern (also die Altersgruppe am Ende der Vollzeitschulpflicht) in ausgewählten, zentralen Bereichen angesehen. PISA erfasst mit Hilfe von Tests, die Multiple Choice-Aufgaben und offene Fragen umfassen, Lesekompetenz, mathematische Grundbildung und naturwissenschaftliche Kenntnisse. Auch fächerübergreifende Kompetenzen (wie z. B. Selbstregulation des Lernens) wurden untersucht. Zusätzlich wurden mit Hilfe von Fragebögen Daten über familiäre, lebensweltliche und institutionelle Kontextbedingungen und über individuelle Orientierungen, Erfahrungen und Aktivitäten erhoben, um Zusammenhänge zwischen den (schulisch) erworbenen Kompetenzen und den Merkmalen von Jugendlichen, ihrer Lebenswelt, den Schulen und Familien zu analysieren (vgl. ebd., S. 32 f.). Im Unterschied zu vielen vorschnellen Behauptungen und Forderungen in Politik und Öffentlichkeit lassen sich aus den Ergebnissen keine gesicherten Aussagen über die Bedingungen des Zustandekommens von Leistungen ableiten, da Korrelationen zwischen Variablen nicht ohne zusätzliches Wissen mit Kausalbeziehungen identifiziert werden dürfen; auch lassen sich keine Handlungsmöglichkeiten zur Leistungsoptimierung oder Defizitprävention folgern (vgl. PEKRUN 2002 b, S. 112 ff.). Als Querschnittuntersuchung erlaubt PISA nur die Beschreibung des Durchschnitts und der Variation von Leistungen im Vergleich und von Korrelationen von Schülerleistungen mit anderen Variablen.

PISA beansprucht „Basiskompetenzen" zu erfassen, „die in modernen Ge- *Das Bildungskonzept*
sellschaften für eine befriedigende Lebensführung in persönlicher und wirt- *von PISA*
schaftlicher Hinsicht sowie für eine aktive Teilnahme am gesellschaftlichen
Leben notwendig sind" (BAUMERT/STANAT/DEMMRICH 2001, S. 16). Die Rah-
menkonzeption von PISA ist demnach funktionalistisch orientiert, d. h. der
Erforschung von Kompetenzen in authentischen Anwendungssituationen
kommt zentrale Bedeutung zu. Entsprechend sind die Testaufgaben an typi-
schen Verwendungs- und Lebenssituationen orientiert und nicht an den Curricula und schulischen Standardstoffen. PISA geht von der angelsächsischen
Literacy-Konzeption aus, mit „Literacy" ist die Funktionalität der während
der Schulzeit erworbenen Kompetenzen für die Lebensbewältigung im jungen Erwachsenenalter und auch deren Anschlussfähigkeit für ein Weiterler-
nen in der ganzen Lebensspanne gemeint.

Die von PISA untersuchten Basiskompetenzen gelten als Voraussetzungen
und Teile der Grund- und Allgemeinbildung.

„Das Konzept der Allgemein- oder Grundbildung reicht aber weiter (als die Literacy-
Konzeption). Es schließt auch immer normativ die Weltorientierung vermittelnde Begegnung mit zentralen Gegenständen unserer Kultur ein, die stellvertretend für unterschiedliche, nicht wechselseitig austauschbare Formen der Weltaneignung und Rationalität stehen. […] Um zwischen Literacy und Grundbildung eine Brücke zu
schlagen, sind für die deutsche Implementation der PISA-Studie in Mathematik und
den naturwissenschaftlichen Fächern ergänzende Testteile entwickelt worden, die
der Grundbildungskonzeption gerechter werden sollen." (ebd., S. 20)

Im Anschluss an Humboldt (vgl. Kap. 6) unterscheiden die deutschen
PISA-Forscher die „kognitive, moralisch-evaluative, ästhetisch-expressive
und religiös-konstitutive Rationalität" als Prinzipien moderner Allgemeinbildung (vgl. ebd., S. 21; vgl. auch Kap. 2.3).

PISA intendiert insofern keine Untersuchung zur Allgemeinbildung, son- *Kritik*
dern konzentriert sich auf einige Basiskompetenzen, die als unverzichtbare
Voraussetzungen von Allgemeinbildung gelten (vgl. BAUMERT/STANAT/DEMM-
RICH 2001, S. 21). Die PISA-Untersuchung begründet sich nicht explizit bildungstheoretisch, sondern stützt sich auf domänenspezifische Kompetenz-
theorien, auf Erklärungsmodelle aus der pädagogischen Psychologie oder auf
sozialisationstheoretische Konzepte (vgl. ebd., S. 24ff., S. 32f.). Trotzdem
wird in Medien und Öffentlichkeit „das Grundbildungskonzept von PISA"
(ebd., S. 19) „unbefragt zum Inbegriff einer neuen Allgemeinbildung erklärt"
(MESSNER 2003, S. 401), obwohl zwischen Basiskompetenzen, Grundbildung
und Allgemeinbildung zu unterscheiden ist. So kritisiert Dietrich Benner die
Isolierung der einzelnen Kompetenzen aus ihrem bildenden Kontext des Erwerbs anderer Kompetenzen und das Ausblenden von kritischer Reflexion
auf die impliziten Voraussetzungen des jeweiligen Weltzugangs (vgl. BENNER
2002, S. 87).

PISA wird als eine „inhaltliche Neuausrichtung des Bildungsverständnisses
von epochalem Charakter" (MESSNER 2003) beurteilt. Kontrovers jedoch wird
diskutiert, ob die theoretischen Grundlagen von PISA als ein Konzept der Bildung anzusehen sind. So behauptet die eine Seite, dass von einem Bildungskonzept nicht die Rede sein kann, da „sich das Grundbildungskonzept durch
Indifferenz gegen seine Adressaten und Themen auszeichnet und offenbar

bewusst in Kauf nimmt, beide zu trivialisieren" (KOCH 2004, S. 189). Bildung bezeichnet aber „den Rückbezug des Gelernten auf den Lernenden" (ebd., S. 188) und verweist auf die Bedeutung von Inhalten, die Reflexivität anregen und ermöglichen. Demgegenüber sieht die andere Seite das „implizite Basiskonzept […] von einem Bildungsbegriff getragen" und eine „Bildungstheorie […] aus einem theoriegeleiteten Prozeß der Bildungsforschung selbst" entstehen (TENORTH 2004, S. 175).

11.2 Qualitative Bildungsforschung

Ziele und Kennzei-
chen qualitativer Bil-
dungsforschung

Zu den wesentlichen Kennzeichen qualitativer Forschung gehört es, dem Forschungsgegenstand angemessene Methoden auszuwählen und anzuwenden. Das heißt, es soll nicht nur das erforscht werden, was sich mit einer anerkannten oder gerade verfügbaren Methode erfassen lässt, sondern es soll mit Methoden gearbeitet werden, die der Komplexität des Gegenstandes und der Differenziertheit der Wirklichkeit gerecht werden. „Gegenstände werden dabei nicht in einzelne Variablen zerlegt, sondern in ihrer Komplexität und Ganzheit in ihrem alltäglichen Kontext untersucht." (FLICK 2002, S. 17) Qualitative Forschung fragt zweitens nach der subjektiven Bedeutung des Gegenstandes für den Handelnden oder Betroffenen, sie interessiert sich für das Wissen der Subjekte, den mit Handlungen, Interaktionen und Werken verbundenen Sinn und die unterschiedlichen Perspektiven der Beteiligten. Ein drittes Kennzeichen ist die Reflexivität des Forschers. Die Subjektivität des Forschers im Verstehen des Sinns oder in der Kommunikation mit dem untersuchten Feld und den Beteiligten kann und soll nicht ausgeschlossen werden, sondern wird zum Bestandteil des Forschungsprozesses, indem sie reflektiert, dokumentiert und in der Analyse mit berücksichtigt wird (vgl. ebd., S. 18ff.). Auch die qualitative Forschung unterliegt den Gütekriterien Reliabilität und Validität und beansprucht Verallgemeinerbarkeit ihrer Befunde und Geltung ihrer Aussagen, allerdings in anderer Weise als die quantitative Forschung (vgl. ebd., S. 317ff.).

In idealtypischer Weise lassen sich für die qualitative Bildungsforschung drei Ebenen unterscheiden: a) Forschung im Mikrobereich, die sich auf das Subjekt und auf seine Entwicklung bezieht, seine Fähigkeiten und deren Veränderungen, b) Forschung im Mesobereich, in dem soziale Gruppierungen wie Familie oder peer-groups, deren Interaktionen und Strukturen untersucht werden und c) Forschung im Makrobereich, der Institutionen wie Schule und Universität, soziale Milieus, Generationen wie auch die Gesellschaft als Ganze umfasst (vgl. GARZ/BLÖMER 2002, S. 444). Die Themen der qualitativen Bildungsforschung reichen daher von der Analyse einer „Biographie als Lerngeschichte und Bildungsprozeß" (SCHULZE 1995, S. 28) und der Rekonstruktion von Stufen der Entwicklung individueller Identität oder Kompetenzen über Fallstudien zu Familien und Untersuchungen zu den Lebenswelten unterschiedlicher Jugendgruppen bis zur Beschreibung einzelner Schulen oder universitärer Fachkulturen, der Arbeitsabläufe in der Sozialen Arbeit oder der Milieuspezifik von Bildungsinteressen der Weiterbildung (vgl. GARZ/BLÖMER 2002, S. 445ff.)

Von besonderer Bedeutung ist die erziehungswissenschaftliche Biographieforschung, sie steht nicht nur am Beginn qualitativer Bildungsforschung in der Erziehungswissenschaft (vgl. BAACKE/SCHULZE 1979), sondern hat in der erziehungswissenschaftlichen Bildungsforschung einen großen Stellenwert und orientiert sich zum Teil explizit an bildungstheoretischen Fragestellungen (vgl. KRÜGER 1995, S. 50). „Im Zentrum des Interesses der erziehungswissenschaftlichen Biographieforschung steht das Bemühen, Lebensgeschichten unter dem Focus von Lern- und Bildungsgeschichten zu rekonstruieren." (KRÜGER 1999, S. 14) Wichtige Arbeiten für eine bildungstheoretisch orientierte und empirisch fundierte Biographieforschung haben Hans-Christoph Koller und Winfried Marotzki vorgelegt.

Erziehungswissen-
schaftliche Biografie-
forschung

Für Koller stehen Bildungstheorie und Bildungsforschung in einer Relation der wechselseitigen Ergänzung, Infragestellung und Weiterentwicklung zueinander (vgl. KOLLER 2002, S. 92 ff.). Aus bildungstheoretischer Perspektive bedarf es der Bildungsforschung, um den Realitätsbezug der Bildungstheorie zu gewährleisten, um in Erfahrung zu bringen, wie bzw. unter welchen Bedingungen Prozesse, die den Namen „Bildung" verdienen, tatsächlich möglich sind. Andererseits ist aus der Perspektive der Bildungsforschung die Bildungstheorie als ein begrifflicher und theoretischer Rahmen notwendig, um Fragestellungen zu entwickeln sowie Befunde zu interpretieren und zu beurteilen.

Bildungstheorie und
Bildungsforschung

Koller nimmt die Bildungstheorie Wilhelm von Humboldts explizit als Ausgangspunkt und zeigt an ihr auf, dass die um 1800 entwickelte klassische Fassung des Bildungsbegriffs auch heute noch, in einer radikal pluralistischen, postmodernen Gesellschaft, als Orientierungskategorie für bildungstheoretische Überlegungen brauchbar ist und dass die philosophische, begrifflich-(re)konstruktive Auseinandersetzung mit dem Bildungsbegriff geeignet ist, Verbindungen zur empirischen Erforschung tatsächlicher Bildungsprozesse in der Untersuchung von Biographie herzustellen. Angesichts veränderter gesellschaftlicher Bedingungen ist der Bildungsgedanke aber neu zu bestimmen. In Lyotards Konzeption der Postmoderne sieht Koller eine besonders geeignete Theorie gegenwärtiger Gesellschaften, da „er die wachsende Vielfalt von Lebensstilen und Wertorientierungen zum einen sprachtheoretisch als Vielfalt heterogener Sprachspiele oder Diskursarten begreift und zum anderen als radikale Pluralität auffasst" (ebd., S. 95). Die Differenzerfahrungen der (Post)Moderne bedeuten nach Koller für die Bildungstheorie, den potentiell konflikthaften Charakter von Bildungsprozessen deutlicher in den Blick zu nehmen, um beispielsweise zu begreifen, dass radikale Pluralität unter Umständen anstelle einer bloßen Erweiterung auch eine radikale Transformation des eigenen Welt- und Selbstverhältnisses erforderlich machen kann (vgl. Kollers Analysen von biographischen Bildungsprozessen von Studierenden [KOLLER 1999] und von Migranten [KOLLER 2002]).

Bildungstheoretische
Biografieforschung

Marotzki rückt die Biographieforschung in einen bildungstheoretischen Referenzrahmen, weil sie sich „empirisch für den Aufbau, die Aufrechterhaltung und die Veränderung der Welt- und Selbstreferenzen von Menschen" interessiert (MAROTZKI 1999, S. 58) und Bildung im klassischen Sinn das reflexive Verhältnis des Subjekts zu sich und zur Welt thematisiert. „Bildung kann in der humanistischen Tradition über den Grad der Reflexivität definiert werden, den jemand erwirbt, und nicht durch faktische Wissensbestände." (MAROTZKI 1997, S. 83) Marotzki begreift Bildungsprozesse als „Transformationen" des Weltverhältnisses und des Selbstverhältnisses (vgl. Marotzki 1990, S. 42 ff.), deren „Mikrostrukturen" sich in biographischen Kontexten studieren lassen (vgl. ebd., S. 180 ff.). Erziehungswissenschaftliche Biographieforschung zeigt insofern empirisch gestützt „die Transformation von Bildungsgestalten" (Marotzki 1997, S. 85) auf. Unter Berufung auf Adorno und Sartre plädiert Marotzki auch für eine „extensive Fallauslegung" (Marotzki 1990, S. 114), weil nur sie der Komplexität des Einzelfalls gerecht werde und weil nur sie dem Maßstab der „grundlegenden Akzeptanz des Individuellen" (ebd., S. 68) genügen könne.

Biografische Phasen und Bildungsgestalten

So beschreibt er die Biographie und den Bildungsprozess einer jungen Frau, die dem Wunsch ihrer Eltern entsprechend studiert, aber ihr Referendariat abgebrochen hat und ausgewandert ist, durch drei Phasen bzw. „Gestalten" (ebd., S. 313): die Bildungsgestalt eines von den Eltern ihr „auferlegten biographischen Entwurfs", die der „Herausbildung eines Negationsstils" und die ihres eigenen „gestalteten biographischen Entwurfs" (vgl. ebd., S. 312 ff.). Den Übergängen liegt ein „Konversionserlebnis" zugrunde, eine „Kehrtwende" durch die Lektüre eines Buches von Alice Miller (ebd., S. 347 ff.), d. i. gewissermaßen ein ganz klassisches Bildungserlebnis, die Veränderung der Welt- und Selbstsicht und der eigenen Lebensplanung durch die Lektüre eines (subjektiv) bedeutsamen Buches, zumindest wird die eigene Biographie als Bildungsgeschichte erzählt.

Offene Fragen

In diesen Rekonstruktionen von Bildungsprozessen aus erzählten Biographien gelingt es der erziehungswissenschaftlichen Biographieforschung, zwischen empirischer Bildungsforschung und klassischer Bildungstheorie zu vermitteln. Zugleich sind mehrere Fragen nicht zufrieden stellend gelöst, die Frage nach der Bedeutung der Beschreibungen von Bildungsprozessen und der Rekonstruktionen von Subjektkonstitution für die ebenfalls beanspruchte Analyse der sozialen Strukturen und Institutionen, die Frage der Generalisierbarkeit der Ergebnisse der aufwändigen Einzelfallstudien (vgl. Krüger 1999, S. 26) und die Frage einer differenzierteren inhaltlichen Bestimmung der Selbst- und Weltsichten über die Differenz von Fremdbestimmtheit und Selbstbestimmung des eigenen Lebensentwurfes hinaus, d. h. einer noch stärkeren Anbindung an die klassische Bildungstheorie (vgl. Wigger 2004).

11.3 Zusammenfassung

Quantitative und qualitative Bildungsforschung stehen – wie Bildungstheorie und empirische Bildungsforschung – jeweils in einem Spannungsverhältnis zueinander. Diese Spannungsverhältnisse lassen sich wissenschaftsgeschichtlich mit der Herkunft aus unterschiedlichen wissenschaftlichen Traditionen, wissenschaftstheoretisch mit verschiedenen Konzeptionen von Wissenschaft und wissenschaftssoziologisch als Kampf um knappe Ressourcen sowie um die Dominanz im Feld der Wissenschaft erklären, z. T. auch aus Missverständnissen und einseitigen Beurteilungen. So gibt es sowohl ein bildungstheoretisches und -philosophisches Denken, das auf Ergebnisse der Bildungsforschung keinen Bezug nimmt, als auch eine Bildungsforschung, die sich nicht systematisch bildungstheoretisch legitimiert (vgl. Tenorth 1997). Vergleichbar ignorieren sich Ansätze quantitativer und qualitativer Forschung und sind auch die Probleme der Kombination beider Forschungsmethodiken noch nicht zufrieden stellend gelöst (vgl. Flick 2002, S. 380ff.).

In allen Bereichen gibt es aber gute und schlechte Forschung, gute und schlechte Theorien. Ohne die dargestellten Unterschiede zu leugnen kann man feststellen, dass die beiden Forschungsvarianten wie auch die unterschiedlichen Theorieformen eine Problematik, nämlich Bildung, aus unterschiedlichen Perspektiven bearbeiten und einen jeweils anderen Beitrag leisten. Die Beschreibung von Strukturen des Bildungssystem und dessen Ergebnissen, von pädagogischen Interventionen und deren Wirkungen wie auch die Suche nach Bedingungen, Abhängigkeiten und Möglichkeiten pädagogischer Optimierung durch repräsentative quantitative Analysen sind genauso wichtig wie die auf den Einzelfall bezogene, den Kontext möglichst umfassend einbeziehende und dem subjektiven Sinn sich möglichst annähernde Interpretation und Rekonstruktion durch qualitative Untersuchungen. Bildungstheorie schließlich kann der empirischen Forschung Fragestellungen und die theoretische Rahmung vorgeben. Sie kann darüber hinaus – da empirische Forschung nur das erfasst, was ist, aber keine Ziele begründen kann – Bildung als Aufgabe pädagogisch begründen.

Was Sie wissen sollten, wenn Sie Kapitel 11 gelesen haben: ˙

- Sie sollten die empirische Bildungsforschung von traditioneller Pädagogik unterscheiden können,
- Sie sollten Fragestellung und Methoden der quantitativen Bildungsforschung benennen können,
- Sie sollten einige der Ergebnisse und der Grenzen der PISA-Untersuchung angeben können,
- Sie sollten Fragestellung und Methoden der qualitativen Bildungsforschung benennen können,
- Sie sollten Anspruch, Ergebnisse und Grenzen der Biografieforschung angeben können,
- Sie sollten die Unterschiede in den bildungstheoretischen Grundlagen von quantitativer und qualitativer Bildungsforschung an Beispielen erörtern können und
- Gemeinsamkeiten und Unterschiede zwischen klassischer Bildungstheorie und empirischer Bildungsforschung skizzieren können.

Weiterführende Literatur zu Kapitel 11

Zum Überblick über den aktuellen Forschungsstand der Bildungsforschung bieten sich an:
Tippelt, R. (Hrsg.) (2002): **Handbuch Bildungsforschung**
Krüger, H.-H./Marotzki, W. (Hrsg.) (1999): **Handbuch erziehungswissenschaftliche Biografieforschung**

Ein empirisch gestützter Überblick über Daten und Entwicklungen, Bedingungen und Wirkungen von Bildung in Deutschland findet sich in:
Avenarius u. a. (2003): **Bildungsbericht für Deutschland**
Cortina u. a. (2003): **Das Bildungswesen in der Bundesrepublik Deutschland. Strukturen und Entwicklungen im Überblick**

D Konturen von Bildung

12 Bildung – Disziplinäre Zugriffe und begriffliche Abgrenzungen

Nicht überall, wo Bildung draufsteht, ist auch Bildung drin. So könnte man salopp eine Schwierigkeit beschreiben, die über manche sprachliche Verwirrung hinaus die sachliche Beschäftigung mit Bildung erschwert. Davon betroffen sind nicht nur alltägliche und populärwissenschaftliche Redeweisen, sondern auch Teile der wissenschaftlichen Diskussion.

Präzisierung von *Begriffen* Aus diesem Grund steht man wenigstens in wissenschaftlichen Kommunikationszusammenhängen vor der Aufgabe, Begriffe wie den Bildungsbegriff so präzise wie möglich zu differenzieren und zu beschreiben. Das bedeutet zum einen, die unterschiedlichen Disziplinen oder Teildisziplinen auseinander zu halten, die sich mit Bildung beschäftigen, zum anderen, den Bildungsbegriff von anderen Begriffen abzugrenzen, deren Bedeutung und gängige Verwendung eine gewisse Nähe und Verwandtschaft zum Bildungsbegriff zeigen, oft jedoch etwas anderes meinen. In der Erziehungswissenschaft wird etwa der Erziehungsbegriff häufig ohne die nötigen Abgrenzungen und sogar gleichbedeutend mit dem Bildungsbegriff verwendet; die Soziologie thematisiert mit Bildung zusammenhängende Sachverhalte und Probleme unter den Stichwörtern Sozialisation und Identität; wenn von Ausbildung, Qualifikation oder Kompetenz die Rede ist, kommen berufspädagogische und bildungsökonomische Perspektiven ins Spiel, und der Lernbegriff und der Wissensbegriff sind geprägt von psychologischen und soziologischen Zugriffen, während philosophisch-pädagogische Bestimmungen seltener wahrgenommen werden.

12.1 Erziehung

Erziehung gilt neben Bildung als der zweite Grundbegriff der Erziehungswissenschaft. Die Theorie der Erziehung, zu der u. a. Jean-Jacques Rousseau (1712–1778), Friedrich Daniel Ernst Schleiermacher (1768–1834) und Johann Friedrich Herbart (1776–1841) maßgeblich beigetragen haben, ist von der Theorie der Bildung zu unterscheiden; sie wird ausführlich Gegenstand eines eigenen Bandes innerhalb der Reihe „Einführung in die Erziehungswissenschaft" sein. Erziehung und Bildung werden oft ohne weitere Differenzierung parallel genannt oder sogar synonym verwendet (vgl. HEID 1994). Dabei werden wichtige Unterschiede nivelliert oder verschwiegen, etwa dass Erziehung der Prozess ist, der dem Bildungsprozess zeitlich vorausgeht, oder dass Erziehung – anders als Bildung – auf die Verbindung von Wissen und Haltung abzielt (vgl. HEITGER 1986). Erziehung ist keine qualitative Vorstufe von Bildung oder deren Voraussetzung, sondern eine andere pädagogische Perspektive. Der Erziehungsbegriff muss einerseits sehr weit gefasst und formal sein, wenn er alle Mittel, Maßnahmen und Phänomene von Erziehung umgreifen soll. Andererseits muss er vieldeutig sein, wenn in ihm auch die verschiedenen historisch-kulturellen Sinngebungen und Bedeutungen eingebunden werden sollen. Diese Vieldeutigkeit sowie die weite und formale Fassung lassen eine präzise Bestimmung des Erziehungsbegriffs allenfalls bezüglich einzelner Aspekte zu.

„Ganz allgemein wird man als Erziehung jene Maßnahmen und Prozesse bezeichnen können, die den Menschen zu Autonomie und Mündigkeit hinleiten und ihm helfen, alle seine Kräfte und Möglichkeiten zu aktuieren und in seine Menschlichkeit hineinzufinden. Erziehung betrifft den Menschen dabei in seiner individualen (als Naturwesen), sozialen (als Gesellschaftswesen), kulturellen (als sittliches Geistwesen) und metaphysischen (als ‚begnadetes' Wesen) Dimension. Dementsprechend stellt sich Erziehung einmal mehr als Wachstum und Entwicklung, einmal als gesellschaftlich-kulturelle Eingliederung (Sozialisation, Enkulturation), einmal als Einführung und ein andermal als personale Erweckung und Begegnung dar." (BÖHM 2000, S. 157)

Erziehung und Bildung unterscheiden sich zumindest in zwei Hinsichten. Unter zeitlichem Aspekt gehen die im Zitat beschriebenen Maßnahmen und Prozesse der Erziehung im Lebenslauf eines Menschen den Prozessen und Resultaten von Bildung voraus, wenn Bildung das Reflexions- und Gestaltungsvermögen dieses Menschen in Selbst-, Fremd- und Weltverhältnissen meint. In sachlicher Hinsicht heben die Handlungen, Prozesse und Maßnahmen der Erziehung die äußeren Einwirkungen und Wirkungen auf den zu erziehenden als noch Unmündigen hervor, die von anderen Seiten als von diesem selbst kommen, d. h. etwa – intentional – von einem Erzieher oder – funktional – von der Gesellschaft. Bildung dagegen betont stärker die reflexiven Vollzüge, die u. a. die eigene Erziehung zum Gegenstand haben können.

12.2 Sozialisation

Bildung von Sozialisation abzugrenzen ist deswegen schwierig, weil der Sozialisationsbegriff innerhalb der Erziehungswissenschaft nicht nur von manchen als ein weiterer Grundbegriff beansprucht wird, sondern weil er darüber hinaus ein Gewicht bekommen hat, das annähernd alle erziehungswissenschaftlichen Fragen und Probleme dominiert. Als Grund und Anlass dazu, den Sozialisationsbegriff als einen weiteren oder sogar *den* Grundbegriff der Erziehungswissenschaft zu bezeichnen, könnte man zunächst anführen, dass dieser eine sozialwissenschaftliche Umschreibung weiter Teile der Erziehungswissenschaft ausgelöst hat. Darüber hinaus wird betont, dass Sozialisation auf Grundlagen von Erziehung und Bildung verweise, „die bereits in den Anfängen pädagogischen Denkens mitschwangen" (HELSPER 1998, S. 71). Von Beginn an seien entsprechende Fragen gestellt worden wie:

„Was vermag geplantes pädagogisches Handeln gegenüber den sozialen Einflüssen für die Herausformung der Person? Ist es gegenüber der ‚Sozialisation' ohnmächtig? Oder ist die pädagogische Einwirkung selbst nur Teil der Sozialisation?" (ebd.)

Entsprechend weitreichend ist eine der inzwischen als „klassisch" zu bezeichnenden Definitionen des Sozialisationsbegriffs formuliert:

„Sozialisation ist zu verstehen als der Prozeß der Entstehung und Entwicklung der Persönlichkeit in wechselseitiger Abhängigkeit von der gesellschaftlich vermittelten sozialen und materiellen Umwelt. Vorrangig thematisch ist dabei, wie sich der Mensch zu einem gesellschaftlich handlungsfähigen Subjekt bildet." (GEULEN/HURRELMANN 1980, S. 51)

Das übergreifende Erklärungspotential und der weitreichende Geltungsanspruch des Sozialisationsgedankens werden noch deutlicher, wenn man eine andere Definition liest:

„Sozialisation bezeichnet den Prozeß der Konstituierung der Persönlichkeit in wechselseitiger Abhängigkeit von und in kontinuierlicher Auseinandersetzung mit der gesellschaftlich vermittelten sozialen und dinglich-materialen Umwelt einerseits und der biophysischen Struktur des Organismus andererseits. Programmatisch ist mit diesem Begriff zum Ausdruck gebracht, daß das menschliche Individuum sich permanent durch soziale und gesellschaftliche Faktoren mitentwickelt und sich in einem Prozeß der sozialen Interaktion konstituiert. Die Persönlichkeit bildet sich nach dieser Vorstellung in keiner ihrer Funktionen und Dimensionen gesellschaftsfrei heraus, sondern lebenslang stets in einer konkreten Lebenswelt, die historisch vermittelt ist." (HURRELMANN 1999, S. 481)

Unhintergehbarkeit gesellschaftlicher Einflüsse

Nach dieser Beschreibung scheint die Entstehung und lebenslange Veränderung einer Person in ihrer Gesamtheit, und dazu zählt auch ihre Bildung, nicht anders denkbar zu sein als vor dem Hintergrund gesellschaftlicher Einflüsse. Damit diese Einflüsse nicht als einseitig missverstanden werden und die beteiligten Personen nicht gleichsam den Sozialisationsprozessen ihrerseits einflusslos ausgeliefert erscheinen, wird das Sozialisationsgeschehen als ein aus der Sicht der Personen aktiver Vorgang der Auseinandersetzung beschrieben; Sozialisation wird insgesamt also als ein wechselseitiger Prozess verstanden. Das Ziel dieses Prozesses ist die gesellschaftliche Handlungsfähigkeit der Person bzw. des Subjekts. Auch in dieser Formulierung ist die gesellschaftliche Dimension auffällig dominant, zumal die Chancen der wechselseitigen Auseinandersetzung mit den gesellschaftlichen Einflüssen, also die Möglichkeiten und Grenzen, die angestrebte gesellschaftliche Handlungsfähigkeit zu erlangen, selbst als ein Resultat von Sozialisationsprozessen gedeutet werden. So konnte der Sozialisationsbegriff den Bildungsbegriff eine Zeit lang an den Rand der Diskussion drängen. Die Bedeutung von gesellschaftlichen Einflüssen aller Art ist heute weitgehend unbestritten, die Selbstverständlichkeit und Unhintergehbarkeit, mit denen diese Einflüsse auf den Menschen und durch den Menschen gedeutet werden, lässt sich allerdings in Frage stellen.

Sozialisation statt Bildung?

„Der Sozialisationsbegriff hat für die Erziehungswissenschaft die Bedeutung, die normativen Entwürfe von Bildung und Erziehung vor dem Hintergrund sozialisatorischer Bedingungen und Strukturen der Entstehung der Person zu reflektieren. Dabei werden durch die Hinweise auf komplexe Bedingungen von Individuation und Bildung einfache Modelle pädagogischer Wirkung zusehends in Frage gestellt." (HELSPER 1998, S. 78)

Hiernach sieht es so aus, als erlaubten erst die vermeintlich selbstverständlichen und unhintergehbaren Bedingungen der Sozialisation, über Bildung nachzudenken und die im Bildungsbegriff angesprochenen Verhältnisse auszugestalten. Dreht man diese These unter Austausch der zentralen Begriffe um, lässt sie sich sinngemäß folgendermaßen lesen: Der Bildungsbegriff hat für die Erziehungswissenschaft die Bedeutung, die wie selbstverständlich und unhintergehbar vorausgesetzten Sozialisationsbedingungen vor dem Hintergrund, dass Menschen gedankliche Selbständigkeit erlangen können, zu reflektieren, d. h. in Frage zu stellen, zu prüfen und gegebenenfalls zu widerlegen. Dabei wird durch die Hinweise auf Bildung als rückhaltlose und kritische Gedanklichkeit das zwar nicht unkomplizierte, aber weitgehend undurchschaute und deshalb verbreitete und herrschende Modell der Sozialisation als solches zu erkennen und zu problematisieren sein.

Aus dieser Perspektive von Bildung sind Selbst-, Fremd- und Weltverhältnisse nicht vorgängig auf eine einzige, nämlich die gesellschaftliche Perspektive festgelegt, sondern deren Gestaltung ist zunächst gleichsam offen oder neutral gedacht. Das Verhältnis eines Menschen zu sich selbst etwa kann primär geprägt sein von philosophischen und psychologischen Deutungen, die noch gar nichts mit der Gesellschaft in ihrer ganzen Anonymität und Pauschalität zu tun haben müssen. Die Verhältnisse und Beziehungen zwischen den Menschen lassen sich, statt allein mit der Brille von Gesellschaft, ebenso gut aus einer empathischen, pragmatischen oder auch religiösen Sicht verstehen und erleben. Relationen zwischen Menschen und der Welt, in der sie leben, können letztlich ästhetisch, ökonomisch oder in einem Sinne politisch geprägt sein, der die gesellschaftlichen Einflüsse gerade wegen ihrer negativen und restriktiven Züge zu überwinden sucht. *Bildung statt Sozialisation*

Der zentrale Unterschied zwischen Sozialisation und Bildung dürfte darin liegen, dass mit der bevorzugten Verwendung des Sozialisationsbegriffs die Möglichkeiten und Grenzen von Bildung als von den vorausgesetzten und nicht weiter befragten gesellschaftlichen Einflüssen abhängig und bedingt gesehen werden. Mit der Verwendung und Betonung des Bildungsbegriffs dagegen hält man daran fest, dass Sozialisation und gesellschaftliche Einflüsse generell, bis hin zum jeweiligen Modell von Gesellschaftlichkeit, in eigenständiger gedanklicher Anstrengung als solche durchschaut werden können und müssen, um ihnen und ihrer Dominanz nicht dauerhaft und widerstandslos ausgesetzt zu sein. *Verschiedene Blickrichtungen*

Vor dem Hintergrund des auffälligen Scheiterns planmäßiger und professionell betriebener Einflussnahmen durch Eltern, Erzieher und Institutionen wird seit kurzem diskutiert, ob verändertes Verhalten von Kindern und Jugendlichen stärker als Resultat von Selbstsozialisation und weniger als Resultat von Fremdsozialisation aufzufassen sei. Dieser Gedanke betont allerdings nur, dass an Sozialisationsprozessen – ebenso wie an Erziehungs- und Bildungsprozessen – immer auch tätige bzw. handelnde Subjekte, als „Selbst" beteiligt sind. Sozialisationsprozesse sind nie nur einseitige Beeinflussungen der Betroffenen gleichsam durch fremde Faktoren und von außen. Der Umstand, dass Sozialisation am ehesten als ein Wechselspiel von äußeren Fremdeinflüssen und deren innerer, aneignender Verarbeitung erklärt werden kann, gerät dann in den Hintergrund, wenn die eine Seite, das Selbst und seine Selbständigkeit, gleichsam dogmatisch überbetont wird. *Selbst-Sozialisation*

Sozialisationstheorie und -forschung heute

Ungeachtet der Differenzen und der Konkurrenz zwischen Sozialisation und Bildung wird heute faktisch nicht bestritten, dass Sozialisationstheorie und Sozialisationsforschung zu den wichtigsten empirischen Themenbereichen der Erziehungswissenschaft gehören. So verstandene Sozialisation ist ein disziplinenübergreifendes Konzept, zu dessen Etablierung in der Theorie und in der empirischen Forschung die Soziologie und die Psychologie stärker als die Erziehungswissenschaft beigetragen haben. In diesem Sinne ist auch die Deutung von Sozialisation als Habitualisierung zu verstehen, die auf den französischen Soziologen Pierre Bourdieu (1930–2002) zurückgeht (vgl. Baumgart 2000; Krais/Gebauer 2002). Nicht zuletzt aufgrund bildungstheoretischer Skepsis und Kritik ist eine Diskussion um das Sozialisationskonzept entstanden, die etwa seit den siebziger Jahren des 20. Jh. „zu einer durchgreifenden Revision der subjekt- und gesellschaftstheoretischen Prämissen des Sozialisationskonzepts" (Tillmann 2004, S. 469) geführt hat und bis heute anhält.

12.3 Identität

Logische Identität – Ich-Identität

Der Identitätsbegriff ist – vergleichbar mit dem Wissensbegriff – ein Thema der Philosophie. Im Kontext der Abgrenzung von Identität und Bildung muss man zunächst beachten, dass Identität sowohl Gegenstand logischer und mathematischer Überlegungen ist als auch dort thematisiert wird, wo es um den Menschen und um dessen Fragen nach sich selbst geht. Nur die zweite Variante, die oft auch unter dem Etikett der Ich-Identität behandelt wird, interessiert hier, obwohl manche Unklarheiten dieses Problemkreises auf offene Fragen des logischen und mathematischen Denkzusammenhangs zurückgehen. „Die elementarste Definition von Identität ist folgende: Identität ist das Gesamt der Antworten auf die Fragen: Wer bin ich? Wer sind wir?" (Bevers 1997, S. 276)

Rollentheorie

Entstanden ist das Problem der Ich-Identität im soziologischen Theoriezusammenhang, genauer gesagt als Folge von Problemen innerhalb der Rollentheorie, die auf dem Boden ihrer Prämissen einige dadurch aufgekommene Schwierigkeiten nicht in den Griff bekam. Zu diesen Schwierigkeiten zählt etwa die Frage, wie eine Person die vielfachen Rollenerwartungen insgesamt so erfüllen kann, dass sie ein zusammenhängendes und stabiles Ich behält und zugleich die verschiedenen Rollen erkennbar bleiben. Damit verknüpft ist „das Problem einer zu engen, repressiven, letztlich pathogenen Verpflichtung auf rollengemäßes Verhalten" (Dubiel 1976, Sp. 148), dessen Bearbeitung Gegenstand differenzierter psychologischer und psychoanalytischer Theorien ist (vgl. vor allem Erikson 1970).

Persönliche Identität – Soziale Identität

In der soziologischen Theorietradition ist das Problem der Identitätsbildung vor allem im Symbolischen Interaktionismus und als Moment des Sozialisationsprozesses thematisiert worden. Der Prozess der Ich-Identitätsbildung wird dabei in zwei ineinander laufende Richtungen differenziert. Zum einen geht es dabei um die Auseinandersetzung einer Person mit der Einzigartigkeit ihrer selbst, d. h. gleichsam ungeachtet des sozialen Kontextes und dessen Wirkungen; zum anderen geht es um die entsprechende Auseinandersetzung der Person mit ihrer Zugehörigkeit zum sozialen Kontext, d. h. mit dessen Erwartungen und Ansprüchen sowie den Rückwirkungen auf die Person:

„Die persönliche Identität äußert sich in der Einheit einer unverwechselbaren Lebensgeschichte, die soziale Identität in der Zugehörigkeit eines Individuums zu verschiedenen Bezugsgruppen. Persönliche Identität sichert ‚vertikal' die Konsistenz eines lebensgeschichtlichen Zusammenhangs, soziale Identität garantiert ‚horizontal' die Erfüllbarkeit der differierenden Ansprüche aller Rollensysteme, denen die Person zugehört." (DUBIEL 1976, Sp. 150)

Erst die individuelle Balance dieser beiden ineinander laufenden Teilprozesse persönlicher und sozialer Identitätsbildung erzeugt das Resultat der Ich-Identität. Die Mehrzahl der sozialwissenschaftlichen Ansätze zum Identitätsproblem ist von der Erziehungswissenschaft explizit integriert worden. Die vielschichtigen Auseinandersetzungen über den Identitätsbegriff, etwa die Formulierung einer „Grundqualifikation zur Bemühung um Identität" (KRAPPMANN 1996, S. 718), haben zeitweise die Diskussion um den Bildungsbegriff und um Bildungsziele in eine andere Richtung gelenkt. So wurde etwa die ehedem bildungstheoretisch zentrale These, dass der Mensch gegenüber Ansprüchen anderer und gesellschaftlichen Erwartungen vorrangig zu seiner Subjektivität finden müsse, vor dem Hintergrund der Identitätstheorien und -konzeptionen umformuliert in die Richtung des kommunikativen Versuchs, dem Heranwachsenden die Bildung seiner Identität zu ermöglichen, oder, mit anderen Worten, ihn zu sich selber zu bringen: *Ich-Identität*

„Er ist in einem erzieherischen und sozial legitimierbaren Sinn er selbst, indem er im gemeinsam interpretierten Aufgabengehalt der geschichtlichen Situation einen Projektionshorizont für seine Identität gewinnt und sein Identitätskonzept in kritisch-verstehendem und kommunikativ-einfühlendem Bewußtsein mit einem konsensfähigen Orientierungssystem und einem revisionsfähigen Deutungssystem vermittelt." (SCHÄFER 1978, S. IX) *Selbst*

Auf dem Höhepunkt der sozialwissenschaftlichen Umschrift von zentralen Kategorien und Fragestellungen der Erziehungswissenschaft, etwa zu Beginn der achtziger Jahre des 20. Jh., hat Klaus Mollenhauer an vergessene Zusammenhänge erinnert und sich aus einer gewandelten Perspektive auf Bildung zu „Schwierigkeiten mit Identität" bekannt (vgl. zum Folgenden MOLLENHAUER 1998, S. 155 f. u. S. 179). Wenn man das Verhältnis des Menschen zu sich einseitig als eine „Balance-Zumutung im Hinblick auf ‚Einzigartigkeit' und ‚Zugehörigkeit'" beschreibe, dann bewege man sich im rollentheoretischen Kontext der Verhältnisbestimmung von Individualität und Sozialcharakter. Im Kontext von Bildung dagegen sei entscheidend, dass jemandem überhaupt das Verhältnis zu sich fraglich wird und er aufgrund dessen ein Problem mit sich hat, welches er nun selbsttätig zu lösen hat. Die gesellschaftlichen Rollen und Rollenerwartungen seien aber nur der äußere Rahmen, in dem sich der so beginnende Bildungsgang abspielt. Eine Balance zwischen Einzigartigkeit und Zugehörigkeit anzustreben, wie das in den meisten Identitätstheorien der Fall ist, bringe gerade die produktive Differenz im Selbstbild des Einzelnen, also das Bildung in Gang setzende Problem, das jemand mit sich hat, zum Verschwinden und verhindere damit gerade Bildung. *Bildungstheoretische Schwierigkeiten mit Identität*

Um Bildung für den Einzelnen zu ermöglichen und das Bildungsproblem offen zu halten, kann Identität demnach – im Widerspruch zur Mehrheit der sozialwissenschaftlichen Auffassungen – kein gesicherter Sachverhalt oder anzustrebender Zustand sein, sondern ist nur dann bildungstheoretisch be- *Identität als offener Prozess* deutsam, wenn die Unabgeschlossenheit und Unabschließbarkeit der in die Zukunft gerichteten Suche nach Identität, also das prozesshafte Moment im Identitätsbegriff, anerkannt wird.

„Ich sehe nur dies: Identität gibt es *nur als Fiktion*, nicht aber als empirisch zu sichernden Sachverhalt. Diese Fiktion aber ist eine notwendige Bedingung des Bildungsprozesses, denn nur durch sie bleibt er in Gang. […] Insofern gibt es, jedenfalls für die pädagogische Theorie, keine Identitäten, sondern nur Identitätsprobleme." (MOLLENHAUER 1998, S. 158 f.)

Mit Blick auf Bildung heißt das unmissverständlich: „Schlimm also, wenn wir von jemandem sagen könnten, er sei mit sich identisch!" (ebd., S. 179)

12.4 Ausbildung/Berufsbildung/Qualifikation

„Ausbildung meint im weitesten Sinne das Bemühen um die Vermittlung eines speziellen Leistungsvermögens (Fähigkeiten, Fertigkeiten, Kenntnisse) und einer entsprechenden Leistungsbereitschaft." (TWARDY 1999, S. 40)

Leistung In dieser recht allgemeinen Definition wird sogleich deutlich, inwiefern Bildung und Ausbildung nicht identisch sind, bzw. was Bildung von Ausbildung abgrenzt. Mit dem Thema Leistung verbinden sich außer der pädagogischen Problemstellung vor allem bildungspolitische und bildungsökonomische Kontroversen. Diese entstehen dadurch, dass eine möglichst hohe Leistungsbereitschaft und ein hoher Leistungsstand von heutigen Industriegesellschaften als Garanten für den Fortbestand und den Ausbau des gesellschaftlichen, wissenschaftlich-technischen und insbesondere ökonomischen Entwicklungsstands angesehen werden. Die engen Verknüpfungen von Ausbildung mit Leistung, menschlichem Leistungsvermögen und dementsprechender Bereitschaft ordnet dem Ausbildungsgedanken politische und ökonomische, d. h. äußere gesellschaftliche Zwecke zu bzw. vor.

Betrieb und Beruf Diese Grundschwierigkeit im Verhältnis Bildung und Ausbildung, äußere Zweckfreiheit auf der einen Seite und Einbindung in Zweck-Mittel-Relationen auf der anderen Seite, ist übertragbar auf die gängigen Verwendungen des Ausbildungsbegriffs im Kontext von Betrieb und Beruf:

„Im allgemeinen wird ‚betriebliche Ausbildung' im Sinne der Legaldefinition des Begriffs ‚Berufsausbildung' (Berufsbildungsgesetz § 1) verstanden, nämlich als gesetzlich näher geregelte Qualifizierung für breit angelegte ‚anerkannte Ausbildungsberufe' (beruflicher Erstausbildung). […] Während ‚Berufsausbildung' und ‚berufliche Qualifizierung' als Synonyma Verwendung finden, gilt das für den erziehungswissenschaftlichen Begriff ‚Berufserziehung' nur mit dem Zusatz, daß gleichzeitig auf die (sittliche) Ausformung der Individualität im Kontext der Beruflichkeit abgehoben wird. Eine noch stärkere Akzentuierung dieses Aspekts verbindet sich mit dem Begriff ‚Berufsbildung'." (ebd., S. 40)

Die begriffliche Unterscheidung von Berufsausbildung, Berufserziehung und Berufsbildung macht die Abgrenzung zwischen Bildung und Ausbildung nicht leichter. Betriebliche Ausbildung und Berufsausbildung betonen ebenfalls die Ausrichtung auf vorgelagerte Zwecke, während die Begriffe Berufserziehung und Berufsbildung den Schwerpunkt eher auf Prozesse der Individualisierung im Kontext von Beruflichkeit legen. In dieser Version rückt der Ausbildungsbegriff näher an Kennzeichen des Bildungsbegriffs heran. Das Ziel einer pädagogisch intendierten Ausformung der Individualität bzw. Ertüchtigung der Nachwachsenden tritt allerdings im beruflichen Kontext deutlich hinter die zweckorientierten Anforderungen von Qualifikation und gesellschaftlicher Integration zurück.

„Systematisch gefaßt hat die Berufsausbildung im Prozeß des Generationenwechsels aus pädagogischer Sicht zwei aufeinander bezogene Teilfunktionen zu bewältigen: (1) Die Nachwachsenden so zu ertüchtigen, daß sie vorgegebenen Anforderungsprofilen gerecht zu werden vermögen und in der Lage sind, sich während künftig zu erwartender ökonomisch-technischer Veränderungsprozesse funktionsfähig zu halten (Qualifikationsfunktion); (2) sie ihren individuellen Potenzialen und erworbenen Qualifikationsprofilen gemäß bestmöglich in die arbeitsteilig organisierte Gesellschaft zu integrieren (Allokationsfunktion)." (ebd., S. 42)   *Qualifikation und Allokation*

Die Spannung und Konkurrenz zwischen Bildung und Ausbildung, die u. a. auf Wilhelm von Humboldts Unterscheidung zurückgeht, äußern sich in der Aufgabe, eine Balance zu finden zwischen den berechtigten Ansprüchen des Einzelnen auf möglichst uneingeschränkte Bildung einerseits und den funktional erklärbaren Qualifikations- und Allokations-Anforderungen der Gesellschaft andererseits. Insofern schließen sich Bildung und Ausbildung im Lebenslauf eines Menschen nicht gegenseitig aus, sondern man könnte eher sagen, dass zeitlich begrenzte Phasen der Ausbildung in den lebenslangen Prozess der Bildung eines Menschen eingelagert sind (vgl. Blankertz 1963).

12.5 Kompetenz

Im Zusammenhang von neueren Überlegungen, ob es analog zu einem pädagogischen Grundgedanken eine allgemeine Fähigkeit für pädagogisch-professionelles Handeln gebe oder geben müsse, wird der Kompetenzbegriff vermehrt diskutiert. Auch in offiziellen Bildungsberichten oder im Rahmen der Diskussion über internationale Schulleistungsvergleiche wie PISA spielen Kompetenz und Kompetenzen eine immer größere Rolle (vgl. z. B. Avenarius u. a. 2003, Prenzel 2004). Da der Begriff auch in anderen wissenschaftlichen Disziplinen, beispielsweise der Sprachwissenschaft oder der Soziologie sowie in umgangssprachlichen Zusammenhängen, verwendet wird, ist seine Bedeutung entsprechend unscharf.

Im engeren Verständnis meint der Begriff die „Fähigkeit eines Individuums, die gegebenen Anforderungen zur Weltbewältigung durch entsprechende Herausbildung von bemeisternden Fähigkeiten des psychischen Apparates zu bewältigen" (Nieke 2002, S. 15). In diesem Sinne findet der Kompetenzbegriff heute inflationär Beachtung in den auf Qualifikationen hin orientierten Teilbereichen der Erziehungswissenschaft, wie etwa der Erwachsenenbildung oder Weiterbildung sowie der Berufsbildung. Die Differenzierung in Sach- oder Fachkompetenz, Methodenkompetenz, Sozialkompetenz und Selbstkompetenz deutet an, dass hier fachliche Zweck-Mittel-Relationen Anlass für die Überlegungen sind.   *Enges Verständnis*

Weites Verständnis Der Kompetenzbegriff kann über seine Verortung in pädagogisch-professionellen Kompetenzmodellen hinaus bildungstheoretisch gelesen werden, wenn man die unterschiedlichen Dimensionen von Kompetenz den Differenzierungen im Bildungsbegriff gegenüberstellt. Unterscheidet man – wie Heinrich Roth in seiner Pädagogischen Anthropologie von 1971 – die drei Fähigkeiten, die jeder Mensch auf den Wegen von Bildung und Erziehung auszubilden habe, als Sachkompetenz, Sozialkompetenz und Selbstkompetenz, dann entsteht eine gewisse Nähe zu den drei Relationen, die durchgängig als Kennzeichen von Bildung vorgestellt worden sind: die Relationen des Menschen zur Welt, zu anderen Menschen und zu sich selbst.

Kompetenz statt Bildung? Die auffällige historische Herkunft des Kompetenzbegriffs aus psychologischen Theorietraditionen sowie seine überwiegende Verwendung in Funktionszusammenhängen von Qualifikation und professioneller Ausbildung lassen den Kompetenzbegriff allerdings nicht als Ersatz für den Bildungsbegriff geeignet erscheinen. Auch der Gedanke der Selbstkompetenz als Selbstreflexion vermeidet nicht die oben ausgeführten Vorbehalte der Funktionalisierung und Verzweckung, die im Bildungsgedanken gerade überboten sind.

12.6 Lernen

Psychologische Definitionsmacht In noch stärkerem Maße als in der Gegenüberstellung von Wissen und Bildung lässt sich die psychologische Definitionsmacht für den Lernbegriff und den damit angesprochenen Problemkreis belegen. Die Breite der psychologischen Untersuchungen und die Vielfalt ihrer Erträge hat die heutige pädagogische Beschäftigung mit dem Lernthema so weitgehend vereinnahmt, dass es nicht nur schwer fällt, pädagogische von psychologischen Sichtweisen des Lernens zu unterscheiden; auch die weiterreichenden Themen Erziehung und Bildung stehen mitunter in der Gefahr, auf psychologische – wie in anderer Wendung auch auf soziologische – Erklärungsmuster reduziert zu werden.

> „Mit der einzelwissenschaftlichen Etablierung der Psychologie in der zweiten Hälfte des 19. Jahrhunderts wurde das Lernen als innerpsychischer Mechanismus zunehmend Gegenstand empirischer Forschung und Theoriebildung. [...] Die Ergebnisse und Richtungen dieser Forschungen sind in ihrer Fülle und in ihren pädagogischen Konsequenzen und Anwendungen kaum noch überschaubar. [...] Obwohl Lernen als ubiquitäres und in mancher Hinsicht lebensweltlich opakes Phänomen gelten muss und relativ spät Gegenstand psychologischer Forschung wurde, kann der Ertrag der lernpsychologischen Forschung für die gesellschaftliche Konstruktion und Durchsetzung pädagogischer Lernkonzepte kaum mehr überschätzt werden. Dies gilt auch dann, wenn ein allzu universalistisch angelegtes Forschungskonzept bislang weitgehend verhindert hat, dass die sozialen und kulturellen Bedingungen der Wirksamkeit pädagogischer Umsetzungen ernsthaft erforscht wurden." (KÜNZLI 2004, S. 636 f.)

Geht man von den psychologischen, aber auch von biologischen und physiologischen Beschreibungen des Sachverhalts aus, dann versteht man unter Lernen zunächst relativ stabile und dauerhafte Veränderungen von Verhalten und Wahrnehmung, die auf Grund von Erfahrungen und deren Verarbeitung eintreten. In philosophisch-pädagogischer Blickwendung auf das Lernen sind dagegen die vorauszusetzende Lernfähigkeit, das Lernen aus Erfahrungen, die Logik des Lernens sowie die Anfänge menschlicher Lernprozesse zentrale Gegenstände.

Die auf diesem Wege ins Spiel kommenden kulturellen Deutungen und organisatorischen Instrumentierungen bestimmen die Auffassungen vom Lernen im Kontext der gesellschaftlichen Bedeutung des Lernproblems als soziale Konstruktionen. Die seit der Antike zunehmende gesellschaftliche Bedeutung des Lernens macht deutlich, dass das Lernen eng verbunden ist mit dem Wissensbegriff. So lässt sich der gesellschaftliche Bedeutungswandel des Lernens lesen

Lernen als soziale Konstruktion

„als Geschichte von Wissensdifferenzierungen [...], in denen die Bedingungen des Wissens und seines Erwerbs sozial problematisch werden und in der sich die gesellschaftlichen Dispositive der Produktion, Pflege, Verteilung und Aneignung von sozial relevantem Wissen verändern. In deren Veränderung spiegeln sich technische Innovationen, praktisch-politische Lebensverhältnisse und übergreifende kulturelle Orientierungen. Ihr sozial mächtiger Ausdruck ist die Institutionalisierungsgeschichte des Lernens in Schulen aller Art. Schulisches Lernen folgt dieser Differenzierung als Geschichte didaktischer ‚Versöhnung' und Vermittlung ausdifferenzierter Wissensformen. Die Geschichte der Schule und der sie bestimmenden Lehr-Lernverhältnisse bilden eine soziale Begriffsgeschichte des Lernens." (ebd., S. 620)

Seit der Aufklärung und bis heute steht die zunehmende Bedeutung des Lernens im Zeichen der ebenfalls gestiegenen Beachtung des Subjekts, sei es als Gattungssubjekt oder als Individuum. Der Bedeutungszuwachs des Lernens äußert sich in den gesellschaftlichen Erziehungs- und Beschulungsprogrammen, die Rückwendung auf das Subjekt und dessen steigende Beachtung etwa in der Betonung des von Interessen geleiteten, reflexiven Lernens.

Subjekt und Lernen

Die seit der Aufklärung inszenierten Lernarten, das natürliche Lernen und seine Fixierung auf den Topos Leben, das ästhetische Lernen und seine Betonung der Anschauung und das selbsttätige Lernen mit seiner Gewichtung des Entdeckens, stehen ganz im Zeichen des Fortschritts und der Vervollkommnung sowohl des Einzelnen als auch der Gattung und haben bis heute Konjunktur. In der Betonung des subjektiven Interesses begegnet das reflexive Lernen zum einen in der Version des Lernen-Lernens und zum anderen als Interessenbildung. „Lernen wird von seiner ausschließlichen Fixierung auf den Gegenstand des Lernens gelöst. Sein Zweck ist Selbstvervollkommnung des lernenden Subjekts, und von daher wird es auch begriffen" (ebd., S. 630).

Natürliches Lernen, ästhetisches Lernen,

selbsttätiges Lernen, reflexives Lernen

Lerntheorien, die das Thema aus philosophisch-pädagogischer Sicht angehen und damit psychologische und soziologische Einseitigkeiten vermeiden, werden vergleichsweise wenig rezipiert (vgl. BENNER/OELKERS/RUHLOFF 1988). Hierzu zählen vor allem die Ansätze von Günter Buck, Lutz Koch und Käte Meyer-Drawe.

Der Lernbegriff in der philosophischen Pädagogik

Mit dem auf Aristoteles zurückgehenden Begriff der Epagogik, der etwa Herbeiführung bedeutet, hat Günter Buck die Phänomene von Verstehen, Verständigung und Lernen beschrieben. Lernen bedeutet dabei die Vermittlung durch Erfahrung, d. h. das Aufeinandertreffen und die gegenseitige Bereicherung von Vorwissen und dessen Bewährung oder Widerlegung. Zum Lernen gehört auch die Vergegenwärtigung der zu jeder Erfahrung gehörenden – nicht nur empirischen, sondern vor allem denknotwendigen – Voraussetzungen. Formen solchen herbeiführenden Lernens sind etwa das Verstehen durch Beispiele und Analogien (vgl. BUCK 1989).

Herbeiführendes Lernen, Epagogik

Logik des Lernens   Auf erkenntnistheoretische und logische Aspekte des Lernens – in deutlichem Kontrast zu psycho-logischen Aspekten – hat Lutz Koch hingewiesen und damit an wenig beachtete Stationen der Geschichte des Lernbegriffs seit der Antike erinnert. In ausdrücklicher Anlehnung an Kant bestimmt Koch die logische Struktur und Abfolge des Lernens als dreistufigen Gang:

> „Die *erste Stufe* (jedenfalls der Zeit nach) ist die der Apprehension [Sammlung] des Mannigfaltigen durch den Sinn. Auf dieser Stufe sammeln wir Kenntnisse, die wir uns einprägen. […] Auf der *zweiten Stufe* lernen wir reproduktiv: Wir ordnen und strukturieren die aufgenommenen Daten und prägen uns diese Ordnung ein. Auf der *dritten Stufe* kommt das Lernen ins Ziel: Was wir schon kennen, wird wiedererkannt (‚Rekognition‘), aber wiedererkannt als Konkretum eines Allgemeinen, das wir jetzt erst vor Augen haben." (KOCH 1988, S. 325f.)

Weniger abstrakt formuliert findet man in dieser Dreiteilung die auf Johann Friedrich Herbarts Unterrichtsstufen zurückgehenden Momente der Klarheit beim Lernen, der ordnenden und verbindenden Assoziation sowie der begrifflichen, systematischen Erkenntnis. So verstandenes Lernen ist geistige Aneignung im wörtlichen Sinn, d.h. die Verbindung von aufgefasstem Fremdem oder Neuem mit auffassendem und bereits aufgefasstem Eigenem zu einer vernünftigen Einsicht.

Anfänge des Lernens   Gegenüber der weit verbreiteten Tendenz, menschliches Lernen von der Zukunft her zu bestimmen, d.h. Lernresultate und -erfolge daran zu messen, ob sie möglichst schnell und effektiv zukünftig erwartete oder gewünschte Zustände erreichen, hat Käte Meyer-Drawe die Anfänge des Lernens, seine Herkunft und seinen Prozesscharakter betont.

> „Das Anfangen des Lernens gründet in einer Störung eines unter anderen Umständen verlässlichen Vollzuges. Diese Störung ist ein Widerfahrnis und niemals Ergebnis eines Entschlusses. Ich kann zwar wollen, nicht gestört zu werden, aber nicht, gestört zu werden." (MEYER-DRAWE 2005, S. 32)

Den Beginn des Lernens als Irritation zu verstehen, soll darauf aufmerksam machen, dass Lernprozesse maßgeblich von unverfügbaren und nicht planbaren Momenten bestimmt sind. In diesem Sinne sind Lernende zwar auch aktiv an ihren Lernprozessen beteiligt und in sie einbezogen; allerdings nicht so, dass sie diese Prozesse entschlusskräftig beherrschten oder über sie verfügten, sondern so, dass sie zugleich passiv in Anspruch genommen sind, und zwar „von anderen Menschen, aber auch von sich selbst und den Dingen" (ebd., S. 33, vgl. auch MEYER-DRAWE 1996a). Eine solche Auffassung vom menschlichen Lernen lässt weite Teile gegenwärtiger pädagogischer und didaktischer Anstrengungen, das Lernen zu initiieren, zu planen, zu steuern oder als selbstgesteuert zu propagieren, fragwürdig erscheinen.

Lernen und Bildung   Die Nähe zwischen dem Lernbegriff und dem Bildungsbegriff hängt von den unterschiedlichen Deutungen des Lernens ab. In der zuerst beschriebenen Variante der psychologischen Deutung findet man die wenigsten Anknüpfungspunkte zwischen Lernen und Bildung, weil die inhaltliche bzw. qualitative Dimension von Bildung nicht oder nur unzureichend in den Blick kommt. Lernen im Sinne einer relativ dauerhaften und stabilen Verhaltensänderung reduziert zum einen die beteiligten Menschen auf deren Verhalten und verfehlt deren weitere Bestimmung, aus Gründen und auf Ziele hin zu handeln. Zum anderen sagt ein dominant psychologischer Lernbegriff nichts darüber aus, von welcher Art die erreichte Verhaltensänderung bzw. die zu ihr führende Erfahrungsverarbeitung ist. Das so verstandene Lernen trifft die im Bildungsbegriff thematisierten Relationen und deren auf der Basis von Argumenten und Gründen vollzogene reflektierte Ausgestaltung nicht nachhaltig. Die philosophisch-pädagogischen Ansätze versuchen u. a. diese Schwierigkeiten zu überwinden und Konturen eines bildungstheoretischen Lernbegriffs zu beschreiben.

12.7 Wissen

Kaum ein Bildungsgedanke kommt ohne Wissen aus, aber sind Bildung und Wissen deshalb dasselbe? Um zu prüfen, wie eng der Zusammenhang zwischen beiden ist und inwiefern es Differenzen gibt, muss geklärt werden, was der Begriff Wissen bedeutet und was mit Wissen gemeint ist. Hierfür ist zunächst zu beachten, dass sich der Begriff des Wissens, wie die meisten der hier untersuchten Begriffe, einer einheitlichen und eindeutigen Definition entzieht, weil Wissen aus mehreren Perspektiven betrachtet werden kann; verschiedene Blickwinkel aber führen zu unterschiedlichen Definitionen von Wissen. Bedenkt man auch, dass Wissen zu den ältesten Themen zählt, über die Menschen systematisch nachgedacht haben, wird die Tragweite der Gegenüberstellung von Bildung und Wissen deutlich. Hinzu kommt noch, dass im Kontext von Überlegungen zum Wissen mit dem Begriff Wahrheit ein weiterer Begriff angesiedelt ist, der nicht weniger mit Traditionen und Problemen beladen ist als der Wissensbegriff.

Aus philosophischer Perspektive ist Wissen die   *Wissensbegriff*

„Bezeichnung für allgemein verfügbare Orientierungen im Rahmen alltäglicher Handlungs- und Sachzusammenhänge (*Alltagswissen*), im engeren, philosophischen und wissenschaftlichen Sinne im Unterschied zu *Meinen* […] und *Glauben* […] für die auf Begründungen bezogene und strengen Überprüfungspostulaten unterliegende Kenntnis, institutionalisiert im Rahmen der *Wissenschaft*. Die Frage nach den Bedingungen der Wissensbildung und des begründeten Wissens ist Gegenstand der Erkenntnistheorie; bezweifelt wird die Möglichkeit eines begründeten Wissens im Skeptizismus und Relativismus." (MITTELSTRAß 1996, S. 717 f.)

Obwohl in der Alltagssprache selten zwischen Wissen und Information   *Wissen und* unterschieden wird und wir etwa sagen, wer über etwas informiert ist, der   *Information* weiß darüber Bescheid, oder wer das Wissen hat, kann entsprechende Informationen weitergeben, sind gerade Wissen und Information deutlich voneinander zu unterscheiden: „Im Gegensatz zu Informationen dreht sich Wissen um persönliche Vorstellungen und individuelles Engagement; dabei ist es kontext- und beziehungsspezifisch und letztlich am (sozialen) Handeln orientiert." (REINMANN-ROTHMEIER/MANDL 2002, S. 7)

Ungeachtet der Versuche, Wissen einzugrenzen und von ähnlichen bzw.   *Bildung und Wissen* verwandten Phänomenen zu unterscheiden, sind die meisten Fragen diesbezüglich trotz 2000 Jahren Nachdenkens weithin ohne verbindliche Antwort geblieben. Diejenigen Fragen, die die subjektbezogenen, persönlichen und individuellen Komponenten des Wissens wie auch dessen Orientierung am sozialen Handeln betonen, rücken das Wissen in die Nähe zu den bisherigen Überlegungen über Bildung. Hierzu gehören etwa auch die Fragen, wie Wissen letztlich in Entscheidungen und in Handeln umgesetzt wird, ob Wissen eher das Resultat eines Erkenntnisprozesses oder dieser Erkenntnisprozess selbst ist, bis hin zu den Fragen, welchen Stellenwert innerhalb dieses Prozesses Emotion, Motivation, Wille, Einstellungen und Werte einerseits und interaktive Beziehungen, kulturelle Bedingungen sowie institutionelle Chancen und Barrieren andererseits haben. Aufgrund der individuellen und überindividuellen bzw. subjektiven und objektiven Komponenten des Wissensbegriffs und mit Blick auf dessen statische und dynamische Dimensionen trägt die Beschäftigung mit Wissen oftmals auffällig ähnliche und vergleichbare Züge wie die Auseinandersetzung mit Begriff und Problem von Bildung. Man könnte den Zusammenhang etwa so beschreiben: Bildung in dem hier durchweg verstandenen Sinn eines reflektierten Verhältnisses zu sich selbst, zu anderen und zur Welt ist auf Wissen bezüglich dieser Verhältnisse angewiesen. In dieser Charakterisierung ist Bildung nicht identisch mit Wissen oder kann auf dessen umfangreichen und effektiven Erwerb reduziert werden. Deshalb trifft es nicht zu, denjenigen als Gebildeten zu bezeichnen, der sich am besten und am meisten Wissen angeeignet hat. Bildung unterscheidet sich von Wissen darin, dass sie den ganzen Menschen, also seine Leiblichkeit, seine Wahrnehmung, seinen Geschmack und sein Gewissen betrifft. Von Wissen ausgehend ermöglicht Bildung die gedankliche Auseinandersetzung mit diesem. Bildung ist die Reflexion auf Wissen, sie macht die gedankliche Auseinandersetzung mit den Aussagen über die Welt, über andere und über sich selbst erst möglich.

Zusammenfassung   Jeder der untersuchten Nachbarbegriffe von Bildung ist Ausdruck eines disziplinären oder teildisziplinären Zugriffs, thematisiert einzelne Aspekte und favorisiert damit eine bestimmte Blickrichtung auf Bildung im Sinne des dreifachen Relationsgefüges. Selbstverständlich hat Bildung etwas mit Erziehung zu tun, ist aber nicht dasselbe. Schwierigkeiten im Verhältnis eines Ich zu sich selbst können auch erklärbar sein unter Zuhilfenahme des Identitätsmodells als offenem Prozess, gehen aber nicht darin auf. Die Beziehungen eines Ich zu anderen bzw. zur Welt können auch beeinträchtigt sein von Defiziten im Wissen und Lernen oder von fehlenden Qualifikationen und Kompetenzen, diese Beeinträchtigungen lassen sich jedoch nicht allein durch Ausgleichen solcher Defizite beheben. Alle drei Relationen sind unzweifelhaft – implizit oder explizit – von gesellschaftlichen Faktoren mitbestimmt, wie sie im Sozialisationsbegriff oder im Identitätsbegriff ausführlich zur Sprache kommen, aber heißt das unweigerlich, dass man gesellschaftlichen Einflüssen gedankenlos, sprachlos und tatenlos ausgeliefert ist? Keiner dieser einzelnen Begriffe kann allein und lückenlos an die Stelle des Bildungsbegriffs treten oder synonym mit dem Bildungsbegriff verwendet werden. Angesichts der jeweils begrenzten Erklärungskapazität der Nachbarbegriffe ist Bildung allerdings nicht einfach die Summe aus Erziehung, Sozialisation, Kompetenz, Lernen sowie den anderen behandelten Begriffen, sondern eine eigene und andere Blickrichtung. Diese Blickrichtung zu beschreiben, zu erörtern und zu differenzieren, sollte die Aufgabe dieser Einführung in die Theorie der Bildung sein.

Was Sie wissen sollten, wenn Sie Kapitel 12 gelesen haben:

- Sie sollten die verschiedenen disziplinären Zugriffe auf Bildung benennen und deren Unterschiede präzisieren können,
- Sie sollten die Herkunft der begrifflichen Abgrenzungen von Bildung aus den jeweiligen Disziplinen und Teildisziplinen erkennen können,
- Sie sollten beurteilen können, inwiefern disziplinäre Zugriffe und begriffliche Abgrenzungen Bildung treffen oder verfehlen,
- Sie sollten die Thematisierungsformen von Bildung, die Theorien und Konzeptionen von Bildung, Aspekte der empirischen Bildungsforschung sowie die Konturen von Bildung im Zusammenhang erörtern und diskutieren können.

Weiterführende Literatur zu Kapitel 12

Eine knappe Auseinandersetzung mit den disziplinären Zugriffen und begrifflichen Abgrenzungen ist:
HANSMANN, O. (1988): **Kritik der sogenannten „theoretischen Äquivalente" von „Bildung"**

Schlusswort

Nun steht am Ende eines Einführungsbandes stets die Frage, was er geleistet hat. Der vorgelegte Band ist eine Einführung, und als solche macht er zugleich darauf aufmerksam, dass das eigentliche Studium dessen, was Bildung war, ist oder sein kann, in welchen Erfahrungen sie sich zeigt, in welchen Dimensionen sie sich entfaltet oder organisieren lässt, wie sie sich artikuliert und thematisiert, erst begonnen hat. Unterschiedliche Ansätze standen im Mittelpunkt dieser Einführung in die Theorie der Bildung. Sie antworten auf je ihre Weise auf die Frage nach der Bildung des Menschen, und in diesen Antworten konstituieren die Theorien und Konzeptionen die Fragestellung auch immer ein Stück weit mit. Die Vielfalt der Überlegungen und Vorstellungen – der Bildungserfahrungen, -theorien und -forschungen – machen deutlich, dass es nicht die *eine* letztgültige Theorie der Bildung gibt. Stattdessen gibt es viele, die sich unterschiedlichen Deutungs- und Begründungsmustern, historischen Kontexten, gesellschaftlichen Situationen oder anthropologischen Ausrichtungen verdanken.

Die Lernreflexionen am Ende der Kapitel sollten helfen, das eigene Verständnis zu befragen und Anregungen zum Weiterdenken zu geben. Im prüfenden Durchdenken und im Vergleich der Ansätze wird das kritische und selbstreflexive Potential der Theorien der Bildung erschlossen. Dieses kritische und selbstreflexive Weiterdenken sollte nun einen ersten Wissensbestand bekommen haben, von dem aus die empfohlenen Beschäftigungen – beispielsweise mit der Sozial- oder Begriffsgeschichte von Bildung, mit weiteren Konzeptionen oder der Einstieg in die gegenwärtigen Bildungsdiskurse – besser gelingen können.

Literaturverzeichnis

Platons Werke werden nach der von R. Rufener übersetzten, achtbändigen Ausgabe unter Angabe der Bandnummer zitiert.

Immanuel Kant wird mit Band- und Seitenangabe aus der Werkausgabe in 12 Bänden von W. Weischedel (WW) zitiert.

Wilhelm von Humboldt wird mit Band- und Seitenangabe aus der Studienausgabe in 5 Bänden (W) von A. Flitner und A. Giel zitiert.

Georg W. F. Hegel wird in der Regel mit Band- und Seitenangabe aus der Theorie-Werkausgabe (TW) zitiert. Aus der „Enzyklopädie der philosophischen Wissenschaften" und den „Grundlinien der Philosophie des Rechts" wird nach den jeweiligen Paragraphen (und ihren Anmerkungen als „A") zitiert, wobei die beiden Werke jeweils mit „Enz" und „Rph" abgekürzt werden.

Friedrich Nietzsche wird mit Band- und Seitenangabe aus der Kritischen Studienausgabe in 15 Bänden (KSA) von G. Colli, G und M. Montinari zitiert.

Theodor W. Adorno wird in der Regel mit Band- und Seitenangabe aus den Gesammelten Schriften (GS) zitiert.

ADORNO, T. W. (1970): Ästhetische Theorie. In: Adorno, T. W.: Gesammelte Schriften in 20 Bänden. Bd. 7. Frankfurt a. M.

ADORNO, T. W. (1970–1986): Gesammelte Schriften in 20 Bänden. Hrsg. von Tiedemann, R. unter Mitwirkung von Adorno, G./Buck-Morss, S./Schulz, K. Frankfurt a. M. (zitiert als GS).

ADORNO, T. W. (1972): Einleitung zu einer Diskussion über die „Theorie der Halbbildung" (1960). In: Adorno, T. W.: Gesammelte Schriften in 20 Bänden. Bd. 8. Soziologische Schriften I. Frankfurt a. M., S. 574–577.

ADORNO, T. W. (1972): Theorie der Halbbildung (1952). In: Adorno, T. W.: Gesammelte Schriften in 20 Bänden. Bd. 8. Soziologische Schriften I. Frankfurt a. M., S. 93–121.

ADORNO, T. W. (1973): Negative Dialektik (1966). In: Adorno, T. W.: Gesammelte Schriften in 20 Bänden. Bd. 6. Frankfurt a. M.

ADORNO, T. W. (1977): Fernsehen als Ideologie (1953). In: Adorno, T. W.: Gesammelte Schriften. Bd. 10.2. Kulturkritik und Gesellschaft II. Ein-
griffe – Stichworte – Anhang. Frankfurt a. M., S. 518–532.

ADORNO, T. W. (1980): Minima Moralia. Reflexionen aus dem beschädigten Leben (1951). In: Adorno, T. W.: Gesammelte Schriften in 20 Bänden. Bd. 4. Frankfurt a. M., S. 93–121.

ADORNO. Eine Bildmonographie. (2003) Hrsg. vom Theodor W. Adorno-Archiv. Frankfurt a. M.

ALBRECHT, C./BEHRMANN, G. C./BOCK, M./HOMANN, H./TENBRUCK, F. H. (2000): Die intellektuelle Gründung der Bundesrepublik. Eine Wirkungsgeschichte der Frankfurter Schule. Frankfurt a. M.

ALLMENDINGER, J./AISENBREY, S. (2002): Soziologische Bildungsforschung. In: Tippelt, R. (Hrsg.): Handbuch Bildungsforschung. Opladen, S. 41–60.

ARISTOTELES (1995): Philosophische Schriften in 6 Bänden. Bd. 5: Metaphysik. Nach der Übersetzung von Bonitz, H. bearbeitet von Seidl, H. Hamburg.

ARTELT, C./STANAT, P./SCHNEIDER, W./SCHIEFELE, U./LEHMANN, R. (2004): Die PISA-Studie zur Lesekompetenz: Überblick, und weiterführende Analysen. In: Schiefele, U./Artelt, C./Schneider, W./Stanat, P. (Hrsg.): Struktur, Entwicklung und Förderung von Lesekompetenz. Vertiefende Analysen im Rahmen von PISA 2000. Wiesbaden, S. 139–168.

AVENARIUS, H. (2001): Einführung in das Schulrecht. Darmstadt.

AVENARIUS, H./DITTON, H./DÖBERT, H./KLEMM, K./KLIEME, E./RÜRUP, M./TENORTH, H.-E./WEISHAUPT, H./WEISS, M. (2003): Bildungsbericht für Deutschland. Erste Befunde. Opladen.

BAACKE, D./SCHULZE, T. (1979): Aus Geschichten lernen. Zur Einübung pädagogischen Verstehens. München.

BALLAUFF, T. (1952): Die Idee der Paideia. Eine Studie zu Platons „Höhlengleichnis" und Parmenides' „Lehrgedicht". Meisenheim am Glan.

BALLAUFF, T. (1966): Philosophische Begründungen der Pädagogik. Die Frage nach Ursprung und Maß der Bildung. Berlin.

BALLAUFF, T. (1987): Bildung – nicht „Allgemeinbildung" und „Berufsbildung". In: Pleines, J.-E. (Hrsg.): Das Problem des Allgemeinen in der Bildungstheorie. Würzburg, S. 55–68.

BALLAUFF, T. (2004): Pädagogik als Bildungslehre. 4. Auflage aus dem Nachlaß. Hrsg. von Poenitsch, A./Ruhloff, J. Baltmannsweiler.

BALLAUFF, T./SCHALLER, K. (1969–73): Pädagogik. 3 Bände. Freiburg/Br.

BAUMERT, J./ARTELT, C./KLIEME, E./NEUBRAND, M./ PRENZEL, M./SCHIEFELE, U./SCHNEIDER, W./TILLMANN, K.-J./WEISS, M. (Hrsg.) (2001): PISA 2000. Basiskompetenzen von Schülerinnen und Schülern im internationalen Vergleich. Opladen.

BAUMERT, J./ARTELT, C./KLIEME, E./NEUBRAND, M./ PRENZEL, M./SCHIEFELE, U./SCHNEIDER, W./TILLMANN, K.-J./WEISS, M. (Hrsg.) (2002): PISA 2000. Die Länder der Bundesrepublik Deutschland im Vergleich. Opladen.

BAUMERT, J./ARTELT, C./KLIEME, E./NEUBRAND, M./ PRENZEL, M./SCHIEFELE, U./SCHNEIDER, W./TILLMANN, K.-J./WEISS, M. (Hrsg.) (2003): PISA 2000. Ein differenzierter Blick auf die Länder der Bundesrepublik Deutschland. Opladen.

BAUMGART, F. (Hrsg.) (²2000): Theorien der Sozialisation. Erläuterungen – Texte – Arbeitsaufgaben. Bad Heilbrunn/Obb.

BAY. VERF.: Verfassung des Freistaates Bayern vom 2. Dezember 1946 in der Fassung der Bekanntmachung vom 15. Dezember 1998. In: GVBl Seite 991, zuletzt geändert durch Gesetze vom 10. 11. 2003 in GVBl Seite 816 und 817.

BayEUG: Bayerisches Gesetz über das Erziehungs- und Unterrichtswesen (BayEUG) in der Fassung der Bekanntmachung vom 31. Mai 2000. In: GVBI 2000, S. 414. Zuletzt geändert am 8. 3. 2005, GVBI 2005, S. 71.

BECK, K./KELL, A. (1999): Erziehungswissenschaftliche Bildungsforschung als Aufgabe und Problem. In: Dies. (Hrsg.): Bilanz der Bildungsforschung. Stand und Zukunftsperspektiven. Weinheim, S. 5–13.

BEHRENS, ROGER (2003): Adorno-ABC. Leipzig.

BENNER, D. (2000): Pädagogik und Kritik. Überlegungen zu einem problematischen Verhältnis und zur Abgrenzung unterschiedlicher Ansätze kritischer Erziehungswissenschaft. In: Helmer, K. u. a. (Hrsg.): Spielräume der Vernunft. Jörg Ruhloff zum 60. Geburtstag. Würzburg, S. 7–34.

BENNER, D. (2001): Allgemeine Pädagogik. Eine systematisch-problemgeschichtliche Einführung in die Grundstruktur pädagogischen Denkens und Handelns. 4., völlig neubearbeitete Auflage. Weinheim, München.

BENNER, D. (2002): Die Struktur der Allgemeinbildung im Kerncurriculum moderner Bildungssysteme. Ein Vorschlag zur bildungstheoretischen Rahmung von PISA. In: Zeitschrift für Pädagogik 48, S. 68–90.

BENNER, D. (³2003): Wilhelm von Humboldts Bildungstheorie. Eine problemgeschichtliche Studie zum Begründungszusammenhang neuzeitlicher Bildungsreform. Weinheim/München.

BENNER, D. (Hrsg.) (1999): Bildung und Kritik. Weinheim.

BENNER, D. (Hrsg.) (2003): Kritik in der Pädagogik. Versuche über das Kritische in Erziehung und Erziehungswissenschaft. Zeitschrift für Pädagogik, 46. Beiheft. Weinheim.

BENNER, D./BRÜGGEN, F. (2004): Bildsamkeit/Bildung. In: Benner, D./Oelkers, J. (Hrsg.): Historisches Wörterbuch der Pädagogik. Weinheim, Basel, S. 174–215.

BENNER, D./OELKERS, J. (Hrsg.) (2004): Historisches Wörterbuch der Pädagogik. Weinheim, Basel.

BENNER, D./OELKERS, J./RUHLOFF, J. (1988): Lernen: Nicht nur ein psychologisches Thema – Zur Einleitung in den Thementeil. In: Zeitschrift für Pädagogik 34, S. 295–297.

BERG, C. U. A. (Hrsg.) (1987 ff.): Handbuch der deutschen Bildungsgeschichte. 6 Bände. München.

BEVERS, A. M. (³1997): Identität. In: Reinhold, G. (Hrsg.): Soziologie-Lexikon. München, Wien, S. 276–279

BILDUNGSKOMMISSION DER LÄNDER BERLIN UND BRANDENBURG (2003): Bildung und Schule in Berlin und Brandenburg. Herausforderungen und gemeinsame Entwicklungsperspektiven. Berlin.

BLANKERTZ, H. (1963): Berufsbildung und Utilitarismus. Problemgeschichtliche Untersuchungen. Düsseldorf.

Blankertz, H. (1982): Die Geschichte der Pädagogik von der Aufklärung bis zur Gegenwart. Wetzlar.

BLASS, J. L. (1977): Kritik und Neuentwurf der Bildung in Nietzsches Basler Vorträgen „Über die Zukunft unserer Bildungsanstalten". In: Saeculum, Bd. 28, S. 101–109.

BLASS, J. L. (1978): Nietzsche – Die Destruktion des Begründungszusammenhanges der Pädagogik. In: Ders.: Modelle pädagogischer Theoriebildung. Bd. 2. Pädagogik zwischen Ideologie und Wissenschaft. Stuttgart, Berlin, u. a., S. 13–44.

BLUMENBERG, H. (1986): Lebenszeit und Weltzeit. Frankfurt a. M.

BÖHM, W. (2000): Wörterbuch der Pädagogik. 15., überarbeitete Auflage. Stuttgart.

BOLLENBECK, G. (1996): Bildung und Kultur. Glanz und Elend eines deutschen Deutungsmusters. Frankfurt a. M.

BORGSTEDT, A. (2004): Das Zeitalter der Aufklärung. Darmstadt.

BORRELLI, M. (Hrsg.) (1993): Deutsche Gegenwartspädagogik. Baltmannsweiler.

BORRELLI, M./RUHLOFF, J. (Hrsg.) (1996): Deutsche Gegenwartspädagogik Band II. Baltmannsweiler.

BORRELLI, M./RUHLOFF, J. (Hrsg.) (1998): Deutsche Gegenwartspädagogik Band III. Interdisziplinäre

Verflechtungen – Intradisziplinäre Differenzierungen. Baltmannsweiler.

BORSCHE, T. (1981): Sprachansichten. Der Begriff der menschlichen Rede in der Sprachphilosophie W. v. Humboldts. Stuttgart.

BORSCHE, T. (1990): Wilhelm von Humboldt. München.

BRECHT, B. (1988): Bertolt Brecht. Gedichte I. Sammlung 1918–1938, Band 11. In: Bertolt Brecht Werke. Große kommentierte Berliner und Frankfurter Auflage, hg. von W. Hecht et al. Berlin, Frankfurt a. M.

BREMER, R./GRUSCHKA, A. (1987): Bürgerliche Kälte und Pädagogik. In: Pädagogische Korrespondenz. Zeitschrift für kritische Zeitdiagnostik in Pädagogik und Gesellschaft. Heft 1, Wetzlar, S. 19–33.

BUCK, G. (³1989): Lernen und Erfahrung – Epagogik. Zum Begriff der didaktischen Induktion. Hrsg. von Vollrath, E. Darmstadt.

BUNDESMINISTERIUM FÜR BILDUNG UND FORSCHUNG (2004): Grund- und Strukturdaten 2003/2004. Bonn, Berlin.

CORTINA, K. S./BAUMERT, J./LESCHINSKY, A./MAYER, K. U./TROMMER, L. (Hrsg.) (2003): Das Bildungswesen in der Bundesrepublik Deutschland. Strukturen und Entwicklungen im Überblick. Reinbek.

DAHRENDORF, R. (1965): Bildung ist Bürgerrecht. Plädoyer für eine aktive Bildungspolitik. Bramsche/Osnabrück.

DERBOLAV, J. (1970): Frage und Anspruch. Pädagogische Studien und Analysen. Wuppertal.

DERBOLAV, J. (1987): „Wer denkt abstrakt?". Zu Hegels Philosophie des Praktisch-Konkreten. In: Derbolav, J.: Impulse europäischer Geistesgeschichte. Hrsg. von Benner, D./Schmied-Kowarzik, W./Wigger, L. Sankt Augustin, S. 171–182.

DERBOLAV, J. (1987): Hegel und die Sprache. Ein Beitrag zur Standortbestimmung der Sprachphilosophie im Systemdenken des Deutschen Idealismus. In: Derbolav, J.: Impulse europäischer Geistesgeschichte. Hrsg. von Benner, D./Schmied-Kowarzik, W./Wigger, L. Sankt Augustin, S. 147–169.

DERBOLAV, J. (1987): Hegels Bildungsverständnis und wie weit ihm die Pädagogik folgen kann. In: Derbolav, J.: Impulse europäischer Geistesgeschichte. Hrsg. von Benner, D./Schmied-Kowarzik, W./ Wigger, L. Sankt Augustin, S. 183–194.

DERBOLAV, J. (1987): Hegels Theorie der Handlung. In: Derbolav, J.: Impulse europäischer Geistesgeschichte. Hrsg. von Benner, D./Schmied-Kowarzik, W./Wigger, L. Sankt Augustin, S. 137–145.

DEUTSCHER BILDUNGSRAT (1972): Empfehlungen der Bildungskommission. Strukturplan für das Bildungswesen. Stuttgart.

DEUTSCHER BILDUNGSRAT (1974): Empfehlungen der Bildungskommission. Aspekte für die Planung der Bildungsforschung. Stuttgart.

DIEDERICH, J./TENORTH, H.-E. (1997): Theorie der Schule. Ein Studienbuch zu Geschichte, Funktionen und Gestaltung. Berlin.

DILTHEY, W. (1905): Die Jugendgeschichte Hegels. Berlin.

DÖRPINGHAUS, A. (2001): Das radikal Böse bei Immanuel Kant. Zu einem Problem der Grundlegung pädagogischer Anthropologie. In: Dörpinghaus, A./Herchert, G. (Hrsg.): Denken und Sprechen in Vielfalt. Bildungswelten und Weltordnungen diesseits und jenseits der Moderne. Festschrift für K. Helmer. Würzburg, S. 9–23.

DÖRPINGHAUS, A. (2002): Logik der Rhetorik. Grundriss einer Theorie der argumentativen Verständigung in der Pädagogik. Würzburg.

DÖRPINGHAUS, A. (2003): Von unbewegten und bewegten Bewegern. Bildungstheoretische Vermerke zur Frage nach dem Anfang. In: Vierteljahrsschrift für wissenschaftliche Pädagogik 79, S. 449–461.

DÖRPINGHAUS, A. (2005): Erneuerte Frage: Was ist Aufklärung? In: Koch, L./Schönherr, C. (Hrsg.) (2005): Kant – Pädagogik und Politik. Würzburg, S. 117–131.

DRÜE, H. U. A. (2000): Hegels „Enzyklopädie der philosophischen Wissenschaften" (1830). Ein Kommentar zum Systemgrundriß. Frankfurt a. M.

DUBIEL, H. (1976): Identität, Ich-Identität. In: Ritter, J./Gründer, K. (Hrsg.): Historisches Wörterbuch der Philosophie, Bd. 3. Basel, Stuttgart, Sp. 148–151.

EDELMANN, W. (1996): Lernpsychologie. 5. Auflage Weinheim, Basel.

EMUNDTS, D./HORSTMANN, R.-P. (2002): G. W. F. Hegel. Eine Einführung. Stuttgart.

ERIKSON, E. (1970): Identität und Lebenszyklus. Frankfurt a. M.

FELDEN, H. v. (2003): Bildung und Geschlecht zwischen Moderne und Postmoderne. Opladen.

FISCHER, E.-P. (2001): Die andere Bildung – Was man von den Naturwissenschaften wissen sollte. München.

FISCHER, W. (1989): Unterwegs zu einer skeptisch-transzendentalkritischen Pädagogik. Ausgewählte Aufsätze 1979–1988. Sankt Augustin.

FISCHER, W. (1994): Die Religion in Kants Begründung der Pädagogik. In: Heitger M./Wenger A. (Hrsg.): Kanzel und Katheder. Zum Verhältnis von Religion und Pädagogik seit der Aufklärung. Paderborn u. a., S. 43–67.

FISCHER, W./RUHLOFF, J. (1993): Skepsis und Widerstreit. Neue Beiträge zur skeptisch-transzendentalkritischen Pädagogik. Sankt Augustin.

FLICK, U. (2002): Qualitative Sozialforschung. Eine Einführung. 6. verb. Auflage, Reinbek.

FOUCAULT, M. (1990): Was ist Aufklärung? In: Erdmann, E./Forst, F./Honneth, A. (Hrsg.): Ethos der Moderne. Foucaults Kritik der Aufklärung. Frankfurt a. M./New York, S. 35–54.

FROMME, J. (1997): Pädagogik als Sprachspiel. Zur Pluralisierung der Wissensformen im Zeichen der Postmoderne. Neuwied.

FUHRMANN, M. (2000): Der europäische Bildungskanon des bürgerlichen Zeitalters. Frankfurt a. M./Leipzig.

FUHRMANN, M. (2002): Bildung. Europas kulturelle Identität. Stuttgart.

FUNKE, G. (1985): Pädagogik im Sinne Kants heute. In: Pleines, J.-E. (Hrsg.): Kant und die Pädagogik, Würzburg, S. 99–109.

GADAMER, H.-G. (1960): Wahrheit und Methode. Grundzüge einer philosophischen Hermeneutik. Tübingen.

GARZ, D./BLÖMER, U. (2002): Qualitative Bildungsforschung. In: Tippelt, R. (Hrsg.): Handbuch Bildungsforschung. Opladen, S. 441–458.

GERHARD, V./KAULBACH, F. (^{2}1989): Kant. Darmstadt.

GEULEN, D./HURRELMANN, K. (1980): Zur Programmatik einer umfassenden Sozialisationstheorie. In: Hurrelmann, K./Ulich, D. (Hrsg.): Handbuch der Sozialisationsforschung. Weinheim, Basel, S. 51–67.

GLASER, B. G./STRAUSS, A. (1998): Grounded Theory. Strategien qualitativer Forschung. Bern (Original 1967).

GOETHE, J. W. (1988): Wilhelm Meisters Lehrjahre. In: Ders.: Werke. Hamburger Ausgabe. Bd. VII. Textkritisch durchgesehen und kommentiert von Trunz, E. München.

GRODIN, J. (^{2}2002): Kant. Zur Einführung. Hamburg.

GRUSCHKA, A. (1988): Negative Pädagogik. Einführung in die Pädagogik mit Kritischer Theorie. Wetzlar.

GRUSCHKA, A. (1994): Bürgerliche Kälte und Pädagogik. Moral in Gesellschaft und Erziehung. Wetzlar.

GRUSCHKA, A. (2002): Unvermeidbar und ohnmächtig – Thesen zum Bedeutungswechsel der Bildung. In: Pädagogische Korrespondenz. Zeitschrift für kritische Zeitdiagnostik in Pädagogik und Gesellschaft, Heft 28, S. 6–31.

GRUSCHKA, A. (2004): Empirische Bildungsforschung – das muss keineswegs, aber es kann die Erforschung von Bildungsprozessen bedeuten. Oder: Was lässt sich zukünftig von der forschenden Pädagogik erwarten? In: Pädagogische Korrespondenz. Zeitschrift für kritische Zeitdiagnostik in Pädagogik und Gesellschaft, Heft 32, S. 5–35.

HANSMANN, O. (1988): Kritik der sogenannten „theoretischen Äquivalente" von „Bildung". In: Hansmann, O./Marotzki, W. (Hrsg.): Diskurs Bildungstheorie I: Systematische Markierungen. Rekonstruktion der Bildungstheorie unter Bedingungen der gegenwärtigen Gesellschaft. Weinheim, S. 21–54.

HARNEY, K. (2004): Berufsbildung. In: Benner, D./Oelkers, J. (Hrsg.): Historisches Wörterbuch der Pädagogik. Weinheim, Basel, S. 153–173.

HEGEL, G. W. F. (1970): Enzyklopädie der philosophischen Wissenschaften. In: Werke in 20 Bänden. Auf der Grundlage der Werke von 1832–1845 neu editierte Ausgabe. (Redaktion: Moldenhauer, E./Michel, K. M.). Bd. 8–10. Frankfurt a. M. (zit. als Enz).

HEGEL, G. W. F. (1970): Grundlinien der Philosophie des Rechts. In: Werke in 20 Bänden. Auf der Grundlage der Werke von 1832–1845 neu editierte Ausgabe. (Redaktion: Moldenhauer, E./Michel, K. M.). Bd. 7. Frankfurt a. M. (zit. als Rph).

HEGEL, G. W. F. (1970): Nürnberger und Heidelberger Schriften. In: Werke in 20 Bänden. Auf der Grundlage der Werke von 1832–1845 neu editierte Ausgabe. (Redaktion: Moldenhauer, E./Michel, K. M.). Bd. 4. Frankfurt a. M., S. 305–376.

HEGEL, G. W. F. (1970): Phänomenologie des Geistes. In: Werke in 20 Bänden. Auf der Grundlage der Werke von 1832–1845 neu editierte Ausgabe. (Redaktion: Moldenhauer, E./Michel, K. M.) Bd. 3. Frankfurt a. M.

HEGEL, G. W. F. (1970): Wissenschaft der Logik. In: Werke in 20 Bänden. Auf der Grundlage der Werke von 1832–1845 neu editierte Ausgabe. (Redaktion: Moldenhauer, E./Michel, K. M.) Bd. 5–6. Frankfurt a. M.

HEID, H. (1994): Erziehung. In: Lenzen, D. (Hrsg.): Erziehungswissenschaft – Ein Grundkurs. Reinbek, S. 43–68.

HEISENBERG, W. (^{8}1984): Der Teil und das Ganze. Gespräche im Umkreis der Atomphysik. München.

HEITGER, M. (1986): Art. Erziehung. In: Staatslexikon der Görresgesellschaft. Freiburg/Br.

HELFERICH, C. (1979): Georg Wilhelm Friedrich Hegel. Stuttgart.

HELMER, K. (1992): Argumentation und Zustimmung. Über einige Möglichkeiten theoretischer Rhetorik. In: Vierteljahrsschrift für Wissenschaftliche Pädagogik 62, S. 370–387.

HELMER, K. (1995): Von dem Drang zum Guten und dem Trieb zum Bösen. Pädagogische Rundschau 49, S. 19–30.

HELMER, K. (1996): Systematische Pädagogik und theoretische Rhetorik. In: Borrelli, M./Ruhloff, J. (Hrsg.): Deutsche Gegenwartspädagogik Bd. II. Baltmannsweiler, S. 28–40.

HELSPER, W. (³1998): Sozialisation. In: Krüger, H.-H./ Helsper, W. (Hrsg.): Einführung in Grundbegriffe und Grundfragen der Erziehungswissenschaft. Opladen, S. 71–79.

HENTIG, H. v. (2004): Bildung – Ein Essay. Weinheim, Basel.

HERDER, J.G. (³1985): Humanität und Erziehung. Hrsg. v. Menze, C. Paderborn.

HERRLITZ, H.-G. (1998): Brauchen wir eine neue Elitenbildung? Die Deutsche Schule 90, S. 7 f.

HERZOG, R. (1998): Aufbruch in der Bildungspolitik. In: Ders.: Zukunft bauen. Erziehung und Bildung für das 21. Jahrhundert. Stuttgart, S. 67–87.

HEYDORN, H.-J. (1970): Über den Widerspruch von Bildung und Herrschaft. Frankfurt a. M.

HORKHEIMER, M. (1985): Begriff der Bildung (1952). In: Horkheimer, Max: Gesammelte Schriften. Bd. 8: Vorträge und Aufzeichnungen 1949–1973. Frankfurt a. M. S. 409–419.

HORKHEIMER, M. (1988): Traditionelle und kritische Theorie (1937). In: Horkheimer, M.: Gesammelte Schriften Bd. 4: Schriften 1936–1941, Frankfurt a. M., S. 162–216.

HORKHEIMER, M./ADORNO, T. W. (1981): Dialektik der Aufklärung. Philosophische Fragmente (1947). In: Adorno, T. W.: Gesammelte Schriften in 20 Bänden. Bd. 3. Frankfurt a. M.

HOYER, T. (2004): Nietzsche und die Pädagogik. Werk, Biografie und Rezeption. Würzburg.

HÜGLI, A. (1999): Philosophie und Pädagogik. Darmstadt.

HUMBOLDT, W. v. (²1986): Sein Leben und Wirken, dargestellt in Briefen, Tagebüchern und Dokumenten seiner Zeit. Hrsg. v. Freese, F. Darmstadt.

HUMBOLDT, W. v. (2002): Werke in fünf Bänden. Herausgegeben von Andreas Flitner und Klaus Giel. Darmstadt (zitiert als W).

HURRELMANN, K. (1999): Art. Sozialisation. In: Reinhold, G./Pollak, G./Heim, H. (Hrsg.): Pädagogiklexikon. München, Wien, S. 481–486.

JÄGER, G./TENORTH, H.-E. (1987): Pädagogisches Denken. In: Handbuch der deutschen Bildungsgeschichte. Hrsg. v. Berg, C. u. a. Bd. III. 1800–1870. Von der Neuordnung Deutschlands bis zur Gründung des Deutschen Reiches. Hrsg. v. Jeismann, K.-E./Lundgreen, P. München, S. 71–103.

JEISMANN, K.-E. (1987): Zur Bedeutung der „Bildung" im 19. Jahrhundert. In: Handbuch der deutschen Bildungsgeschichte. Hrsg. v. Berg, C. u. a. Bd. III: 1800–1870. Von der Neuordnung Deutschlands bis zur Gründung des Deutschen Reiches. Hrsg. v. Jeismann, K.-E./Lundgreen, P. München, S. 1–21.

KANT, I. (1968): Werke in 12 Bänden. Hrsg. von W. Weischedel. Frankfurt a. M. (zit. als WW).

KAUDER, P. (2001): Der Gedanke der Bildung in Platons Höhlengleichnis. Eine kommentierende Studie aus pädagogischer Sicht. Baltmannsweiler.

KAUDER, P./FISCHER, W. (1999): Immanuel Kant. Über Pädagogik. 7 Studien. Baltmannsweiler.

KLAFKI, W. (1982): Die Pädagogik Theodor Litts. Eine kritische Vergegenwärtigung. Königstein/Ts.

KLAFKI, W. (⁵1996): Neue Studien zur Bildungstheorie und Didaktik. Zeitgemäße Allgemeinbildung und kritisch-konstruktive Didaktik. Weinheim, Basel.

KOBUSCH, T./MOJSISCH, B. (Hrsg.) (1997): Platon in der abendländischen Geistesgeschichte. Darmstadt.

KOCH, L. (1988): Überlegungen zum Begriff und zur Logik des Lernens. In: Zeitschrift für Pädagogik 34, S. 315–330.

KOCH, L. (2003): Kants ethische Didaktik. Würzburg.

KOCH, L. (2004): Allgemeinbildung und Grundbildung, Identität oder Alternative? In: Zeitschrift für Erziehungswissenschaft 7, S. 183–191.

KOLLER, H.-C. (1999): Bildung und Widerstreit. Zur Struktur biographischer Bildungsprozesse in der (Post-)Moderne. München.

KOLLER, H.-C. (2002): Bildung und kulturelle Differenz. Zur Erforschung biographischer Bildungsprozesse von MigrantInnen. In: Kraul, M./Marotzki, W. (Hrsg.): Biographische Arbeit. Perspektiven erziehungswissenschaftlicher Biographieforschung. Opladen, S. 92–116.

KOLLER, H.-C. (2003): „Alles Verstehen ist daher immer zugleich ein Nicht-Verstehen". Wilhelm von Humboldts Beitrag zur Hermeneutik und seine Bedeutung für eine Theorie interkultureller Bildung. In: Zeitschrift für Erziehungswissenschaft 4, S. 515–531.

KOSELLECK, R. (Hrsg.) (1990): Bildungsbürgertum im 19. Jahrhundert. Teil II. Bildungsgüter und Bildungswissen. Stuttgart.

KRAIS, B./GEBAUER, G. (2002): Habitus. Bielefeld.

KRAPPMANN, L. (1996): Identität. In: Lenzen, D. (Hrsg.): Pädagogische Grundbegriffe, Bd. 1. (Aggression – Interdisziplinarität) Reinbek, S. 715–719.

KROMREY, H. (2002): Empirische Sozialforschung. Modelle und Methoden der standardisierten Datenerhebung und Datenauswertung. 10. vollst. überarb. Auflage. Opladen.

KRÜGER, H.-H./MAROTZKI, W. (Hrsg.) (1999): Handbuch erziehungswissenschaftliche Biographieforschung. Opladen.

KÜNZLI, R. (2004): Lernen. In: Benner, D./Oelkers, J. (Hrsg.): Historisches Wörterbuch der Pädagogik. Weinheim, Basel, S. 620–637.

LICHTENSTEIN, E. (1971): Art. „Bildung". In: Historisches Wörterbuch der Philosophie. Hrsg. von Ritter, J. Bd. 1. Basel, Stuttgart, Sp. 921–937.

LITT, T. (1925): Die Philosophie der Gegenwart und ihr Einfluß auf das Bildungsideal. Leipzig, Berlin.

LITT, T. (1953): Hegel. Versuch einer kritischen Erneuerung. Heidelberg.

LITT, T. (1955): Das Bildungsideal der deutschen Klassik und die moderne Arbeitswelt. Bonn.

LITT, T. (1976): Führen oder Wachsenlassen: eine Erörterung des pädagogischen Grundproblems. Stuttgart.

LUNDGREEN, P. (1980): Sozialgeschichte der deutschen Schule im Überblick. Teil I: 1770–1918. Göttingen.

MANN, T. (1968): Lebensabriß. In: Ders.: Werke. Hrsg. v. H. Bürgin. Frankfurt a. M., Hamburg.

MAROTZKI, W. (1990): Entwurf einer strukturalen Bildungstheorie. Biographietheoretische Auslegung von Bildungsprozessen in hochkomplexen Gesellschaften. Weinheim.

MAROTZKI, W. (1991): Bildungsprozesse in lebensgeschichtlichen Horizonten. In: Hoerning, E. (Hrsg.): Biographieforschung und Erwachsenenbildung. Bad Heilbrunn/Obb., S. 182–205.

MAROTZKI, W. (1997): Morphologie eines Bildungsprozesses. Eine mikrologische Studie. In: Nittel, D./Marotzki, W. (Hrsg.): Berufslaufbahn und biographische Lernstrategien. Eine Fallstudie über Pädagogen in der Privatwirtschaft. Baltmannsweiler, S. 83–117.

MAROTZKI, W. (1999): Bildungstheorie und Allgemeine Biographieforschung. In: Krüger, H.-H./Marotzki, W. (Hrsg.): Handbuch erziehungswissenschaftliche Biographieforschung. Opladen, S. 57–68.

MARX, K. (²1983): Bildung und Erziehung. Studientexte zur Marxschen Bildungskonzeption. Hrsg. von Wittig, H. E., Paderborn.

MENCK, P. (1989): Arbeit und Bildung. Historisch-systematische Erörterung zu ihrem Verhältnis. In: Zeitschrift für Berufs- und Wirtschaftspädagogik. Beiheft 8: Lernen und Arbeiten, S. 26–33.

MENZE , C. (1970): Artikel „Bildung". In: Handbuch pädagogischer Grundbegriffe. Hrsg. von Speck, J./Wehle. G. Bd. 1. München, S. 134–184.

MENZE, C. (1975): Die Bildungsreform Wilhelm von Humboldts. Hannover u. a.

MESSNER, R. (2003): PISA und die Allgemeinbildung. In: Zeitschrift für Pädagogik 48, S. 400–412.

MEYER-DRAWE, K. (1978): Der Begriff der Lebensnähe und seine Bedeutung für eine pädagogische Theorie des Lernens und Lehrens. Bielefeld.

MEYER-DRAWE, K. (1982): Lernen als Umlernen. Zur Negativität des Lernprozesses. In: Lippitz, W./Meyer-Drawe, K. (Hrsg.): Lernen und seine Horizonte. Königstein, S. 19–45.

MEYER-DRAWE, K. (1984): Leiblichkeit und Sozialität. Phänomenologische Beiträge zu einer pädagogischen Theorie der Inter-Subjektivität. München.

MEYER-DRAWE, K. (1990): Illusionen von Autonomie. Diesseits von Ohnmacht und Allmacht des Ichs. München.

MEYER-DRAWE, K. (1996b): Menschen im Spiegel ihrer Maschinen. München.

MEYER-DRAWE, K. (1996a): Vom anderen lernen. Phänomenologische Betrachtungen in der Pädagogik. In: Borrelli, M./Ruhloff, J. (Hrsg.): Deutsche Gegenwartspädagogik Band II. Baltmannsweiler, S. 85–98.

MEYER-DRAWE, K. (1998): Streitfall „Autonomie". Aktualität, Geschichte und Systematik einer modernen Selbstbeschreibung von Menschen. In: Jahrbuch für Erziehungs- und Bildungsphilosophie I, S. 31–49.

MEYER-DRAWE, K. (2000): Die Not der Lebenskunst. Phänomenologische Überlegungen zur Bildung als Gestaltung exzentrischer Lebensverhältnisse – Fünf Überlegungen. In: Dietrich, C./Müller, H.-R. (Hrsg.) (2000): Bildung und Emanzipation. Klaus Mollenhauer weiterdenken. Weinheim, München, S. 147–154.

MEYER-DRAWE, K. (2005): Anfänge des Lernens. In: Zeitschrift für Pädagogik, 49. Beiheft: Erziehung – Bildung – Negativität, S. 24–37.

MITTELSTRASS, J. (1996): Wissen. In: Ders. (Hrsg.): Enzyklopädie Philosophie und Wissenschaftstheorie, Bd. 4. Stuttgart, Weimar, S. 717–719.

MOLLENHAUER, K. (1986): Umwege. Über Bildung, Kunst und Interaktion. Weinheim, München.

MOLLENHAUER, K. (1995): Grundfragen ästhetischer Bildung. Weinheim, München.

MOLLENHAUER, K. (⁵1998): Vergessene Zusammenhänge. Über Kultur und Erziehung. Weinheim, München.

M-V SCHULG: Schulgesetz für das Land Mecklenburg-Vorpommern vom 15. Mai 1996. In: GVOBl.M-V S. 408.

NIEHUES-PRÖBSTING, H. (2004): Die Antike Philosophie. Literatur, Schulen, Lebensformen. Frankfurt a. M.

NIEKE, W. (2002): Kompetenz. In: Otto, H.-U./Rauschenbach, T./Vogel, P. (Hrsg.): Erziehungswissenschaft: Professionalität und Kompetenz. Opladen, S. 13–27.

NIEMEYER, C. (2002): Nietzsche, die Jugend und die Pädagogik. Eine Einführung. Weinheim/München.

NIEMEYER, C./DRERUP, H./OELKERS, J. (Hrsg.) (1998): Nietzsche in der Pädagogik? Beiträge zur Rezeption und Interpretation. Weinheim.

NIETHAMMER, F. I. (1968): Philanthropismus – Humanismus. Texte zur Schulreform. Bearb. v. Hillebrecht, W. Weinheim u. a.

NIETZSCHE, F. (1980): Sämtliche Werke. Kritische Studienausgabe in 15 Bänden. Hrsg. von Colli, G./Montinari, M. München (zit. als KSA).

NOHL, H. (Hrsg.) (1907): Hegels theologische Jugendschriften. Tübingen.

NRW Verf.: Verfassung für das Land Nordrhein-Westfalen vom 28. Juni 1950, In: http://www.im.nrw.de/ivim/gesetze/lvnrw.pdf vom 29. 7. 2005.

PAFFRATH, F. H. (1992): Die Wendung aufs Subjekt. Pädagogische Perspektiven im Werk Theodor W. Adornos. Weinheim.

PAULSEN, F. (1903): Bildung. In: Enzyklopädisches Handbuch der Pädagogik. Hrsg. von Rein, W. Bd. 1, Langensalza, S. 658–670.

PEKRUN, R. (2002a): Psychologische Bildungsforschung. In: Tippelt, R. (Hrsg.): Handbuch Bildungsforschung. Opladen, S. 61–80.

PEKRUN, R. (2002b): Vergleichende Evaluationsstudien zu Schülerleistungen: Konsequenzen für zukünftige Bildungsforschung. In: Zeitschrift für Pädagogik. 48, S. 111–128.

PEUKERT, H. (1983): Kritische Theorie und Pädagogik. In: Zeitschrift für Pädagogik 29, S. 195–218.

PLATH, S. (1981) Briefe nach Hause: 1950–1963. Aus dem Englischen von I. Wagner. Mit einem Nachwort von G. Wohmann. Ausgewählt und hrsg. von Schober Plath, A. Frankfurt a. M., Berlin.

PLATON (1974): Sämtliche Werke in acht Bänden. Eingeleitet von O. Gigon, übertragen von R. Rufener. Zürich, München.

PLEINES, J.-E. (Hrsg.) (1978): Bildungstheorien. Probleme und Positionen. Freiburg/Basel/Wien.

PLEINES, J.-E. (Hrsg.) (1983): Hegels Theorie der Bildung I. Materialien zu ihrer Interpretation. Hildesheim.

POENITSCH, A. (2004a): Bildung und Relativität. Konturen spätmoderner Pädagogik. Würzburg.

POENITSCH, A. (2004b): Ermessene Reflexivität? Zum Verhältnis von Bildungstheorie und Bildungsforschung. In: Vierteljahrsschrift für Wissenschaftliche Pädagogik 80, S. 442–455.

PÖGGELER, O. (1980): Hegels Bildungskonzeption im geschichtlichen Zusammenhang. In: Hegel-Studien 15, S. 241–269.

POPP, U. (2002): „Sozialisation" – substanzieller Begriff oder anachronistische Metapher? In: Zeitschrift für Pädagogik 48, S. 898–917.

POPPER, K. R. (2002): Logik der Forschung. 10., verb. und verm. Auflage. Tübingen.

PRENZEL, M. (Hrsg.) (2004): PISA 2003. Der Bildungsstand der Jugendlichen in Deutschland – Ergebnisse des zweiten internationalen Vergleichs. Münster.

RAU, J. (2004): Den ganzen Menschen bilden. In: Ders.: Den ganzen Menschen bilden – wider den Nützlichkeitszwang. Plädoyer für eine neue Bildungsreform. Weinheim, Basel, S. 39–48.

REINMANN-ROTHMEIER, G./MANDL, H. (2002): Wissen. In: Lexikon der Psychologie in 5 Bänden, Bd. 5. Red. Wenninger, G. Heidelberg, Berlin, S. 7–9.

RICHTER, I. (1999): Bildungsrecht. In: Reinhold, G./Pollak, G./Heim, H. (Hrsg.): Pädagogik-Lexikon. München, Wien, S. 97–100.

RIES, W. (2001): Nietzsche zur Einführung. Hamburg.

RUHLOFF, J. (1996): Bildung im problematisierenden Vernunftgebrauch. In: Borrelli, M./Ruhloff, J. (Hrsg.): Deutsche Gegenwartspädagogik Band II. Baltmannsweiler, S. 148–157.

RUHLOFF, J. (1998): Bildung heute. In: Pädagogische Korrespondenz. Heft 21, S. 23–31.

RUHLOFF, J. (2002): Bildungs- und Erziehungsphilosophie – Ein Blick von innen. In: Zeitschrift für Erziehungswissenschaft Beiheft 1. Opladen, S. 83–91.

RUHLOFF, J. (2005): Auch Moralisierung? Kants Gliederung der Erziehungsaufgabe. In: Koch, L./Schönherr, C. (Hrsg.) (2005): Kant – Pädagogik und Politik. Würzburg, S. 23–31.

RUHLOFF, J./POENITSCH, A. (Hrsg.) (2004): Theodor Ballauff – Pädagogik der „selbstlosen Verantwortung der Wahrheit". Weinheim, München.

SÄCHS.VERF.: Verfassung des Freistaates Sachsen vom 27.Mai 1992, In: http://www.slpb.de/infoseiten/download/Verfassung.pdf vom 27. 7. 2005.

SCHÄFER, A. (1978): Kritische Kommunikation und gefährdete Identität. Stuttgart.

SCHÄFER, A. (1988): Aufklärung und Verdinglichung. Reflexionen zum historisch-systematischen Problemgehalt der Bildungstheorie. Frankfurt a. M.

SCHÄFER, A. (1996): Das Bildungsproblem nach der humanistischen Illusion. Weinheim.

SCHÄFER, A. (1999): Unbestimmte Transzendenz. Bildungsethnologische Betrachtungen zum Anderen des Selbst. Opladen.

SCHÄFER, A. (2004): Theodor W. Adorno. Ein pädagogisches Portrait. Weinheim, Basel, Berlin.

SCHALLER, K. (1987): Pädagogik der Kommunikation. Annäherungen – Erprobungen. Sankt Augustin.

SCHALLER, K. (1993): Pädagogik der Kommunikation. In: Borrelli, M./Ruhloff, J. (Hrsg.): Deutsche Gegenwartspädagogik Band II. Baltmannsweiler, S. 190–200.

SCHEIBLE, H. (⁶2002): Theodor W. Adorno. Reinbek.

SCHILLER, F. (2000): Über die ästhetische Erziehung des Menschen in einer Reihe von Briefen. Mit den Augustenburger Briefen hrsg. von Berghahn, K. L. Stuttgart.

SCHMIED-KOWARZIK, W. (1988): Kritische Theorie und revolutionäre Praxis. Konzepte und Perspektiven marxistischer Erziehungs- und Bildungstheorie. Bochum.

SCHNÄDELBACH, H. (1999): Hegel zur Einführung. Hamburg.

SCHNÄDELBACH, H. (2000): Hegels praktische Philosophie. Ein Kommentar der Texte in der Reihenfolge ihrer Entstehung. Frankfurt a. M.

SCHNÄDELBACH, H. (2004): Erkenntnistheorie zur Einführung. Hamburg.

SCHÖNHERR, C. (2003): Skepsis als Bildung? Skeptisch-transzendentalkritische Pädagogik und die Frage nach ihrer Konstruktivität. Würzburg.

SCHULZE, T. (1995): Erziehungswissenschaftliche Biographieforschung. Anfänge, Fortschritte, Ausblicke. In: Krüger, H.-H./Marotzki, W. (Hrsg.): Erziehungswissenschaftliche Biographieforschung. Opladen, S. 10–31.

SCHÜTZE, F. (1983): Biographieforschung und narratives Interview. In: Neue Praxis 13, S. 283–293.

SCHWANITZ, D. (1999): Bildung. Alles, was man wissen muß. Frankfurt a. M.

SCHWEITZER, F. (1988): Identität statt Bildung? Zum Wandel pädagogischer Leitbegriffe. In: Hansmann, O./Marotzki, W. (Hrsg.): Diskurs Bildungstheorie I: Systematische Markierungen. Rekonstruktion der Bildungstheorie unter Bedingungen der gegenwärtigen Gesellschaft. Weinheim, S. 55–73.

SCHWEPPENHÄUSER, G. (1996): Theodor W. Adorno zur Einführung. Hamburg.

SEEL, N. M. (2002): Quantitative Bildungsforschung. In: Tippelt, R. (Hrsg.): Handbuch Bildungsforschung. Opladen, S. 427–440.

SIEP, L. (2000): Der Weg der Phänomenologie des Geistes. Ein einführender Kommentar zu Hegels „Differenzschrift" und „Phänomenologie des Geistes". Frankfurt a. M.

SUHR, M. (2001): Platon. Frankfurt, New York.

TENORTH, H.-E. (1986): Bildung, allgemeine Bildung, Allgemeinbildung. In: Ders. (Hrsg.): Allgemeine Bildung. Analysen zu ihrer Wirklichkeit, Versuche über ihre Zukunft. München, S. 7–30.

TENORTH, H.-E. (1994): Alle alles zu lehren. Möglichkeiten und Perspektiven allgemeiner Bildung. Darmstadt.

TENORTH, H.-E. (1997): „Bildung" – Thematisierungsformen und Bedeutung in der Erziehungswissenschaft. In: Zeitschrift für Pädagogik 43, S. 969–984.

TENORTH, H.-E. (2002): Historische Bildungsforschung. In: Tippelt, R. (Hrsg.): Handbuch Bildungsforschung. Opladen, S. 123–140.

TENORTH, H.-E. (2004): Stichwort: „Grundbildung" und „Basiskompetenzen". Herkunft, Bedeutung und Probleme im Kontext allgemeiner Bildung. In: Zeitschrift für Erziehungswissenschaft 7, S. 169–182.

TENORTH, H.-E. (^{3}2000): Geschichte der Erziehung. Einführung in die Grundzüge ihrer neuzeitlichen Entwicklung. Weinheim.

THOM, M. (1990): Wissen. In: Sandkühler, H. J. (Hrsg.): Europäische Enzyklopädie zu Philosophie und Wissenschaften, Bd. 4. Hamburg, S. 903–911.

THOMPSON, C. (2003): Selbständigkeit im Denken. Der philosophische Ort der Bildungslehre Theodor Ballauffs. Opladen.

TILLMANN, K.-J. (2004): Sozialisation. In: Krüger, H.-H./Grunert, C. (Hrsg.): Wörterbuch Erziehungswissenschaft. Wiesbaden, S. 467–473.

TIPPELT, R. (Hrsg.) (2002): Handbuch Bildungsforschung. Opladen.

TISCHER, M. (1990): Veraltet die Halbbildung? Überlegungen beim Versuch, die Theorie der Halbbildung zu aktualisieren. In: Pädagogische Korrespondenz. Zeitschrift für kritische Zeitdiagnostik in Pädagogik und Gesellschaft, Heft 6, Wetzlar. S. 5–21.

TWARDY, M. (1999): Ausbildung, betriebliche. In: Reinhold, G./Pollak, G./Heim, H. (Hrsg.): Pädagogik-Lexikon. München, Wien, S. 40–43.

VATTIMO, G. (1986): Jenseits vom Subjekt. Hrsg. von Engelmann, P. Graz/Wien.

VIERHAUS, R. (1972): Bildung. In: Bruner, O./Conze, W./Koselleck, R. (Hrsg.): Geschichtliche Grundbegriffe. Bd. 1. Stuttgart, S. 508–551.

WIGGER, L. (1984): Der Schulbegriff in Hegels Gymnasialreden. Probleme und Aspekte. In: Perspektiven der Philosophie. Neues Jahrbuch 10, S. 119–144.

WIGGER, L. (1994): Pädagogik und Religion in Hegels System. In: Heitger, M. (Hrsg.): Kanzel und Katheder. Zum Verhältnis von Religion und Pädagogik seit der Aufklärung. Paderborn u. a., S. 149–282.

WIGGER, L. (1997): Josef Derbolav (1912–1987) und die geisteswissenschaftliche Pädagogik. In: Brinkmann, W./Harth-Peter, W. (Hrsg.): Freiheit – Geschichte – Vernunft. Grundlinien geisteswissenschaftlicher Pädagogik. Würzburg, S. 322–338.

WIGGER, L. (2004): Bildungstheorie und Bildungsforschung in der Gegenwart. Versuch einer Lagebeschreibung. In: Vierteljahrsschrift für wissenschaftliche Pädagogik. 80, S. 478–493.

WIGGERSHAUS, R. (1986): Die Frankfurter Schule. Geschichte, Theoretische Entwicklung, Politische Bedeutung. München, Wien.

WITTIG, H. E. (1968): Karl Marx – Leben und Werk. Gedanken zur Marxschen Bildungskonzeption. In: Ders. (Hrsg.): Karl Marx: Bildung und Erziehung. Paderborn, S. 286–296.

ZEDLER, P. (2002): Erziehungswissenschaftliche Bildungsforschung. In: Tippelt, R. (Hrsg.): Handbuch Bildungsforschung. Opladen, S. 21–40.

Personenregister

Sachregister